编写团队

主　编　石敏俊　王　琛

副主编（按姓氏笔画排序）

方红生　杨小虎　张　炜　张蔚文　陈丽君

主要参编人员（按姓氏笔画排序）

尹可挺　刘景江　杨柳勇　骆兴国　戴世续

王　良　吕佳敏　刘泽琨　刘谆谆　许铭雪

孙思琪　吴　宵　林思佳　金　晗　金　铭

赵乐新　顾　月　翁鸿妹　程冠杰　魏丽娜

迈向未来城市的
雄安之路

浙江大学雄安智库研究成果汇编

石敏俊　王　琛　主编

ZHEJIANG UNIVERSITY PRESS
浙江大学出版社

图书在版编目（CIP）数据

迈向未来城市的雄安之路:浙江大学雄安智库研究
成果汇编/石敏俊，王琛主编.--杭州：浙江大学出版
社，2021.5（2022.3重印）
ISBN 978-7-308-21297-7

Ⅰ．①迈… Ⅱ．①石… ②王… Ⅲ．①区域经济
发展－研究－雄安新区 Ⅳ．①F127.223

中国版本图书馆CIP数据核字（2021）第078842号

迈向未来城市的雄安之路

——浙江大学雄安智库研究成果汇编

石敏俊　王　琛　主编

策划编辑	吴伟伟	
责任编辑	郭琳琳　蔡圆圆	
责任校对	陈　翾	
封面设计	周　灵	
出版发行	浙江大学出版社	
	（杭州市天目山路148号　邮政编码　310007）	
	（网址：http://www.zjupress.com）	
排　　版	杭州林智广告有限公司	
印　　刷	浙江新华数码印务有限公司	
开　　本	710mm×1000mm 1/16	
印　　张	14.5	
字　　数	235千	
版 印 次	2021年5月第1版　2022年3月第2次印刷	
书　　号	ISBN 978-7-308-21297-7	
定　　价	68.00元	

前　言

　　设立雄安新区是党中央深入推进京津冀协同发展做出的重大决策部署，是千年大计、国家大事。为服务国家重大战略，浙江大学与河北雄安新区本着"面向未来、优势互补、务实求效、共建共享"的原则，合作共建浙江大学雄安发展中心，目的是协调并发动浙江大学学科、人才和科研资源，开展智库研究和决策咨询服务、人才培养、科技成果转化，全面支持雄安新区建设发展，同时推动浙江大学的"双一流"学科建设。浙江大学雄安发展中心自成立以来，以雄安新区的重大需求为导向，联合浙江大学北京研究院、浙江大学中国新型城镇化研究院、浙江大学互联网金融研究院、浙江大学金融研究院、浙江大学中国科教战略研究院、浙江省人才发展研究院等校内研究机构，积极开展了智库研究和决策咨询服务。

　　风正帆悬正可期，勇立潮头唱大风。当前，雄安新区已从规划阶段转入大规模开发建设阶段。站在新的历史起点，雄安新区以实现"五新"（新形象、新功能、新产业、新人才、新机制）目标为抓手，从未来倒推现在，开启了建设"未来之城"的新征程。然而，迈向未来城市的雄安之路还面临着许多挑战：如何构建与"未来之城"相适应的城市管理体制？大规模城市建设的资金如何筹措？如何发挥市场机制的作用，推动新形象、新功能、新产业、新人才、新机制落地？如何推进数字人民币试点？如何高水平建设雄安自贸港？作为未来城市的样板，雄安新区如何实现数字城市与实体城市孪生共长？这些问题需要社会各界共同思考，携手共进，赋能雄安新区建设"未来之城"。

　　本书是浙江大学雄安智库研究课题的成果汇编。内容涵盖了雄安新区建设发展的不同领域，主要包括：雄安新区城市建设市场化融资模式与房地产投资信托基金管理制度研究，雄安新区人才引进与培养机制，雄安新区科技创新体制机制研究，雄安新区公益类项目财政补助机制与标准研究，雄安新区金融科技规划前期研究，数字人民币对雄安新区建设和发展的影响，城市大脑建设对雄安新区建设数字城市的借鉴和启示，雄安新区外部植入型产业发展路径研究。这些课题旨在从"五新"视角思考和探究雄安新区高标准建设未来城市的行动路径，智力赋能"千年大计、国家大事"的前瞻布局、落地见效。浙江大学雄安智库研究课题的承担者和参与者均为浙江大学相关学院或研究机构的教师与学生。谨此向承担和参与浙江大学雄安智库研究课题的浙大师生致谢！

与此同时，我们也要看到，迈向未来城市的雄安之路仍处于起步阶段，关于雄安新区的认识和研究也有一个逐步深化的过程，希望本书关于雄安新区建设的思考和探索能够为雄安新区的管理部门以及关注雄安新区建设发展的社会各界人士提供借鉴或启示。由于水平有限，书中难免存在偏颇或疏漏，敬请读者批评指正。

浙江大学雄安智库研究课题主要是在浙江大学雄安智库研究基金的支持下进行的，其中部分课题的研究工作得到了河北雄安新区管理委员会改革发展局的资助。谨此向河北雄安新区管理委员会改革发展局致谢！

浙江大学雄安发展中心主任　石敏俊

浙江大学雄安发展中心副主任　王琛

2021年春于浙大紫金港校区

目　录
CONTENTS

雄安新区公益类项目财政补助机制与标准研究

雄安新区金融科技规划前期研究

数字人民币对雄安新区建设和发展的影响

CONTENTS

城市大脑建设对雄安新区建设数字城市的借鉴和启示

雄安新区外部植入型产业发展路径研究
——筑波、昆山经验对雄安新区的借鉴

雄安新区城市建设市场化融资模式与房地产投资信托基金管理制度研究

课题负责人 --

石敏俊 浙江大学雄安发展中心主任

浙江大学城市发展与管理系主任、教授

课题组成员 --

杨柳勇 浙江大学金融研究院副院长、教授

骆兴国 浙江大学金融学系副主任、副教授

孙思琪 浙江大学中国新型城镇化研究院研究助理

林思佳 浙江大学雄安发展中心智库助理研究员

一、研究背景

设立河北雄安新区，是以习近平同志为核心的党中央做出的一项重大历史性战略选择，是千年大计、国家大事。目前，雄安新区在严格落实疫情防控要求的同时，科学安排工期，全力保障重点项目建设稳中求进。

（一）雄安新区的战略定位

根据《河北雄安新区规划纲要》，雄安新区作为北京非首都功能疏解集中承载地，要建设成为高水平社会主义现代化城市、京津冀世界级城市群的重要一极、现代化经济体系的新引擎、推动高质量发展的全国样板。依据这一战略定位，河北雄安新区建设的主要目标可归纳为以下几点。

首先，雄安新区作为北京非首都功能疏解集中承载地，与北京城市副中心共担北京发展的两翼，应发挥有效缓解北京"大城市病"的作用。

其次，雄安新区要建设成为京津冀世界级城市群的重要一极、现代化经济体系的新引擎，要积极吸纳和集聚京津及国内外创新要素资源，补齐区域发展短板，与张北地区形成河北两翼，发挥对河北省乃至京津冀地区的辐射带动作用。

最后，雄安新区要建设成为高水平社会主义现代化城市、高质量发展的全国样板，打造成为新的区域增长极，从而推动京津冀城市布局和空间结构的调整优化，为建设京津冀世界级城市群提供支撑。

从长远看，雄安新区要打造成为体制机制新高地，建设成为推动南北方平衡发展、区域经济协调发展的突破口。一是探索未来城市发展新模式。打破"吃饭靠财政、建设靠土地"的城市发展模式，发挥全面深化改革、扩大开放的引领示范作用，探索成为我国新型城镇化发展道路的先驱。二是促进区域协调发展。加快建设成为京津冀协同发展的新引擎和有力支点，发挥京津冀城市群对于优化国家空间发展格局的正向促进作用。

（二）雄安新区城市建设的重点领域

按照《河北雄安新区规划纲要》，雄安新区的城市建设主要涵盖以下六个方面：一是新区城市建设规划和空间布局。形成"一主、五辅、多节点"的新区城乡空间布局。"一主"即起步区，按照"北城、中苑、南淀"的空间格局，先行启动建设；"五辅"即雄县、容城、安新县城及寨里、昝岗五个外围组团，与起步区之间建设生态隔离带；"多节点"即若干特色小城镇和美丽乡村。二是构建快捷、高效的交通网。具体包括：构建"四纵两横"高速铁路网（"四纵"为京港台高铁京雄—雄商段、京雄—雄石城际、新区至北京新机场快线，以及现有的京广高铁；"两横"为津保铁路、津雄城际—京昆高铁忻雄段）；打造"四纵三横"高速公路网（"四纵"为京港澳高速、大广高速、京雄高速、新机场至德州高速；"三横"为荣乌高速新线、津雄高速、津石高速）；形成"两主两辅"交通枢纽（"两主"为雄安高铁站、城际站，高铁站枢纽布局在昝岗组团，城际站枢纽布局在启动区，主要负责客运；"两辅"为白洋淀站、白沟站，兼顾客运、货运物流）。三是提供优质公共服务。具体包括：建设"城市—组团—社区"三级公共服务设施体系；构建社区、邻里、街坊三级生活圈；改革创新住房制度：建立多主体供给、多渠道保障、租购并举的住房制度。四是建设绿色智慧新城。具体包括：构建绿色市政基础设施体系；合理开发利用地下空间，优先布局基础设施。五是发展高端高新产业。主要是创新平台和产业园区建设。六是打造优美的自然生态环境。具体包括白洋淀生态修复、生态环境建设、环境综合治理等，建成新时代的生态文明典范城市。

上述六个方面中，生态环境治理一般由国家专项资金负责，需要地方政府负责资金筹措的部分相对较少；高端高新产业发展的前期公共设施配套需地方政府给予资金支持，同时地方政府应为园区内高新技术型中小企业构建金融支持及融资担保体系，中后期发展所需的建设资金大部分可由相应的企事业单位承担。因此，本报告所讨论的城市建设市场化融资主要是针对快捷高效交通网、绿色智慧新城建设、优质公共服务体系建设、高新技术产业园区建设。

（三）雄安新区探索城市建设市场化融资的背景、意义与思路

1.雄安新区城市建设投融资的特点

一是高点定位。根据《河北雄安新区规划纲要》，雄安新区要建设成为高水平社会主义现代化城市、京津冀世界级城市群的重要一极、现代化经济体系的新引擎、推动高质量发展的全国样板，应积极探索投融资体制改革，坚持全方位对外开放，引入国际、国内各类资本共同参与雄安新区建设，打造长期稳

定且多元化的资金投入机制。

二是先行先试。以《中共中央、国务院关于支持河北雄安新区全面深化改革和扩大开放的指导意见》等重要文件为根据，雄安新区被赋予了先行先试未来城市创新发展新模式的历史使命。这要求雄安新区敢为天下先，积极探索新模式、新做法，其中包括：探索推广知识产权证券化等新型金融产品；研究建立金融资产交易平台等金融基础设施，筹建雄安股权交易所，支持股权众筹融资等创新业务；鼓励保险公司根据需要创新开发保险产品，推进京津冀地区的保险公司跨区域经营备案管理试点；试点发行房地产投资信托基金（REITs）等房地产金融创新产品，明确管理制度和运行方式，探索与之相适应的税收政策。

2.雄安新区城市建设投融资的难点

改革开放以来，我国城市建设投融资对土地财政的依赖较深。这一传统的固化模式广受诟病，在新形势下难以为继。《河北雄安新区规划纲要》明确提出"不搞大规模房地产开发"，要求雄安新区城市建设的资金筹措不能走土地融资的老路。这意味着雄安新区城市建设融资面临前所未有的挑战。

一是依靠土地融资受限。城市建设项目人多和"土地"相关，不搞土地融资，意味着切断了传统融资模式的造血功能。

二是依靠央企筹措建设资金受限。"不搞土地融资"导致土地和房地产交易受限，延长了地产开发的资金回收周期，使得房地产开发企业的投资意愿降低。由于大型央企管理层往往有负债率的考核指标，雄安新区依靠大型央企筹措城市建设资金变得十分困难。

三是金融政策环境趋紧，发行专项债筹资受限。2017年，雄安新区开始了新一轮地方债务整肃，重点在于强化地方债务监管和城投融资监管，目前尚未有转向的迹象，这意味着雄安新区发行专项债融资将受限，城投面临着紧缩的金融环境。

四是国内没有可以借鉴的现成经验。这要求雄安新区勇立潮头，率先击破土地财政的"泡沫"，探索城市建设市场化融资模式。

3.雄安新区探索城市建设市场化融资模式的意义

城市建设市场化融资模式创新，不仅可为雄安新区城市建设提供必要的资金来源，更可为中国的城镇化建设寻找新出路。具体有以下两点。

一是有助于建立长期稳定、持续多元的资金保障体系。雄安新区已转入大规模实质性开工建设阶段，筹措建设资金不能过度依赖政府财政投入，包括中央财政、河北省地方财政、北京市地方财政。政治主导并非长效机制，活用市场机制才是取胜之道。雄安新区应主动适应土地"以租为主"的定位要求，积极转变土地财政、严守不增加地方政府隐性债务风险的底线，积极探索构建市场化、可持续的投融资机制。

二是紧扣体制机制改革的职责使命。目前，雄安新区尚未陷入地方政府对传统土地财政的高度依赖，既得利益的存量较小，这为深化体制机制改革提供了土壤。作为"不搞大规模土地批租、不搞土地财政"改革试点，雄安新区可摒弃"城镇化融资模式即为土地财政模式"的僵化思路，改革土地财政和事涉中央、地方财政分成比例的原有财政税收体系，并以点带面、循序渐进地将改革经验推向全国，开启中国新型城镇化之路。

4.雄安新区城市建设市场化融资模式的研究思路

本课题以《京津冀协同发展规划纲要》、《河北雄安新区规划纲要》、《中共中央、国务院关于支持河北雄安新区全面深化改革和扩大开放的指导意见》为依据，紧扣雄安新区功能定位、发展规划、投融资机制创新等方针，结合国内外城市建设市场化融资的现行模式，聚焦于快捷高效交通网、绿色智慧新城、优质公共服务设施、高新技术产业园区这四个城市建设的重点领域，分析包括REITs在内的各种市场化融资模式的特点及其在雄安新区的适用性，在此基础上筛查出可供雄安新区选用的城市建设市场化融资模式，为雄安新区城市建设市场化融资提供点面结合的政策建议。

试点发行REITs是党中央、国务院赋予雄安新区积极探索城市建设市场化融资模式及房地产金融创新的重要内容之一，因此本课题将着重探讨REITs发展及其在雄安新区的适用性。

二、REITs及其在雄安新区的适用性

（一）REITs在中国的发展现状

REITs全称为real estate investment trust，译为房地产信托投资基金，是通过证券化方式将不动产资产或权益转化为具有较好流动性的标准化金融产品。

1.REITs在中国的探索历程

我国REITs市场起步较早，但总体上仍处于探索阶段。2007年，中国人民银行、证监会、银监会就分别成立了REITs专题研究小组，探索国内REITs市场建设。2008年，国务院发布促进房地产市场健康发展的相关文件，明确提出开展REITs试点。2015年，住建部提出在住房租赁市场积极推进房地产投资信托基金试点。2016年以来，证监会多次就REITs制度征求市场机构的意见。2020年4月30日，中国证监会、国家发改委联合发布了《关于推进基础设施领域不动产投资信托基金（REITs）试点相关工作的通知》。

经过近15年的发展，国内REITs市场建设取得了一定成效。截至2020年8月末，国内已发行类REITs产品共75只，规模合计为1518.99亿元。从持有的资产类型来看，主要以购物中心、写字楼、零售门店、租赁住房地产类物业为主，合计占比达到84%。2019年以来，基础设施类REITs发展速度较快，目前占比约8%。

2.中国现有类REITs与国际标准化REITs的比较分析

囿于既有的法律框架，我国目前的REITs实践以类REITs业务为主。国内现有类REITs与国际标准化REITs具有一定的功能相似性，但在组织形式、融资属性、产品结构等方面存在本质区别。表1为中国现有类REITs与国际标准化REITs对比分析。

表1　中国现有类REITs与国际标准化REITs对比

概　况	中国现有类 REITs	国际标准化 REITs
组织形式	专项计划	公司或信托基金
融资属性	股+债，偏债	股权类
产品结构	优先级和劣后级	平层产品
发行方式	主要为私募发行	公开发行
流动性	不可上市交易	可上市交易
收益来源	优先级获取固定收益 劣后级获取剩余收益	租金分红 及物业增值收益
底层资产	主要为单一物业	通常为多个物业， 物业可新增或出售
资产管理	对物业被动管理，重视现金流归集	对物业主动管理，重视业绩
产品期限	有存续期，一般三年设置开放期	永续
退出机制	以开放式赎回或持有到期为主	以证券交易为主

续表

概　况	中国现有类 REITs	国际标准化 REITs
增信措施	对优先级采取多样化增信措施	极少部分产品具有增信措施
税收优惠	无税收优惠	分红可抵扣所得税

关于我国的类REITs实践，在具体操作上，主要是在资产证券化业务框架下，基于具有稳定现金流的不动产构建资产支持证券（ABS），并以私募基金作为持有项目公司权益的载体，发起设立类REITs。在产品结构设计上，以"股+债"模式为主，往往会设立优先级和劣后级，其中优先级由银行认购，获取固定利息，具有保本、保收益的属性；劣后级通常由发起人自行认购，实质是为产品增信，降低融资成本。这种模式与国际主流REITs模式存在本质区别。

3.REITs在中国发展所面临的问题

（1）法律法规碎片化

在法律层面，国内证券法、信托法、公司法等均未明确REITs的法律主体地位、权利与义务以及可享受的优惠政策，市场主体多是"摸着石头过河"。在法规层面，所有涉及专项资管计划的法规文件[①]皆为部门规章或是行业规定，难以对抗其他法律性文件。并且，上述法规文件未明确界定专项资管计划的资产独立于计划收益人，使得专项资管计划本身的信托关系与委托关系在文义上难以区分。另外，由于我国专项资管计划、私募基金和信托等投资方向、发行条件、审核批准的监管重合和相关法规的"支离破碎"，专项资管计划的投资方向较不明确，由此导致我国以"中信启航"为代表的私募型类REITs项目搭建双层结构运行计划——专项资管计划受益凭证持有人不能直接持有物业，只能以基金份额的方式选择基金管理人代持。这不仅导致计划运行成本增加，而且促使监管风险提高。

---

① 包括：《证券公司客户资产管理业务管理办法》（2013年修订）、《证券公司资产证券化业务管理规定》（失效）、《证券公司及基金管理公司子公司资产证券化业务管理规定》（2014年）、《基金管理公司特定客户资产管理业务试点办法》（2012年修订）、《证券投资基金管理公司子公司管理暂行规定》（2012年）、《证券公司集合资产管理业务实施细则》（2013年修订）、《深圳证券交易所资产证券化业务指引》（2014年修订）、《私募投资基金监督管理暂行办法》（2014年）。

（2）基础资产收益率低制约REITs发展

稳定的现金分红比率和长期增值空间是REITs吸引投资者并得以壮大的根本原因。但基于国内现况，基础资产收益率普遍较低。以地产类资产为例，目前我国住宅租金收益率平均为2.13%，办公租金收益率为4.13%，商铺租金收益率为4.48%，在扣除各类税费后，每年投资的实际收益率往往难以超过基准利率。此外，地产类资产在项目转让过程中可能会面临较高的土地增值税、企业所得税等，影响长期升值收益。在基础设施领域，未来的收益率上涨主要依靠公共服务定价和客户流量提升等，政策考量较多，面临不确定性。

（3）税收政策不完善

在REITs的发行和运营过程中，税负相对较重且存在重复征税现象。具体来看，在设立环节，发起人可能需要缴纳增值税（11%或5%）、土地增值税（30%或60%）、企业所得税（25%），购买方可能需要缴纳契税（3%或5%）；在运营环节，管理人可能需要缴纳增值税（11%或5%）、房产税（12%或1.2%）、企业所得税（25%）；在退出环节，REITs也可能涉及增值税、土地增值税、企业所得税等。在REITs的实践中，目前尚未实现税收中性。

4.中国现有类REITs的未来走向

在REITs发展的初期阶段，国内市场通常将其狭义地理解为房地产企业加杠杆的融资工具，导致REITs在很长一段时间内与房地产行业深度捆绑。而国内房价持续上行，房地产企业负债率不断上升，房地产融资政策收紧，在一定程度上使得REITs的发展面临挑战。实质上，REITs也可以投资于各类基础设施。伴随着国内市场对于REITs的理解不断加深，基础设施等不动产逐渐进入投资视野。

（1）关于私募型类REITs在中国的前景分析

私募型类REITs产品对于各类投资者的投资价值和吸引力具有局限性。一方面，私募型类REITs产品以面对机构投资者的私募发行为主，个人投资者难以参与，无法体现金融资产的普惠性。另一方面，私募型类REITs产品的流动性严重不足，因而限制了风控体系严格、流动性需求较高、负债端稳定性不足的各类机构投资者参与私募型类REITs投资。此外，私募型类REITs产品的债权属性浓厚而权益属性严重不足，劣后级比例较低且多为发起人自持，这使得该类REITs投资者难以分享不动产增值的收益，也限制了权益类投资者参与

REITs市场。

（2）公募型类REITs在中国的前景分析

国家发改委与中国证监会相继发文细化公募型类REITs的有关政策，为公募型类REITs的上市交易做足了准备。在我国经济坚持国内大循环为主、国内国际双循环的未来格局下，公募型类REITs旨在盘活中国这一万亿量级的基础设施投融资市场，促进构建双循环发展格局。就目前形势而言，未来公募型类REITs投资将在传统基建、泛基建、新基建三大方向上，保持协同发展的态势。这三大方向具有不同的成长性和稳定性，代表着REITs产品的股性和债性。公募型类REITs的发行对于中国资本市场建设以及引导基础设施领域股权投资皆具有里程碑意义。

（二）基础设施REITs在中国的兴起

在当前的发展阶段下，"经济利益至上"不可取，金融创新在追求经济利益的同时，应兼顾社会效益和环境效益。基础设施公募REITs聚焦于基础设施领域，相关基础资产具有很强的公共服务属性。在全过程管理中，对基础设施公募REITs实行价值管理，不仅能实现投资方的经济利益诉求，还能满足政府及公众等群体对基础设施资产社会效益和环境效益的诉求。

1.中国基础设施REITs的政策文件体系

2020年4月30日，中国证监会、国家发改委联合发布了《关于推进基础设施领域不动产投资信托基金（REITs）试点相关工作的通知》。同时，中国证监会推出了《公开募集基础设施证券投资基金指引（试行）》征求意见稿。上述两份文件共同建立了中国版基础设施REITs的基础体系。

2020年8月3日，国家发改委发布了《关于做好基础设施领域不动产投资信托基金（REITs）试点项目申报工作的通知》，进一步提出了申报试点项目的要求。同月7日，中国证监会发布了《公开募集基础设施证券投资基金指引（试行）》正式稿，在杠杆比例、公众投资者比例、表决权等方面对征求意见稿进行了修改。

2020年9月4日，沪深交易所发布了《公开募集基础设施证券投资基金业务办法（试行）》征求意见稿和《公开募集基础设施证券投资基金发售业务指引（试行）》征求意见稿。此外，深交所单独发布了《公开募集基础设施证券投资基金业务审核指引（试行）》征求意见稿。同月22日，中国证券业协会发布了《公开募集基础设施证券投资基金网下投资者管理细则》征求意见稿，对网下投资者的准入标准、网下申购规范及注册所需文件明细表进行了规定。

2.现阶段中国基础设施REITs的总体交易架构及特征

按照中国证监会《公开募集基础设施证券投资基金指引（试行）》的规定，我国基础设施REITs试点采用"证券投资基金+专项计划"的总体交易架构，即为"公募基金+ABS"的架构，自上而下涉及公募基金、专项计划、项目公司这三层最基本的架构。考虑到项目自身的资产重组、税收策划等，或在专项计划与项目公司之前构建特殊目的公司（SPV）层级。

中国基础设施REITs以公募基金的形式公开发行，预计呈现出中等风险、流动性较好、收益较稳定的特征，是介于股票和债券之间的全新投资品种。中国基础设施公募REITs保持了自身运营的独立性与破产隔离属性，可有效防范原始权益人的经营风险所带来的不确定性。

我国基础设施公募REITs具有一定特殊性。与国内现有的类REITs产品相比，我国基础设施公募REITs以基础设施项目为底层资产，是权益性质、平层设计、不设"票面利率"、依赖基础资产产生的现金流进行分红的公募REITs产品。与类REITs产品相比，基础设施公募REITs产品剥离了主体信用，真正实现了收益与基础资产完全挂钩，是权益型资产管理产品。从回报特征来看，公募REITs产品分红率稳定但不确定，其收益率和风险整体水平介于股票和债券之间。与海外REITs产品相比，我国基础设施公募REITs以"公募基金+ABS"的方式持有项目公司股权。这不同于海外REITs产品通常由顶层基金主体直接持有或通过SPV公司持有项目公司股权。自下往上看，ABS持有项目公司100%股权（和债券），公募基金持有ABS全部产品份额，再由投资人持有公募基金份额，完成整个产品结构的搭建。在不修改证券和基金相关法律法规的前提下，"公募基金+ABS"是当前国内设立基础设施公募REITs最通畅的选项。

3.中国发展基础设施公募REITs的必要性

从中国基础设施公募REITs之于基础设施资产的视角，基础设施公募REITs将缺乏流动性的基础设施存量资产变为具有良好流动性的证券产品，可有效地拓宽融资渠道、降低资产负债率，有利于资产的价值发现和资金的合理配置；从基础设施资产之于中国基础设施公募REITs的视角，基础设施资产在发行公募REITs产品的基础上，依靠全过程价值管理，有利于实现基础设施公募REITs经济价值和社会价值的双提升。

（1）坚持基础设施本位，是中国REITs发展的生命线

在基础设施领域率先开展公募REITs实践，是推动我国REITs市场稳定健康发展的必由选择。

首先，我国存量地产资产质量参差不齐。就商业地产资产而言，从总量上看，我国的商业地产、写字楼、酒店等面临供过于求的窘境，因而存在空置率高、租金收益率低等问题，现阶段难以成为优质的公募REITs底层资产。就住宅而言，我国住宅的保有量已不低。根据贝壳网的数据推算，全国城镇常住人口人均住房面积保守估计为44.9平方米，我国存量住房规模为373亿平方米。目前住房总量已经充足，仅是结构化的问题需要解决。此外，住宅的改造提租空间较小。若住宅改造的过程涉及明显的租金上涨，则会背离房住不炒的精神；若住宅改造的过程不伴随明显的租金上涨，则难以成为优质的底层资产。因此，就目前情况而言，住宅较不适合作为REITs底层资产。

其次，国内基础设施底蕴深厚，适合作为现阶段公募REITs探索的底层资产。在现阶段中国经济下行压力的大环境下，基础设施建设是实现"稳投资、稳增长、调结构"的最大抓手之一。开展基础设施公募REITs有利于助力中央实现当前防风险、去杠杆、稳投资、补短板等重大决策部署。此外，中国基础设施资产整体储量丰富，存量资产规模目前已超过100万亿元。从属权、收益率等角度综合评判，适合作为公募REITs底层资产的部分已估算达到数万亿元，涉及交通、仓储、产业园、环保、数据中心等多个领域。同时，立足于我国城镇化进程，从总量上看，我国基础设施仍有不足；从结构上看，我国基础设施的缺口较大且基础设施种类繁多。在数量和类别层面，基础设施皆可满足投资者多元化投资的需求。因此，基于我国现有及待建的庞大基建存量资产，中国基础设施公募REITs的潜力巨大。

最后，基础设施REITs收益率相对较高。基础设施资产经营难度相对不高，回报却较为稳定，也较容易复制。最重要的是，无论是互联网数据中心（IDC）还是物流仓储，都具备网络效应和品牌效应，有规模经济壁垒。此外，伴随着网络时代的到来，居民对居住空间的需求并没有快速成长，但对于工业仓储、信息基础设施等需求却持续增长。在上述多重原因的作用下，基础设施

REITs的长期收益率相较于房地产REITs更高。因此，以结果为导向，基础设施逐渐取代房地产成为新时代我国REITs最核心、最重要的底层资产。

（2）发展基础设施REITs可为基础设施建立"市场"

基础设施公募REITs之于基建投资意义重大，虽然其发展壮大需经过从零到一、从一到多的阶段，但其必然助推中国基建投资进入新阶段。新阶段包含三个层面的含义：就基建的投资规模而言，我国基建投资正经历从增量向存量的切换；就基建的融资方式而言，地方政府经过十年的杠杆扩张，目前正面临收支不平衡所产生的债务压力，这种不平衡既要诉诸中央对地方财权、事权的重新平衡，也要依赖于地方政府资产负债表的重构；就基建的运营模式而言，基础设施REITs的到来以及放量有望改善基础设施行业长周期、高负债、重资产运营模式，打造"资金+资产"、"建设+运营"可复制模式的良性循环。

简而言之，基础设施REITs的发展壮大之于国内基建投资的意义不仅在于革新融资方式，更在于有效开启中国基建投资的内生循环，即以存量资产支持增量扩张，从而持续滚动开发新的基础设施项目。

（3）发展基础设施REITs对中国的资本市场具有深远意义

基础设施REITs的发展是资本市场服务于实体经济的重要一环。

首先，对于宏观经济和基础设施行业而言，基础设施REITs的发行能够将流动性较低的基础设施项目转化为流动性较好的等额金融产品，从而有效盘活基础设施存量资产，助力降低企业杠杆率，保持基础设施补短板力度，促进基础设施建设高质量发展，进而打造出新的优质资产。

其次，对于持有基础设施资产的企业而言，基础设施REITs通过转让部分项目权益，可盘活周期长、规模大的存量资产，募集资金可用于新项目的投资建设，进而实现资源的高效配置。从资产估值的角度看，基础设施REITs根据税息折旧及摊销前利润（EBITDA）估值，可不考虑折旧摊销及财务费用的影响，对资产估值提升更有利。同时，资产出表能降低集团综合资产负债率。

最后，对于我国资本市场的投资者而言，基础设施公募REITs作为具备优秀配置潜力且介于股债之间的新兴投资品种，能够有效拓展投资边界，提升投资的风险收益比。

4.基础设施公募REITs在中国的应用场景

自新冠肺炎疫情暴发以来，为了提振地方经济，各地纷纷提高了基础设施建设的投资力度。除了传统基建领域项目，以信息网络为基础，涵盖5G、云计算、数据中心等众多新概念的新基建逐步成为重中之重。中国基础设施公募REITs的兴起可推动传统基建项目和新基建项目协同发力，带领实体资产投资和管理行业突破瓶颈期，迈入新时代。

关于基础设施公募REITs在中国应用的项目类别，以国家发改委发布的《关于做好基础设施领域不动产投资信托基金（REITs）试点项目申报工作的通知》为根据，公募基础设施REITs优先支持基础设施补短板项目，鼓励新型基础设施项目开展试点。主要包括：仓储物流项目；收费公路、铁路、机场、港口项目；城镇污水垃圾处理及资源化利用、固废危废医废处理、大宗固体废物综合利用项目；城镇供水、供电、供气、供热项目；数据中心、人工智能、智能计算中心项目；5G、通信铁塔、物联网、工业互联网、宽带网络、有线电视网络项目；智能交通、智慧能源、智慧城市项目；国家战略新兴产业集群、高科技产业园、特色产业园。需注意的是，酒店、商场、写字楼、公寓、住宅等房地产项目暂不属于试点范围。

根据目前的上市公司公告，已披露的基础设施REITs申报项目涵盖污水处理、产业园区、高速公路、数据中心、热电等资产类别。

关于基础设施公募REITs在中国应用的脉络，从短期视角来看，应立足于产品基础架构完善和市场建立；从中期视角来看，应立足于公共部门诉求，快速壮大市场规模；从长期视角来看，应立足于可持续的资产扩容，实现板块影响力进一步扩大。

三、REITs在雄安新区城市建设中的应用前景

REITs在雄安新区城市建设中具有较为广阔的应用前景。

首先，就REITs本身而言，具有优化财务结构、增加资产流动性、加速回收资金、方式灵活、规范化管理的优点。

其次，在宏观政策层面，我国政府高度支持REITs在基础设施领域的应用。2016年12月出台的《关于推进传统基础设施领域政府和社会资本合作（PPP）项目资产证券化相关工作的通知》特别提出，要"推动不动产投资信托基金（REITs），进一步支持传统基础设施项目建设"。

再次，就雄安新区而言，作为改革创新的前沿阵地，新区具有政策改革试验的先行优势。

最后，雄安新区具备发行REITs产品的载体和优质标的。雄安新区具有AAA评级的雄安集团，集团下设的城市发展投资有限公司可作为发行REITs产品的载体。同时，雄安新区城市建设的优质标的数量较多且种类丰富。根据《河北雄安新区规划纲要》，雄安新区要建设"城市—组团—社区"三级公共服务设施、高新技术产业园区等，这些项目建设前景收益较好，均可作为REITs产品的标的。

（一）REITs在雄安新区城市建设中的适用场景分析

具体来看，REITs产品主要适用于雄安新区城市建设的以下项目类型。

1."城市—组团—社区"三级公共服务设施体系

依据《河北雄安新区规划纲要》，雄安新区规划构建"城市—组团—社区"三级公共服务设施体系，打造多层次、全覆盖、人性化的基本公共服务网络。基于此，雄安新区基础设施建设投资规模巨大，且现阶段存在基础设施融资难与基础设施投资需求大的矛盾。试点试行基础设施公募REITs有利于突破基础设施项目融资与投资的壁垒，通过盘活存量资产，以存量带增量、以融资促投资，促进基础设施投融资新机制的建立和完善。PPP作为基础设施投资项目的重要融资模式，可为REITs提供大量的优质并购标的。因此，雄安新区可探索PPP（public-private-partnership）和REITs联动式投融资模式创新，以REITs作为PPP项目成熟后的承接资金，为PPP项目原始资本金退出提供便利，助力雄安新区城市建设。同时，鉴于雄安新区的特殊战略定位，其三级公共服务设施未来均具有较为可观的盈利性，能够为REITs产品收益提供良好预期，是发行REITs产品的良好标的，有利于广泛调动各类社会资本投资基础设施的积极性，从而减轻雄安新区管委会和雄安集团在公共基础设施建设上的偿债压力。

2.高新技术产业园区建设

依据《河北雄安新区规划纲要》，高新技术产业园区建设是雄安新区的一个关键发展点，其本质是一个基础设施平台，建设内容包括水电气热、市政道路、绿化、公共配套平台、产业发展服务等。园区资产尽管在形式上表现为楼宇或物业，但与普通商业地产存在显著差异，并未在REITs试点工作的项目负面清单之内。园区资产与商业地产的差异主要表现为：一是收入来源主要是物业租赁或服务收入，而非房地产销售收入；二是业态表现为研发、创新设计及中试平台、工业厂房、创业孵化器和产业加速器，产业发展服务平台等园区基础设施，而非酒店、公寓、娱乐服务等房地产项目；三是项目用地性质一般为工业用地、公共管理与公共服务设施用地（如科研用地）、物流仓储用地等，而不是商业、住宅用地。

由于产业园区一般为滚动开发，整体打包开展REITs试点往往难以满足现金流稳定等要求。为此，可以选择园区内的一个或数个子项目，通过物业租赁或产业辅导等形式获得稳定现金流，形成优质底层资产。这不仅能够为雄安新区高新技术产业园区的建设注入源源不断的资金，且有助于吸引战略性新兴产业领域的龙头企业入驻。

（二）雄安新区推进基础设施公募REITs项目的实务性问题探讨

1.基础设施项目建设与运营的合法合规性问题

基础设施项目在建设、运营环节的合法合规性是公募REITs项目审核的重点，是最为基础性、前置性的要求。就前期建设阶段而言，有关国家固定资产投资项目的基础设施各项手续须齐备、合规，包括项目立项的审批核准或备案手续、环评、节能评估与审查、规划、用地、施工、竣工验收等各环节。就项目运营阶段而言，运营主体应当持有符合其行业主管要求的相关资质许可，例如IDC项目需持有可覆盖业务范围的《增值电信业务经营许可证》。

2.募集资金投向的合规性问题

中国基础设施公募REITs试点过程中，国家发改委等主管部门高度重视和强调募集收回资金须用于基础设施补短板项目建设，从而形成良好的投资循环。因此，在项目申报与审核过程中，必须高度重视募集资金投向的合规性，拟募投项目的成熟度也是审核的重点之一，即拟募投项目的前置性开发建设手续或前期收购手续越完善、越成熟，就越符合监管的导向。

3.纳税方案的合理性

在现行税法下，原始权益人出售基础资产给REITs的行为会被判定为资产或股权的真实出售，且无法符合特殊性税务重组条件，难以享受递延纳税政策，从而产生企业所得税税负。为此，有关纳税方案应立足于基础设施公募REITs的交易架构，考虑各环节的涉税情况以合理降低税务成本并避免重复征税。在搭建资产证券化结构、入池资产股权重组等环节，合理的税务安排将有效减少发行成本，同时提高REITs产品的投资回报率。

4.资产转让问题

资产转让的对象主要包括：土地使用权、建筑物所有权、公司股权、经营收益权。所需核查的限制性方面，具体包括法规层面、项目手续文件、既有各类合同约定、政府主管部门实践中的限制性要求，尤其是对于划拨用地、协议出让土地使用权、产业园区用地、保税区项目等，若仅转让项目公司股权而不直接进行土地使用权、建筑物等资产转让，也须按照穿透式原则沟通相应的政府主管部门，并取得其关于同意股权转让和开展REITs的无异议函。

由于传统城市基础设施多由国有企业投融资、建设、运营和管理，这使国有资产的转让程序成为基础设施公募REITs实践过程中不可避免的步骤。与原有的国有企业产权转让相比，基础设施公募REITs的整体交易目的具有明显的区别。具体表现在，发起人将其持有的基础设施资产转让，而且将通过网下询价方式确定基础设施资产的公开市场价值。

发起人将基础设施资产装入公募REITs项目后，通过公募REITs份额在证券交易所的公开发行定价实现基础设施资产的定价。发起人装入公募REITs的基础设施资产价值将通过网下询价方式确定，先向询价对象初步询价，基于机构投资者报价和拟申购数量确定发行价格，后进行路演、与中小投资者进行交流，最终投资者根据发行价格进行申购缴款。通过合法、合规开展询价所确定的公募REITs份额发行价格能够反映公开市场对公募REITs对应的基础设施资产的估值水平及认可度。由于基础设施资产转让价格将根据公募REITs份额发行价格确定，由此推演，公募REITs资产即为基础设施资产，公募REITs份额的公开定价实际上实现了基础设施资产转让的公开定价。

因此，从凝聚市场共识角度考虑，以协议转让方式推动基础设施公募REITs中涉及的国有资产转让，更符合原始权益人的交易目的，也符合《公开募集基础设施证券投资基金指引（试行）》中规定的通过网下询价方式确定公募REITs份额价格（实际是底层基础设施资产价格）的公开、公平、公正定价原则。

四、雄安新区城市建设重点项目可采用的融资模式

除房地产投资信托基金外，雄安新区城市建设融资应以市场为主导，利用市场化、多元化的手段分配要素，综合财政、信贷、资本市场、信托和外资等多种渠道，调动各方积极性，为城市建设融资。基于《河北雄安新区规划纲要》确定的城市建设四类重点领域，考虑到项目的公益性程度、收费机制、资金流特征，采取不同的市场化融资方式，推动各种融资方式优势互补。适用于雄安新区城市建设重点项目的融资模式有以下几种。

（一）债券发行

债券发行是成熟资本市场中优先考虑的融资方式。债券发行具有风险低、收益高、稳定性好的优点，且可根据项目实际情况设计债券的担保、期限和还款方式。

债券发行对基础设施项目具有较好的兼容性，但会对雄安新区地方政府债务造成压力。发行债券应适用于雄安新区非营利性的城市建设项目和处于前期建设阶段的准经营性项目，对于具有一定经营性的城市建设项目和建设中后期的准经营性项目，应尽量采取其他多元化的市场融资方式，避免债务负担过重。

（二）政策性贷款、国际金融机构贷款

政策性贷款是由政策性银行发放的、用于支持特定产业或重点项目的专项资金，其特殊性主要体现在利率和期限的优惠。中国国家开发银行是全球最大的开发性金融机构，也是中国最大的中长期信贷银行和债券银行。截至2019年4月2日，国家开发银行已完成雄安新区起步阶段重点建设项目，授信超过300亿元人民币，其中京雄城际铁路83亿元，"千年秀林"27亿元，为雄安新区重大城市建设项目提供了资金保障。自雄安新区设立以来，国家开发银行已与河北省政府、雄安新区管委会、中国雄安集团签署多项合作协议。雄安新区应积极争取国家开发银行政策性贷款。

国际金融机构贷款是指国际金融机构作为贷款人向借款人政府机构以协

议方式提供的有非商业性质的优惠贷款。国际金融机构包括世界银行、亚洲开发银行等金融组织。但使用国际金融机构资金融资具有一定局限性：首先，符合要求的项目数量少，且带有全部或部分附加条件，如规定贷款项目所需货物和设备只能从该国购买等。其次，外债规模不仅受我国国际收支状况的制约，还受到外汇管制政策影响；最后，目前亚投行等国际基础设施投资机构对基础设施项目的质量要求较高，且相比政府债而言，利率没有优势。因此，境外资金可以作为雄安新区城市建设融资方式的一项有效补充。

政策性贷款和国际金融机构贷款适用于非经营性的绿色智慧新城建设项目，可缓解雄安新区政府债务压力。

（三）融资租赁

融资租赁是指出租人根据承租人（用户）的请求，与第三方（供货商）订立供货合同，根据此合同，出租人出资购买承租人选定的设备，同时，出租人与承租人订立一项租赁合同，将设备出租给承租人，并向承租人收取一定的租金。基础设施中价格透明、产品标准化的材料和设备可以作为融资租赁的优质标的，以有效缓解资金压力。作为一种新兴的融资方式，其具有融资和融物的双重功效，适用于大型设备和项目的融资。

具体而言，融资租赁可以应用于以下雄安新区城市建设领域。

1.装配式建筑

装配式建筑材料是现代工业化生产方式的代表，在雄安新区的高新技术产业园区建设、住宅、市政基础设施等方面均具有广阔应用前景。装配式建筑材料非常适合作为融资租赁的标的物。原因如下：首先，装配式房屋作为租赁物，市场价格比较透明；其次，装配式房屋进行了标准化的生产，具备重新利用的价值，建成后马上可以使用，随后可以回收租金；最后，装配式房屋风险相对分散，逾期率低。将融资租赁作为雄安新区建设中所需装配式建筑材料的融资方式，不仅可以提高融资效率，而且以后基础设施更新换代时，可以将使用过的装配式建筑材料出售，回收部分成本。

2.城际铁路和高速公路

城际铁路和高速公路的建设材料标准化程度高、市场价格透明，适合作为融资租赁标的物。该类项目建成后可以产生稳定的收益，用于偿还融资租赁的款项。

（四）基础设施产业投资基金

基础设施产业投资基金，即地方政府以基础设施项目公司为载体，邀请对口的产业投资基金入股，吸纳投资基金进行城市基础设施建设。其设立的目的是集中社会闲散资金，直接参与重点基础设施建设项目，从而有效地解决基础设施建设资金不足等问题，缓解政府财政支出压力。

基础设施产业投资基金主要适用于具有一定营利性质的基础设施，如产业园区、住房、商业区、城市交通设施等。基础设施产业投资基金运作过程见图1。

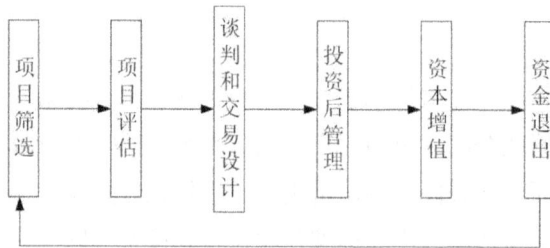

图1　基础设施产业投资基金运作过程

（五）PPP模式

PPP模式是公共部门与私人部门共同参与生产或提供物品与服务的组织形式，是政府与社会资本的一种合作模式。其核心特征是伙伴关系、风险分担和利益共享。在基础设施PPP项目开展过程中，还可以与融资租赁、基础设施产业投资基金、房地产投资信托基金等多种融资渠道结合，更好地发挥各类融资渠道的作用。PPP融资模式的结构见图2。

PPP融资模式包含诸多子模式，如行政服务外包、建设—经营—转让（BOT）、特许经营、建设—经营—拥有（BOO）等十余种基本模式，比较适合雄安新区当前城市建设的是BOT（build-operate-transfer）模式。

BOT模式是指政府与私人机构达成协议，由政府向私人机构颁布特许经营权，允许其在一定时期内筹集资金建设某一基础设施并管理和经营该设施及其相应的产品与服务。私人机构在特许权期间收取费用。特许期结束后，应将项目无偿地移交给政府。

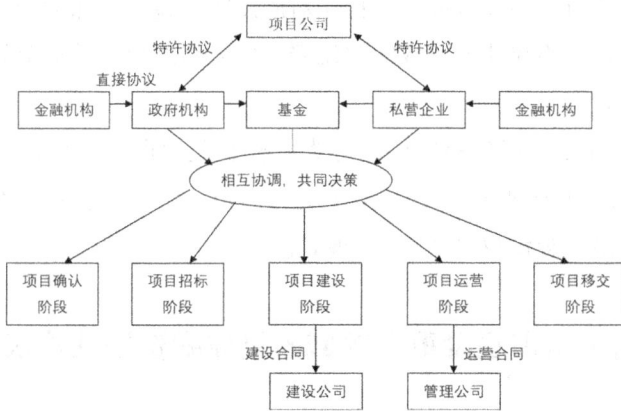

图2　PPP融资模式结构

BOT模式适用于经营性项目融资，如产业园区、文化体育设施等。此类项目建成后，盈利能力较强，能够较快回收建造成本，对社会资本具有较强的吸引力。供水、供电、供热系统等准经营类项目也适用于BOT模式，但此类项目建设周期长、投资多、风险大、回收期长或者具有垄断性，仅依靠市场机制难以达到资金平衡，需要在BOT模式的基础上，由政府进行相应财政补贴，或给予投资方一定优惠条件，如税收减免等，以补偿投资方的投资收益。

BOT模式还可以与城市空间开发模式结合，如"BOT+TOD"模式已经被运用到城市轨道及交通枢纽建设。TOD（transit oriented development）模式指以轨道交通为导向的综合发展模式。"BOT+TOD"开发模式，是指对城市基础设施和城市土地进行一体化开发与利用，以公交车站为中心进行高密度的商业、写字楼、住宅等综合开发，最大限度地吸引市民使用公共交通，形成土地融资和城市基础设施投资之间自我强化的正反馈关系。2014年，佛山市首次在地铁2号线一期工程项目中采用了"BOT+TOD"模式，是我国地铁建设融资中"轨道+物业+产业"理念的新探索，雄安新区的综合公交枢纽建设可借鉴该模式。

（六）保险资金

保险资金规模大、期限长、安全性要求高，相对收益率要求较低，非常匹配资金需求巨大且回报周期较长的城市基础设施建设市场。

保险资金主要可以运用于雄安新区的公租房建设中。公租房建设是雄安新区规划的一项重要民生工程。相较于商品房建设，公租房建设的资金相对短缺，对公租房进行债券投资亦可获得相对满意的收益。将保险资金应用于雄安新区公租房建设，不仅能够有效缓解雄安新区公租房建设的资金问题，并且能够盘活社会闲置资金。

保险资金直接投资公租房可以分为债权和股权形式。相较于股权，债权形式成本偏高，但成本较稳定，操作更为简便。可考虑搭配PPP模式综合运用，如引入保险资金债权投资的PPP模式。

五、雄安新区城市建设重点领域的具体融资模式建议

（一）快捷高效的交通网项目

1.城际铁路和高速公路

城际铁路和高速公路的建设材料具有标准化程度高、市场价格透明的特点，适合作为融资租赁标的物，可以考虑将融资租赁方式用于城际铁路和高速公路建设材料的融资。同时，基于BOT模式引入城投债及专项基金，即雄安新区管委会与城际铁路和高速公路项目的关联城市共同出资，设立城际铁路和高速公路建设的特殊项目公司。通过招标形式选择国有企业、民营企业等发展商，采用合同方式授权其为城际铁路和高速公路建设项目筹资、设计、建设，在项目建成后，发展商可以在一定期限内通过城际铁路和高速公路的经营性收入收回建设成本并获取一定利润。通过特殊项目公司逐步尝试引入社会资本，首先可以考虑向债券市场投放中长期城投债，以债权形式初步尝试社会资本注入，同时可以在雄安新区基础设施产业投资基金中设立高速交通网专项基金项目。授权期结束后，发展商将城际铁路和高速公路项目无偿转让给城际铁路和高速公路建设的特殊项目公司。由于雄安新区建设前中期的人流量较少，所以城市群高速铁路和公路的前期收益性可能会较低，可考虑配套一定的财政补贴。具体操作过程见图3。

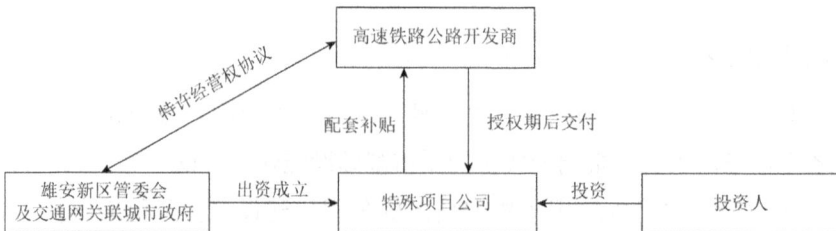

图3 城际铁路和高速公路项目BOT模式架构

2.城市综合公共交通枢纽

可考虑采用"BOT+TOD"模式，即采用BOT模式进行公交枢纽的建设、运营管理与资产移交，以TOD模式推动公交枢纽周边区域的综合开发，项目范围内的建设收益用以平衡公交枢纽项目的建设投资和运营亏损（见图4）。

具体方案如下：由雄安新区管委会负责公开招标雄安新区公交枢纽项目的特许经营开发商，可授权雄安集团成立雄安新区公交枢纽项目公司。特许经营开发商获得公交枢纽周边配套的"城市—组团—社区"三级公共服务设施中特定项目的开发优惠，用以弥补开发商在公交枢纽项目建设上的亏损及获取适当收益。公交枢纽建设项目的初始建设资本由特许经营开发商和雄安集团共同出资，并以雄安新区公交枢纽项目公司为载体向资本市场发行项目债券、分红保险产品、基金等。此外，可考虑为投资人提供雄安新区公租房入住积分或优先权等激励方案。

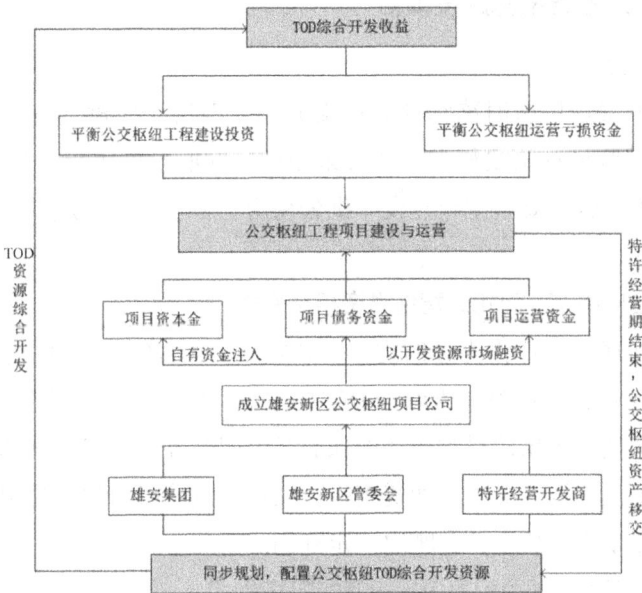

图4　雄安新区公交枢纽建设项目"BOT+TOD"模式实施路径

（二）绿色智慧新城建设项目

1.非经营性的绿色智慧新城建设项目

该类项目主要包括：地下综合防灾系统、疏散救援通道系统、雨水排水系统等。对于非经营性的绿色智慧新城建设项目，建议以政府财政资金为主，可通过发行10年期及以上的雄安新区建设一般债和专项债、国家开发银行贷款、国际非商业性金融机构的低息贷款等进行融资。

2.准经营性的绿色智慧新城建设项目

建议根据实际需求，采用不同的市场化融资方式。对于供水、供热、供电等市政管网系统，可采用给予财政补贴的BOT模式；对于垃圾及污水处理系统，由于目前雄安新区居民和企业较少，该类项目在前期建设阶段社会资本的直接参与度相对偏低，应由雄安集团主导建设，进行初始阶段的项目打底建设。逐步在雄安新区基础设施产业投资基金中设立专项基金，以基金形式吸引社会资本间接参与项目建设。在雄安新区常住人口和企业达到一定规模后，利用给予财政补贴的BOT模式进行公开招标。

（三）优质公共服务设施建设项目

1.公租房建设

目前，雄安新区暂时冻结商品房交易，为满足并保障"新雄安人"的住房需求，可借鉴日本筑波科学城建设采用的"政府投资主导+民间投资辅助"模式，由雄安新区管委会主导建设一批公租房。公租房项目建设融资可考虑以下两种思路。

（1）综合应用REITs和经营性融资租赁模式

以公租房底层资产作为标的物，公开发行REITs产品，同时将公租房建设所需的绿色建材、设备等作为融资租赁标的物，面向融资租赁公司公开招标。融资租赁公司负责提供建材和设备的保养等专门服务，承担建材和设备的过时风险。雄安新区管委会应给予融资租赁公司在一定期限内收取公租房租金的特许经营权，以便收回成本，并赚取一定利润。

（2）引入保险公司公租房债权投资的PPP模式

具体PPP模式架构见图5。由中央政府授权成立雄安新区公租房特殊项目公司，并授权商业银行为雄安新区公租房投资公司提供各项资金管理服务。以保险公司下属资产管理公司作为雄安新区公租房建设的受托管理人，与雄安新区公租房特殊项目公司签订《公租房债权投资合同》。合同应约定公租房债权投资额、投资方式、期限及还本付息情况等，对其进行债权性投资。雄安新区公租房特殊项目公司作为投资计划的承债主体，以公租房的经营租金作为还本付息的主要资金来源，辅以必要的财政补贴。雄安新区公租房特殊项目公司选择符合规定的企业作为投资计划的担保人，与资产管理公司签订担保合同或出具担保函，对特殊项目公司及时足额还本付息提供担保。雄安新区管委会应委托独立监督部门，对公租房债权投资计划进行监督。可考虑为雄安新区公租房项目的关联保险产品投资者提供入住公租房的优先权和租金优惠，以提高投资者的积极性。

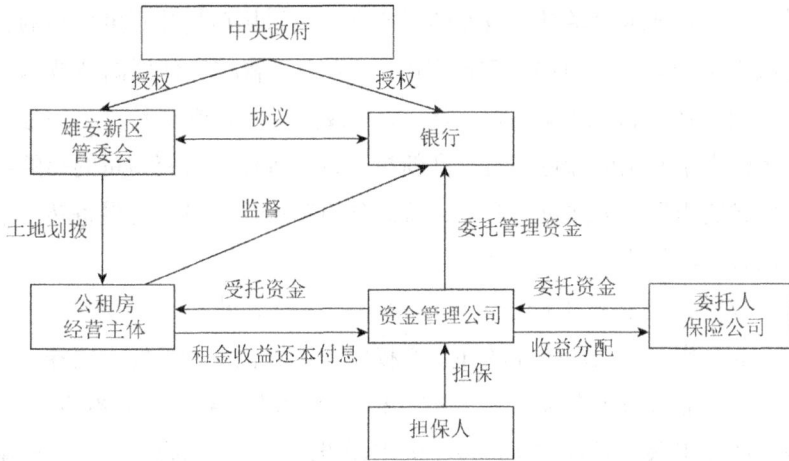

图5 保险资金参与雄安新区公租房建设的PPP模式架构

2.教育医疗设施建设

公立教育医疗设施建设初期阶段以财政资金投入为主。考虑到与北京的优质教育医疗资源对接，可共同出资建设。以北京优质教育医疗资源主体与雄安新区管委会或雄安集团为载体，共同成立雄安新区医疗教育基础设施项目公司，向资本市场发行债券及项目基金融资。

对于私立教育医疗项目，可引入国内及国际教育名企，利用上市公司股票和债券市场，发行企业债券及定向增发配股等方式融资。

3.文化体育设施建设

文化馆、体育馆项目具有一定的盈利性，可考虑BOT模式，同时以运动器材、建筑材料、文化展品等作为租赁标的进行融资租赁。

（四）高新技术产业园区建设项目

产业园区建设的投融资可由入驻园区的企业自行承担，但在开发初期阶段，产业园区内的基础设施建设项目通常需要政府扶持进行过渡。此外，入驻产业园区的中小企业往往受益于龙头企业发展带来的正外部性，但与此同时，龙头企业往往需要承担整个行业的风险。为吸引龙头企业入驻园区，雄安新区管委会需要对配套公共设施建设给予资金支持。

雄安新区的高新技术产业园区发展前景良好，所需资金规模较大，绿色建筑材料及高新技术设备具有较好的保值性，可采用市场化程度较高的融资方式，建议将REITs和融资租赁搭配使用。一方面，将雄安新区高新技术产业园区作为底层资产发行REITs产品，于上交所或深交所挂牌交易；另一方面，将产业园区建设中使用的绿色建材、高新技术设备等作为融资租赁的标的物，采用经营性融资租赁的方式进行融资，待设备更新换代后将原有设备转卖给其他企业，以有效降低成本。

在雄安新区高新技术产业园区取得初步建设成果后，可考虑与入园的高新技术企业合作，以入园企业的知识产权作为证券化的标的发行债券。具体来看，可将入园企业拥有的知识产权或其衍生债权转移给雄安集团的特设载体，以该等资产作担保，经过重新包装、信用评级以及信用增强后于公开资本市场发行可流通的证券。同时，雄安新区管委会采取给予知识产权证券化的入园企业税收优惠、财政奖励、入园优先权等激励措施。

六、雄安新区城市建设市场化融资模式的政策建议

（一）循序渐进，分阶段制定城市建设投融资策略

建设雄安新区是千年大计，需稳扎稳打，循序渐进。虽然雄安新区已经从规划阶段进入大规模建设阶段，但从融资角度看，雄安新区城市建设尚处于起步阶段。从目前来看，雄安新区的建设主要依靠中央预算和债券发行，且缺少科学的融资规划，对于投入—产出效率缺乏科学测算，总体上来讲不是市场化思路。雄安新区需逐步调整思路，明确政府资金起撬动作用，社会资金起主导作用。针对不同阶段，制定针对性的融资方案，推动政府资金与社会资本高效协同。

1.前期以政府资金为主,同步建设市场化融资机制

在雄安新区城市基础设施未完成及产业基础较为薄弱的初期阶段,应以政府主导的投资为主,采用财政资金和政策性资金,适时发行债券。为保障新区建设进度,应尽快完善市政基础设施,为下一步建设打好基础。逐步引入社会资金,设立雄安新区基础设施产业投资基金;试点发行基础设施、公租房项目的REITs产品。这样做的好处是,不仅有助于分散单一债务融资风险,确保雄安新区建设初期资金来源的稳定性,而且有助于探索检验各类市场化融资模式在雄安新区的适用性。

确立市场化融资思路,制定雄安新区融资规划。根据雄安新区现实条件,合理使用资金,对各项目的产出金额和实现产出的时间进行合理的预判与规划,量入为出。在融资规划中,将基础设施项目、公益性项目进行详细梳理,明确项目缺口,挑选出可以利用民间融资和企业融资的项目,吸引社会资本参与。

2.中后期向市场化融资为主过渡

雄安新区建设的中后期,城市基础设施已较完善,城市建设导向开始转向高新技术和绿色产业,应逐步放开市场化融资,基于PPP项目融资模式,引入融资租赁、REITs等多元化融资渠道。

雄安新区的产业发展可以为雄安新区注入现金流和财政收入来源,为雄安新区城市建设可持续运营提供保障。最终应形成以市场化融资为主、财政资金为辅,以经营性项目现金流的持续流入为依托的融资模式,吸引民间资本和企业资金。

(二)灵活运用土地杠杆

雄安新区的起步区(主城区)应坚持房住不炒的定位,坚决不搞大规模商业房地产开发。五个外围组团以及特色小镇的建设可部分采用土地融资方式,用好土地杠杆。

前期应谨慎对待土地商业化交易,逐步探索市场化土地使用权转让的相关政策。初期对土地商业化交易应持谨慎态度,民生类设施不赋予私人产权。有关土地出让的试验,应以雄安集团为主导,建设雄安新区急需的城市基础设施项目,如商务服务中心、人才公寓、学校、医院等。这些设施具有先导性,

建成后均不赋予私人和公司产权。

逐步探索市场化土地使用权转让的相关政策和监管机制，以国有资本为主导引入建设资金。雄安新区城市基础设施基本建成后，可逐步放开土地使用权转让市场，可考虑设立雄安新区土地开发基金。这部分基金有两个使用方向：一是用于支持承接北京非首都功能疏解，如高校和科研机构、高端医疗机构、高端教育项目、高新技术产业园区等；二是用于支持城市交通枢纽及配套商业服务设施建设等。

起步区应采用只租不卖、租赁制为主的住房政策，坚持"房子是用来住的，不是用来炒的"原则，坚决不搞大规模商业房地产开发，严控建设用地，限制地价飞涨对雄安新区城市建设造成的负面影响。起步区内公益性市政基础设施建设项目、公共服务设施建设项目，可积极探索市场化融资模式，但公共资金应发挥主导作用。同时，应强化社会监管，监管期内应服从雄安新区战略目标，服务于雄安新区的功能定位。

五个外围组团以及特色小镇的建设，可考虑部分采用土地融资方式。主城区外可以实现高度市场化融资，但需要划定特色小镇开发边界，严禁大规模开发房地产。

（三）多管齐下，全方位推进REITs试点工作开展

国家发展改革委办公厅《关于做好基础设施领域不动产投资信托基金（REITs）试点项目申报工作的通知》（以下简称《通知》）明确指出，REITs试点工作优先对接国家重大战略区域范围内的基础设施项目。聚焦于雄安新区率先开展REITs试点，从而通过基础设施融资工具的创新应用，充分发挥新区的引领示范作用，促进京津冀城市群协同发展，有效服务于国家重大战略部署的实施。

推进REITs试点工作，雄安新区应多管齐下，为REITs项目的探索发展提供全方位支撑。

1.REITs试点工作需坚持以基础设施不动产为导向

《通知》明确将房地产类项目列入REITs试点的负面清单，提出"酒店、商场、写字楼、公寓、住宅等房地产项目不属于试点范围"，同时不断丰富REITs试点的基础设施内涵——既要优先支持基础设施补短板项目，又要鼓励

新型基础设施项目开展试点。

基础设施补短板是我国深化供给侧结构性改革的重点任务，是推动基础设施高质量发展的关键环节。《通知》对补短板领域中适合纳入REITs试点工作的行业提出了明确要求，具体包括：仓储物流项目；收费公路、铁路、机场、港口项目；城镇污水垃圾处理及资源化利用，固废、危废、医废处理，大宗固体废弃物综合利用项目；城镇供水、供电、供气、供热项目。上述类别行业的优质项目具有收益稳定的特征，雄安新区可择优纳入REITs底层资产范畴。

新型基础设施是以新发展理念为引领，以技术创新为驱动，以信息网络为基础，面向高质量发展需要，提供数字转型、智能升级、融合创新等服务的基础设施体系。《通知》明确界定了试点支持的新型基础设施REITs项目范围，具体包括：数据中心、人工智能、智能计算中心项目；5G、通信铁塔、物联网、工业互联网、宽带网络、有线电视网络项目；智能交通、智慧能源、智慧城市项目。对于上述产权清晰、收益稳定的新型基础设施项目，雄安新区可优先考虑纳入REITs底层资产范畴。

2.推进基础设施REITs试点工作的关键是严守底层资产质量关

《通知》强调，基础设施项目手续依法合规是试点工作顺利开展的必要前提；基础设施项目能否持续健康平稳运营是衡量试点工作成功与否的关键。因此，必须确保基础设施REITs底层资产符合质量要求，不能突破项目审批及实施环节各类手续的合规底线。基础设施REITs项目申报实行属地原则，各地发展改革部门须肩负本地区项目严格审查把关的职责，确保项目符合国家重大战略、宏观调控政策、产业政策等的导向要求以及固定资产投资管理法规制度，以便能够促进项目持续健康平稳运营，打造良性投资循环，为试点工作顺利开展奠定坚实基础。

3.基于REITs重点要素，制定REITs试点方案

雄安新区可充分借鉴发达国家的先行经验，制定试点方案及相关规章，在制度层面明确REITs的资产与结构要求、分红比例、杠杆率等，并有效保障投资者权益，以推进REITs项目持续平稳开展。具体包括：明确投资于成熟的不动产资产的最低比例；明确最低的分红比例；限制杠杆率；取消公募基金投资于单只ABS的比例不得超过10%的限制；明确各主体的权利和义务，建立完善的信息披露制度；制定合理的税收优惠政策。

4.重视试点项目的推广示范价值

试点先行即意味着突破和创新，相关工作首先需强调规范性，同时需重视示范性。雄安新区作为优先开展REITs试点的重点区域、推动高质量发展的全国样板，其基础设施REITs试点项目应突出其可复制性、可推广性，在盘活存量资产、促进投资良性循环、推动基础设施高质量发展方面应发挥辐射全国的特殊示范效应。

（四）加强雄安新区城市建设融资风险控制

融资模式创新往往伴随着风险和不确定性的增加，需有效控制雄安新区城市建设的融资风险。具体来说，有以下几点建议。

1.健全雄安新区金融支持和融资担保体系

雄安新区管委会应与中国人民银行、银保监会和证监会有效沟通，共同构建雄安新区金融支持和担保体系。

（1）构建强有力的政策性金融担保体系

通过出资新设、增资扩股、兼并重组等方式构建一批政策性融资担保机构，积极探索政策性融资担保体系的服务模式，为高新技术企业和基础设施开发商提供优惠贷款，以政策性融资担保作为雄安新区基础设施建设融资担保体系的坚实后盾。

（2）创新雄安新区市场化融资支持和服务模式

设立雄安新区产业发展金融支持平台，提供多元化的金融服务，如设立雄安新区政府产业引导基金，建立专为高科技企业提供服务的科技银行和科技保险公司等。借鉴日本筑波科学城以科技信贷、科技保险和信用担保为主要形式的科技金融体系，完善雄安新区银行间接融资系统，构建覆盖率高且规模较大的科技保险体系。同时借助雄安新区入驻的阿里巴巴、京东等龙头互联网企业的金融科技优势，构建基于大数据和区块链技术的高效互联网担保体系。

（3）确立针对性的城市建设金融管理制度

雄安新区可借鉴日本筑波科学城《筑波研究学园都市建设法》、《筑波研究学园都市建设计划大纲》、《高技术工业积集地区开发促进法》等文件，完善城市建设规章管理制度，为融资提供依据。雄安新区管委会应根据建设规划和实际推进情况，在确立雄安新区整体城市建设金融管理制度的同时，针对高新技术产业园区、公共民生服务设施等重点建设项目制定细则，严控城市建设市场化融资中的潜在法律风险。

2.完善城市建设债务管理机制

组织相关专家学者对雄安新区城市建设债务问题进行全面深入分析，充分掌握债务情况。建立雄安新区城市建设债务报告制度，遵循政府预算的统一性、完整性、真实性原则，将城市建设债务纳入预算管理范围。高度重视对预算编制和支出的监督，按城市建设项目资金内容监督检查，杜绝出现支出无计划、结构不合理等问题。严格控制新区债务规模，防止市场主体经营性债务风险转嫁到政府，对新区的长远发展造成不利影响。对未按规定举借债务、违规对外担保、未按计划偿还债务等违法违规行为，依法追究有关单位和人员的法律责任。

3.建立雄安新区城市建设债务预警机制

基于雄安新区债务信息，运用资产负债率、周转率、速动比率、偿债比率、财政赤字等财务数据，并对开展的城市建设项目定期调查走访，探索构建雄安新区城市建设债务预警指数，尽可能准确测量雄安新区城市建设项目的整体债务风险，为下一步城市建设决策提供重要参考。

（五）大数据和"互联网+"赋能雄安新区城市建设融资

基于雄安新区发展高端高新产业的规划目标，建议借助雄安新区的金融科技优势，将大数据和"互联网+"等先进技术引入雄安新区城市建设融资，助力市场化融资模式的运营管理。

设立雄安新区城市建设信息数据库，基于大数据和"互联网+"技术，将雄安新区在建基础设施的建设进度、绩效、资金使用情况、项目回报率等数据定期上报至该数据库，形成城市建设综合管理网络技术模块。运用大数据对城市建设情况进行实时监测和分析，将分析结果作为绩效考核的依据，及时发现项目建设过程中的风险和潜在问题，并对在市场化融资模式下各参与方的行为起到监督约束的作用，保证项目的如期运行。

河北雄安新区人才引进和培养机制研究

课题负责人

陈丽君　浙江大学行政管理研究所所长、教授

　　　　　浙江省人才发展研究院执行院长

课题组成员

金　铭　浙江大学公共管理学院博士研究生

李　言　浙江大学公共管理学院博士研究生

徐林源　浙江大学公共管理学院硕士研究生

徐铱娜　浙江大学公共管理学院硕士研究生

"国以才立，政以才治，业以才兴。"党的十九届四中全会将人才治理纳入国家治理能力和治理体系现代化的新高度，凸显出人才作为战略性资源引领发展的攻坚作用。设立雄安新区，是以习近平同志为核心的党中央做出的重大历史性战略决策，是千年大计、国家大事。然而，雄安新区自设立以来，人才资源总量不多、高层次人才不够、创新创业人才发展平台不足、人才生态环境不优，这一"四不"局面已成为新区创造"雄安质量"、打造适应高质量发展的人才特区的重要阻碍因素。

对此，要实现推动高质量发展的全国样板，雄安新区必须深入贯彻党的十九大和十九届二中、三中、四中、五中全会精神，以习近平新时代中国特色社会主义思想和人才观为指导，认真践行新发展理念，全面落实高质量发展要求，坚持世界眼光、国际标准、中国特色、高点定位，坚持人才是第一资源的基本原则，践行人才优先发展战略意识。在雄安新区迈入大规模实质性城市建设阶段，围绕新区经济社会发展的战略目标和现实基础，通过科学研究和系统谋划，设计分层分类的人才引进和培养路径及政策体系，构建符合新区定位的良性人才发展生态，是全力提升区域人才竞争力、培养创新驱动新引擎的现实需求。

一、雄安新区人才发展现状和优劣势分析

（一）雄安新区人才发展现状

为全面系统了解雄安新区当前的人才发展基础，研究团队通过开展问卷调查和访谈调研，综合运用一手调查数据、二手统计数据、政策文本等相关素材进行诊断剖析，初步发现新区在人才资源总量、人才层次、人才结构、人才吸引力方面均存在明显不足，人才队伍提质增量迫在眉睫。

一是人才资源总量较少。雄安新区现有人才资源总量较少，全面加强人才队伍建设的工作任务极为迫切。如图1所示，截至2017年底，安新县、雄县和容城县的总人口分别为45.8万人、37.9万人、27.2万人，其中从业人口约24.1万人、21.2万人和13.1万人，就业人口比重分别约为52.6%、55.9%和48.2%。可见，新区内近乎半数为非从业人员，经济社会发展的人才活力相对不足。

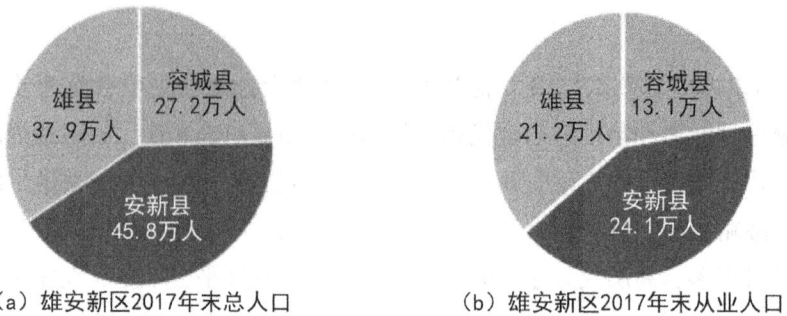

（a）雄安新区2017年末总人口　　　　（b）雄安新区2017年末从业人口

图1　雄安新区三县人口与就业人员分布

数据来源：保定市2017年统计年鉴和统计公报。

　　二是人才整体层次偏低。雄安新区现有人才的受教育水平处于稳步提高状态，高学历人才（大专及以上学历）在常住人口中的占比有所增加，但劳动力整体素质仍普遍偏低。就常住人口而言，自2017年1月以来，大专学历人口占比和本科以上学历人口占比持续增加（见图2），但仍以高中及以下学历为主，高层次人才极其匮乏。访谈调研结果表明，目前新区内高层次人才主要来源于借调挂职，以北京市、天津市、河北省和邻近各省借调挂职人员为主，挂职周期为1~3年，人才稳定性相对不足，难以满足新区发展对高层次人才的持续需求。

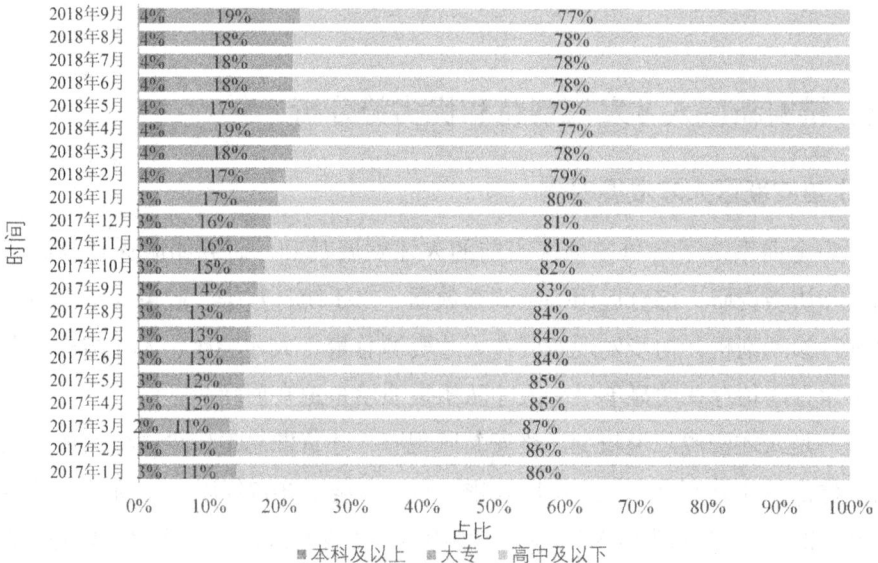

图2　雄安新区常住人口受教育水平比例变化（2017年1月—2018年9月）

数据来源：百度商业智能实验室.管窥雄安之变，百度大数据见证历史和未来［EB/OL］.

（2018-04-14）［2018-10-26］.http://www.sohu.com/a/271670470.htm.

36

三是人才结构尚不合理。从人才的产业分布来看，雄安辖区三县的产业结构层次总体偏低，高新技术人才、复合型人才等高级人才严重不足，人才的专业结构和能级结构不合理。如图3所示，三县的三次产业比为14.2：51.4：34.5，三县均以第二产业为主，与之匹配的人才多为低技能、低学历的基础技能人才，亟须实现产业结构由"二三一"向"三二一"转型升级。其中，雄县的第二产业产值远高于其他两县，逐步形成以塑料包装、压延制革、乳胶制品、电线电缆为主，箱包加工、制帽、机械制造为辅的产业体系；容城县以服装业为支柱产业，产品涵盖衬衫、西服、休闲、棉服、内衣、裤装等六大系列上千个品种，被称为"北方衣橱""中国男装名城"；安新县则以制鞋、羽绒、有色金属为支柱产业，被称为"北方鞋都""中国羽绒之乡"。

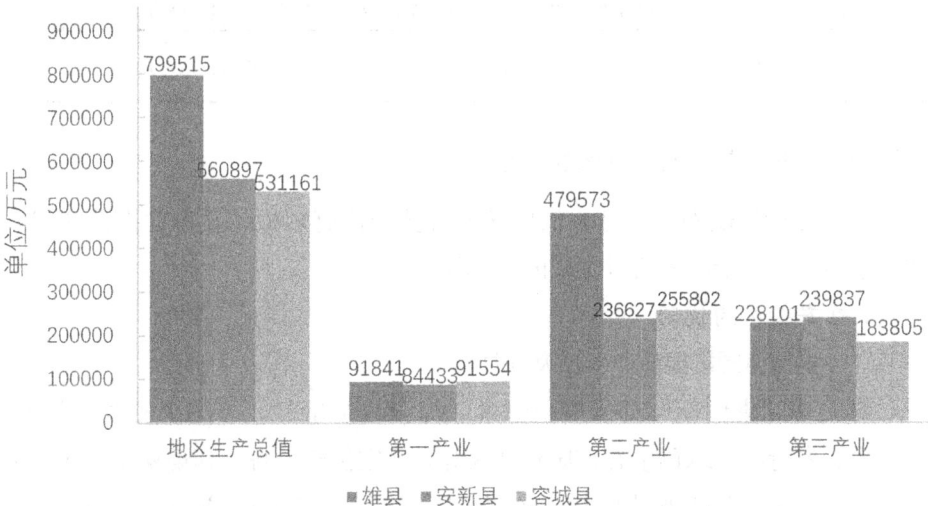

图3　雄安新区三县三次产业产值分布
数据来源：保定市2017年统计年鉴。

四是人才吸引力相对较弱。受北上广深等地人才虹吸效应的影响，雄安新区的人才吸引力相对不足。该观点的论据有二：第一，针对大学生样本的问卷调查结果显示，大学生毕业后前往雄安新区就业的总体意愿不强（以五点量表计分，事业单位就业意愿，2.57分，企业单位就业意愿，2.50分；创业意愿，2.29分），远低于杭州、上海、江苏、北京、深圳、广东等地的就业意愿。如表1所示，杭州的就业意愿得分最高（3.89）；其次是上海（3.69）和江苏（3.16）。

第二，访谈调研结果也表明，雄安新区的流动人才增量仍以京津冀地区为主要来源地，较难吸引来自浙江、广东、江苏等经济发达省份的优质人才，常住高层次人才增量较少，大部分高层次人才具有较强的区域流动性。

表1　调查样本前往对照城市就业的意愿程度

	非常不愿意 /人（％）	不怎么愿意 /人（％）	一般愿意 /人（％）	比较愿意 /人（％）	非常愿意 /人（％）	就业意愿得分 /分
北京	32（12.17%）	46（17.49%）	89（33.84%）	62（23.57%）	34（12.93%）	3.08
上海	10（3.8%）	28（10.65%）	62（23.57%）	96（36.5%）	67（25.48%）	3.69
杭州	15（5.7%）	8（3.04%）	48（18.25%）	111（42.21%）	81（30.8%）	3.89
江苏	30（11.41%）	32（12.17%）	92（34.98%）	84（31.94%）	25（9.51%）	3.16
广东	37（14.07%）	45（17.11%）	88（33.46%）	63（23.95%）	30（11.41%）	3.02
深圳	35（13.31%）	35（13.31%）	90（34.22%）	73（27.76%）	30（11.41%）	3.11
小计	159（10.08%）	194（12.29%）	469（29.72%）	489（30.99%）	267（16.92%）	

（二）雄安新区人才发展优劣势分析

辩证分析雄安新区人才发展的长效优势与固有短板，是对症提升区域人才竞争力、助推新区高质量发展的重要议题。

1.雄安新区的优势

（1）发展蓝图彰显前期人才吸引力

雄安新区集创新驱动发展引领区、综合改革试验区、协调发展示范区、开放发展先行区、绿色生态宜居新城区等多重定位于一身，其规划蓝图和发展愿景是新区建设前期吸引人才的最大依托。首先，城市发展前景成为吸引"新雄安人"来雄安就业的首要因素。针对"新雄安人"的问卷调查结果显示，有70%的受访者认为"城市发展前景"是吸引他们来雄安就业的关键因素，其他因素占比由高到低分别是：升迁发展机会（36.67%）、住房及其他生活成本（31.67%）、薪酬待遇水平（28.33%）等。其次，雄安作为未来之城成为"新雄安人"的共识。访谈调研显示，无论是挂职借调还是招聘引入的人才，新区规划中提及的设计理念、蓝绿空间布局、城市建设均得到普遍认同，很大程度上助推了前期人才招引工作顺利开展。

（2）体制机制改革加快创新要素集聚

雄安新区积极推进机构和行政管理体制改革，推行大部制和扁平化管理，以打造体制机制新高地为基本定位，以充分发挥对全国全面深化改革、扩大开放的引领示范作用。突出的体制机制优势加快了各类创新要素集聚：一是促进系列创新项目落地，以应用项目带动人才发展。例如，5G系列应用场景（如5G智能燃气计量柜、5G远程刑事庭审）等重大项目在雄安率先实施。二是保障系列援建项目实施，以合作平台带动人才发展。为配合雄安新区建设，已经有许多高校、科研院所、企业计划搬迁到雄安或在雄安设立分支机构、区域总部。

（3）交通区位条件促进资源要素转移

一是便于承接京津石地区的产业转移，加快雄安新区的产业转型升级。雄安新区位于北京、天津、保定腹地，地处京津石三地的地理中心，而北京是全国科技创新资源最为密集的城市，天津以高端装备制造、石油化工为代表的先进制造业在全国处于领先地位。雄安新区可借助区位优势和距离优势，充分利用京津石的资金、资讯、产业配套等经济发展资源。二是便于推动优质人才资源的流动与共享。随着京雄高铁在2020年建成通车以及其他交通网的形成，京津石与雄安之间的"时间距离"将大幅度压缩，形成三角形经济圈和半小时通勤圈。

（4）相对较低的生活成本和宜居休闲自然环境

与京津相比，雄安三县具有相对较低的生活成本、宜居宜休闲的自然环境。作为雄安新区的核心景区，白洋淀地处京津石腹地，距离各地150千米左右，是中国海河平原上最大的湖泊，自古素有华北明珠之称、亦有"北国江南、北地西湖"之誉。通过系列水域治理工程和绿地项目建设，该区域内生态环境良好，资源环境承载能力较强。以白洋淀景区为基础，可大力打造集旅游观光、休闲度假、会议教学、拓展训练及水上运动于一体的智慧旅游综合体，营造宜居宜休闲的人才生态环境。

2.雄安新区的人才工作短板

（1）传统产业结构制约人才结构优化

一是薄弱的人才基础难以有效支撑传统产业转型升级，亟须加快存量人才的技能提升。传统制造业为劳动密集型产业，以小型作坊式企业为主体，重点面向低学历、低技能人才，与新区规划定位的五大重点产业的人才能力要求存在明显差距。要有效实现新区当地原住民的再就业，需要根据产业转型需求对存量人才进行再培育，提升存量人才的技能水平与综合素质。二是落后的产业结构加大产业转型升级难度，影响高层次增量人才的配套引进。高端高新产业具有技术水平高、产品复杂、产业链长等特点，对上下游配套产业以及研发、测试、金融、法律、营销等生产性服务业存在很高要求。目前新区三县以传统制造业为主，高端高新产业基础较为薄弱，产业链配套不健全，容易产生较高的交易成本与营商成本。

（2）公共服务落后加剧人才后顾之忧

一是公共服务供给不足。较低的经济发展水平往往与不完善的城市基础设施建设相挂钩，目前三县的教育、医疗、交通、住房、文化服务等公共服务设施尚不健全，学校、医院、人才房、出租车等设施数量供不应求。二是公共服务供给质量不高。随着新区建设进度的推进，人才梯队逐渐完善，不同层次人才对公共服务需求也存在梯队差异。尤其受到京津等周边区域比较差异的影响，当前停留于县级水平的教育资源、医疗资源以及各类文化休闲娱乐资源远远低于高层次人才群体的预期水平。

（3）人才虹吸效应加大人才引进难度

一是嵌入式人口模式使得新区的人才流动更大程度上受限于京津区域的虹吸效应。嵌入式人口模式是指未来新区的人口构成，包括三部分，分别是来自京津的部分人口、未来要去京津的部分人口以及现有三县的人口。其中，以存量人口125万人为基数，以2035年总人口230万人为目标，来自京津以及未来要去京津的人口占据半数左右。相较于京津地区，雄安新区目前还处于起步建设期，高端产业少、城镇化水平低、高等教育和科研资源稀缺、文娱设施配套不足，致使这部分人口的流动性极易受到京津雄区域发展差异的显著影响。二是近京津石的区位特征为人才要素向外流动提供便利条件，扩大人才虹吸效应。区位条件是一把"双刃剑"，三角形经济圈和半小时通勤圈也会受到周边更发达区域的虹吸效应的负面影响，这将加大人才引进和落户难度。

（4）较低的城镇化水平带来较高的建设成本

雄安新区具有开发程度低、地域面积广阔、人员居住分散等鲜明特征，人口密度显著低于同期的深圳特区与浦东新区，城市建设成本较大。一是较低的城镇化水平会加大城市建设的开发成本。现代化产业体系的构建、全方位公共服务设施的配套均与城市发展阶段紧密相关，对于尚处于起步阶段的新区而言，城市建设的成本投入要显著高于城镇化水平更高的地区。二是较低的城镇化水平会加大城市建设的运营成本。运营投入取决于城市综合体业态的成熟度，目前新区处于从乡镇向城市功能转型的过渡阶段，城市功能尚不完备，缺乏发达的市场体系，运营投入成本较高。

（三）雄安新区人才发展面临的问题与挑战

作为非首都功能疏解的集中承载地、京津冀建设世界级城市群的创新空间集中载体和河北对接京津冀协同发展的战略支撑，雄安新区的发展面临多重挑战。

1.高远愿景与偏弱现实之间存在对立

《河北雄安新区规划纲要》提出，雄安新区的建设定位为"全面建成高质量高水平的社会主义现代化城市……各项经济社会发展指标达到国际领先水平，创新能力世界一流，治理体系和治理能力实现现代化，成为新时代高质量发展的全国样板"。然而，当前三县的支柱产业均为塑料包装、服装、制鞋、有色金属等传统低端工业，且其劳动人口的技能水平和文化素质均处于中低水平，产业转型难度大、战线长，各类人才缺乏，区域产业业态和人才生态环境尚未形成。不仅如此，新区现阶段的基本公共服务难以有效满足高层次人才的需求，当前的教育资源、医疗卫生资源、休闲娱乐资源相当匮乏，配套政策存在滞后现象，尤其三县的社保水平与其他一、二线城市差距悬殊，愿景的"拉力"作用有所削弱。

2.人才优先与多重排序选择之间存在矛盾

人才是创新发展的第一资源，也是国家和地方治理能力和治理体系现代化的重要动能。当前新区过度以"情怀"和"愿景"作为吸引人才的首要支撑，缺乏对人才个人需求的现实考量，难以充分发挥以人才带动产业、以产业吸引人才的机制链作用。亟须重新审视人才投入与城市建设投入的权重关系，适当加大对人才引进、激励等环节的财力投入与政策投入，增加人才平台构建及人才激励方面的配套资金支持，确定人才优先投入的任务顺序。

3.政府与市场的边界模糊

调研结果显示，用人主体有限的自主权制约了新区的人才流动与配置。一方面，行政审批程序繁冗复杂，严重削弱市场"无形之手"的资源配置作用。需要破除以行动力量为主导的思想，充分发挥政府"有形之手"和市场"无形之手"的双重力量，树立包容开放、服务亲民和高效务实的政府形象与营商环境，提升治理能力。与此同时，当前新区管委会严格受限于编制数量，人员配置与工作任务量和难度不相匹配，各类人才工作量超负荷状况普遍存在。编制管理有待突破，以促进人才效能最大化。

4.内外人力资源融合存在隔阂

一是本地人才与外地人才的融合。外地人才的"高薪资"和"好单位"激发了本地人才的不公平感和相对剥夺感，外显为对外来人才（包括挂职、借调、正职等各类人才群体）的不尊重。二是本地人与外地人的融合。新区建设是一个从村镇向城市迈进的过程，必然经历本地村民、居民向市民的过渡，大量外来人口的文化水平和素质水平普遍高于本地村民，如何实现本地村民、居民向市场化思维市民的转型，这也是雄安新区在未来协同有序发展需要破解的难题之一。

5.被动承接与主动发展之间存在博弈

行政主导下的帮扶合作模式适用于新区建设初期，谋求长效发展则需调动社会资本参与，由被动承接产业转移向主动积极发展转变。一个健康有活力的市场体系需要多重资本的参与。如何在被动承接"优胜劣汰"法则下，在资源要素转移的同时构建开放包容的市场机制，是新区谋求主动发展的必考题。吸纳社会资本参与到新区的产业体系与人才体系建设中，尤其需要做好人才保留工作，避免成为京津地区"人才候鸟"的中转地。

二、国内外科技创新特区的发展模式及经验借鉴

为更好地探索符合雄安新区定位标准和客观条件的人才发展模式，研究选取了美国硅谷、日本筑波、中国台湾新竹、中国杭州城西科创大走廊、中国怀柔科技城等五个科技创新特区作为典型案例，比较分析各个特区的建设背景和目标、人才引进和培育方法、人才发展特色等内容，为新区建设人才高地提

供经验借鉴。

（一）科技创新特区的发展模式

1.硅谷模式：生态良性、平台集聚、文化包容

美国硅谷凭借完善的创业创新生态、高水平的人才培养模式以及包容性的精神文化成为科创人才集聚高地。在创新创业生态方面，硅谷兼备成熟的专利保护制度、强有力的风险投资、完善的中介服务产业，营造出优良的人才发展环境。具体来看，一是建立完整的专利保护法律体系，设置较低的诉讼门槛和极具威慑力的惩罚力度。目前，美国已建立一套包括《专利法》、《商标法》、《版权法》等在内的知识产权保护法律体系。二是大量集聚风险投资机构和风险投资人才，为风险投资提供资金支持和智力保障，逐渐形成一种人才引力场效应。三是齐全的中介服务产业链，硅谷的中介服务机构包含人力资源机构、财务法律机构、技术转让机构和孵化机构。在高水平人才培养方面，硅谷尤为注重产学研用之间的衔接关系和新老企业家之间的传承关系。硅谷聚集了斯坦福大学、加州大学伯克利分校与旧金山分校、SLAC国家加速器实验室（原名斯坦福直线加速器中心）、阿莫斯航天研究中心等一大批世界一流大学和科研机构，以及英特尔、苹果公司、谷歌等高科技公司，依托这些机构平台推动产学研用高度融合。同时，老一代成功的企业家以自身的经验和财富转型成为风险投资家，对下一代企业家进行引领和培养，这种模式是硅谷经久不衰的重要因素之一。在包容性方面，硅谷具有系列特色鲜明的聚才文化，如："鼓励很明智的失败"的文化氛围，人们普遍认可"失败可以创造机会，实现更好创新"这一理念；"勇于创新和敢于冒险"的企业家精神；尊重人们对财富和利益的追求，具有"创富精神"；等等。

2.筑波科技城模式：政府主导、产业转移、环境优化

日本筑波科技城以强有力的政府主导和系统的产城融合为特色，彰显出对科创人才的独特吸引力。在承接和建设科研创新平台方面，日本筑波科技城依靠政府引导和行政力量支持，积极承接迁入的科研教育机构，建立新型顶尖科研机构，如筑波大学，以此提升对高端人才的吸引力和承接能力。在创建人才发展环境方面，日本政府大力推进公共交通、住房、娱乐休闲等基础设施建设，完善城市功能，为迁入人员提供了良好的教学工作和生活环境，充分满足

了迁移人口的工作和生活需求。尤其重视城际交通和自然环境建设，筑波与东京之间有以"新干线"为代表的便捷的交通体系，大幅缩小了筑波与东京的时空距离，提升了城市间人员移动的便利性，形成了"筑波工作，东京生活"的新格局，同时充分保留和利用自然景观，营造悠然舒适、贴近自然的氛围。

3.台湾新竹科技工业园模式：地缘优势、政策支持、服务高效

台湾新竹重在依托地缘优势、政策支持和优质服务来凝聚人才竞争力，打造科创人才增长极。在地缘优势方面，新竹科技工业园区位于台湾地区经济最发达的大台北地区，毗邻重要城市，交通便利，附近高校众多（台湾"清华大学"、阳明交通大学、中华大学等），科研机构集中，便于推进产学研深度融合。在政策支持方面，园区积极强化人才创新创业激励。一是为园区企业提供税收优惠。例如，营利事业所得税及附加总额不超过全年纳税所得额的22％；园区内企业进口设备、原材料、物料、燃料和半成品免征进口税和货物税，外销产品免征货物税和营业税等。二是兼顾本地人才与外来人才的创新激励。园区规定企业雇佣台湾本地科技人员数必须占科技人员总数的50％以上，以保证把更多的台湾科技人员培养成高科技人才和高级管理人才。在服务供给方面，新竹园区建立了集中高效的行政管理体系和支撑配套服务体系，形成了"一切行政管理都以'为厂商提供高速服务'为前提，一切变革都以'为投资者提供合理便利'为依据，一切管理规章都以'为有利于高技术产业区的发展而制定'"的管理特色，按照"厂商服务，区内完成"的原则，在园区内设有整套服务机构，厂商所需办理的手续都可在园区内完成，为投资者创业营造了良好的服务环境和发展氛围。同时，为人才及其家属提供良好的生活福利设施，园区设立了具有较高水准和采取国际化教学方式的实验高中及附设初中、初小和幼儿园等，解决人才后顾之忧。

4.杭州城西科创大走廊模式：政策完善、产学联动、服务优质

杭州城西科创大走廊以区域一体化发展为基调，突出政策、平台、服务联动，充分释放科技创新人才活力。在人才政策体系方面，各级政府，从不同维度、不同层面就杭州城西科创大走廊区域范围的高层次人才引进与管理出台了系列纲领性文件政策，形成了框架比较完善、重点比较突出、特色比较鲜明的人才政策体系。如《关于推进杭州城西科创大走廊建设的若干意见》、《关于支持海外高层次人才在浙江投资创业的若干意见》等。在产学研创新服务平台方面，杭州城西科创大走廊正在加快构建整合政府、大学、产业、用户"四螺旋"协同驱动的自组织创新网络，其产学研创新服务区域平台不断集聚国内外优质科技资源，力争在相应领域取得国际领先的科研成果，打造国际合作典范，持续放大创新驱动效应。例如，浙江大学充分发挥学科优势，整合区域资源，与各地政府部门签订战略合作协议。在高层次人才服务方面，得益于杭州市的"一核六动"人才生态模式和"店小二"人才服务模式，城西科创大走廊依托杭州城西科创产业集聚区的快速建设，通过建立高层次人才"一站式"服务平台，加快了海创园、梦想小镇、云制造小镇等公共创新创业平台建设，逐渐显现出产城融合发展、创新创业活跃的科技新城风貌。

5.怀柔科技城模式：梯度差异、重点突出、人文关怀

怀柔科技城立足人才本位，侧重人才梯度培养和人文关怀，政策导向明确，形成对科创人才的集聚合力。在人才梯度培养机制方面，怀柔科技城兼顾国家级高层次人才政策倾斜和市级人才政策配套。围绕国家及北京市布局的前沿领域重大科技基础设施集群，北京市极力争取国家层面高端人才引进政策向怀柔科学城倾斜，包括海外高层次人才引进计划、国家高层次人才特殊支持计划等系列高端创新人才项目。同时，充分运用中国科学院及北京市人才引进政策做好市级政策配套，出台诸如"北京市科技新星计划"、"科技北京百名领军人才培养工程"等人才计划。在人才政策体系方面，北京怀柔区发布的《怀柔区促进区域经济发展财政政策（试行）》、《怀柔区促进区域经济转型发展专项资金支持政策》和《怀柔区鼓励扶持纳米科技领域领军人才和高级技术人才实施办法》三大优惠政策紧扣怀柔科学城的发展重点，极大提高了引才精准度。在生态环境方面，怀柔科学城不断完善相关配套政策，为科技人才工作、生活和科技活动提供更精细化、专业化的优质服务，通过建设租赁式人才社区、合作建校、医院扩建、串联快速交通网络等方式，全力推进住房保障、医疗配套、教育体系等公共服务配套及便捷交通网络的建设。同时，通过启动新型科学城空间规划、老城区改造建设、引入高端文娱休闲配套设施等手段，为人才提供宜居宜业、体现人文关怀的工作和生活环境，满足服务高知人才需求。

（二）科技创新特区的经验借鉴

通过对上述五个创新特区实践模式的综合性解读，结合新区的现实基础条件，从人才吸引、培育和发展等方面提炼出可供参考借鉴的先进经验，详述如下。

1.推进政府主导和市场机制的有机融合

一是执行激励导向的创新政策，推进人才治理现代化。建立区域层级较高、权责清晰、运作高效的人才管理体制，进一步明确行政管理的边界，不断完善创新联动机制。政府部门需强化开放意识，激励多元主体开展互惠合作，促进创新生态的培育和实现，通过产学研用协同与互补实现科技创新。二是发挥市场对创新要素的聚集作用。从智力与技术要素看，雄安新区应以需求为导向，大力引进高端创新人才、产业发展人才、青年创业人才等要素资源，最大限度提升人才资源配置水平，构筑区域创新创业人才高地。推动人才引进主体从政府逐渐向市场过渡，鼓励政府与企业、民间组织建立合作引才渠道。从资本要素看，要充分要调动社会资本的力量，部署渠道活跃的资本链，创新融资模式，搭建多层次的资本市场。

2.加快建设人才创新平台

一是努力培育创新引擎企业，推进产业转型升级。以平台经济为代表的信息经济快速兴起，形成全球经济新的增长点和发展新模式。目前来看，雄安新区的引擎企业尚未形成，需要以大量中小企业的存在为前提，给小微企业足够的生长空间，给民营企业更多的阳光和雨露，让大量中小企业能在优胜劣汰的筛选竞争机制中成长，最终孵育出一批拥有自主知识产权和知名品牌、具有核心竞争力的本土创新型龙头企业。二是充分承接和利用京津科研资源，推进雄安大学建设。人才培养和发展必然依托平台，在硅谷的发展壮大过程中，斯坦福大学等世界顶尖高校是硅谷崛起的支撑。而雄安新区建立在保定三县的基础之上，教育资源极为匮乏。如何做好承接首都高校、科研院所建立分校落户的工作，是关乎新区高质量发展的必答题。

3.优化创业创新环境

一是构建高效率的行政服务体系。加快"绿色雄安、透明雄安、智慧雄安"建设，构建智能政务服务体系；推进行政体制改革，改善政府形象，发挥"大部制"政府的扁平化优势，推进政府行政效率的提升，实现行政手续办理的高效化和便捷化。二是打造竞争有序的市场环境。知识产权对于创新动力的激发具有重要作用，美国硅谷、日本筑波有极为完善的知识产权保护法律体系，对知识产权的重视程度不言而喻，雄安新区要注重对知识产权的保护，构建完善的产权保护等法律体系，构建公平、公正的市场秩序。三是推进中介服务产业的高质量发展。完善的中介服务在整合各种创新要素、提高技术创新能力等方面起着重要作用。政府通过中介服务机构，为新区的中小微企业提供孵化服务、财会和法律服务以及人力资源服务，扶持中小微企业发展。

4.打造良好的生活环境

一是推动城际交通建设。以筑波为例，作为承接东京非首都职能的载体之一，其与东京之间具有便捷的交通联系，最快仅需要40余分钟，有效吸引了人才汇聚。因此，要加强雄安与北京、天津、保定、石家庄等城市全方位的区域合作，加快区域交通建设，实现半小时通勤圈，为区域协同发展与合作提供支撑。二是加强人才保障，推进公共服务共享机制建设。雄安新区建立在公共服务较为落后的雄安三县的基础之上，与京津在公共服务体系上存在着巨大差距。因此，有必要完善公共服务共享机制，在社会保障、医疗保险以及教育上，推进雄安与京津的一体化建设，打通新区与京津的医疗、教育通道，为人才提供优质的公共服务，增加对人才的吸引力。三是营造高品质的生活氛围。良好的生活氛围是抢抓新一轮科技革命机遇的软实力，塑造多样、开放、宽容的城市场景，是吸引创新人才的必要条件。雄安新区应立足于自身区位条件、资源禀赋和发展现状，增强住房、公共服务、生态、交通等城市功能布局，突出混合、多元、活力等特质，塑造高品质的生活环境、国际化的价值实现环境，通过加入智能、环保、公益等元素，满足人才的高层次需求。

三、理论基础与政策思路

人才作为引领创新发展的第一资源要素，关注人才流动的内在原理是优化人才引进与培养工作的重要前提。在此基础上，需研究结合系统性的人才政策工具模型，构建兼顾理论依据与现实需求的人才政策思维导图，为下一步政策方案设计提供基本思路。

（一）理论基础

1.推拉理论

"推拉理论"由唐纳德·博格（D. J. Bogue）于20世纪50年代末提出，是研究流动人口和移民的重要理论之一，现今被广泛运用于人才竞争场域。该理论从运动学的观点认为，在市场经济和人口自由的情况下，人口迁移是两种不同方向的力相互作用的结果。其中，一种是促使人口迁移的力量，即有利于人口转移的积极因素，这些因素能够使迁移人口的生活条件得到改善，称之为拉力；另一种是阻碍人口转移的力量，即不利于人口转移的消极因素，称之为推力。

以人才为研究对象，推拉理论的核心原理同样适用。不同于普通人口，人才是具有一定专业知识或技能，能够进行创造性劳动并对社会做出贡献的人，是人力资源中能力和素质较高的劳动者。按照推拉理论的观点，在完全市场经济条件下，人才流动是市场机制自发地对劳动力资源进行重新配置的过程。但是，人才本身既是理性的经济人，也是劳动力资源的物质承担者，人才流动是人才作为理性经济人和劳动力资源的双重身份在行业和地区间的自由流动，是人才重新就业的过程。可以说，人才自身的价值选择和劳动力资源的逐利性决定了人才自由流动的方向和数量，该结果同时受到流入地和流出地的拉力与推力的共同作用。

如图4所示，某地是人才流入地还是人才流出地，取决于推力因素与拉力因素的权衡较量。这些因素包括制度政策、经济发展水平、产业成熟度、就业机会与发展空间、薪酬待遇、生活成本、公共服务供给情况、基础设施完备程度、气候环境、家庭结构、社会关系等。具体可将人才流动合力表示为：

人才流动合力=（流入地拉力+流出地推力）–（流入地推力+流出地拉力）

=流入地净拉力+流出地净推力

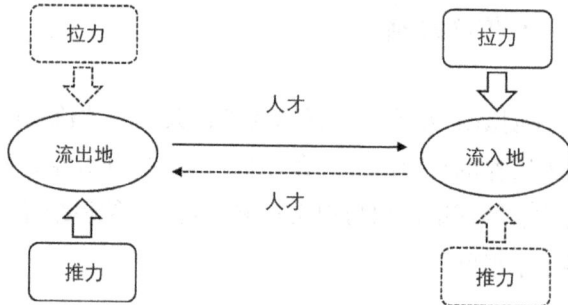

图4 区域人才"推—拉"示意

可见，人才流动并不是一个孤立的单向行为，而是诸多主客观因素交互作用下的双向行为，因而需要关注可能影响人才生理与心理体验的推拉力因素，从宏观制度环境、中观组织管理、微观人才发展方面全面比较并深度剖析自身在人才竞争中的区域排位，了解自身参与人才竞争的优劣势，以便实施跨层次的靶向政策，提高精准施策力度，提升区域引才拉力，增强人才竞争优势。

2.政策工具理论

政策工具是政策过程分析在工具理性层面的发展和深化，也是政府实现政策目标、达到政策效果的必要手段。理论研究认为，政策主体在制定和执行政策时，必须依据政策间的客观关系将它们有机结合起来，运用不同政策工具形成政策合力，在功能上实现互补，以发挥理想的政策效应。结合罗斯维尔（Rothwell）与泽福尔德（Zegveld）的政策工具模型，政策分析的X维度包含供给型、环境型和需求型三类政策工具。如图5所示，供给型和需求型的政策工具对人才发展具有直接的推动与拉动作用，环境型政策工具则间接影响人才发展。

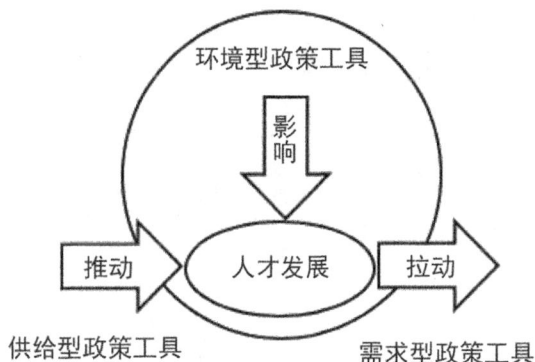

图5　人才政策工具模型

不同类型的政策在政策工具的表现形式上有所差异。以人才政策为例，人才政策工具是政府为实现人才自身价值、提升人才竞争力，最终实现人才强国战略目标所采取的方法和手段。基于此，人才政策工具也可按照罗斯维尔等人的理论模型划分为三类，三者相互作用，促成人才发展合力。

具体而言，供给型政策工具是指政府通过各种方式的支持，扩大人才供给，改善人才供需状况，进而推动人才事业的发展。根据政府对人才发展支持方式的不同，可以将供给型政策工具划分为人才培养、人才信息支持、人才资金投入以及公共服务等。需求型政策工具是指政府通过人才引进和国际贸易管制等方法改善人才市场不稳定状况，积极拓展高层次人才市场，进而拉动人才市场迈向高水平。可以将需求型政策工具分为政府采购、服务外包等方面。环境型政策工具是指政府政策对人才发展的影响作用，即政府借助财务金融、税收制度、法规管制等政策为人才提供有利的发展环境，推动人才自身价值以及人才强国目标的实现。环境型政策工具包括财务金融、税收优惠、法规管制等方面。

（二）政策思路

人才政策是指包括人才培养、开发、利用等方面规定的一系列法律法规，通过对人力资源进行科学开发、配置和利用，促进人才作用的发挥，以最终实现社会经济的发展目标。人才政策的实施是一个运用多重政策工具，分类调控政策力度，以实现人才发展的直接目标，进而获得综合人才效益的综合性过程（见图6）。

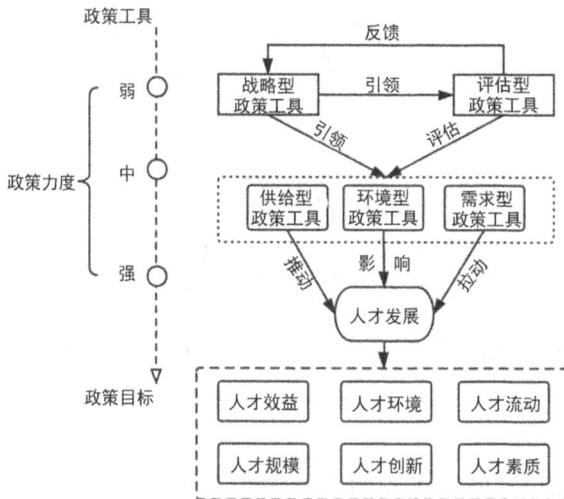

图6　人才政策思维导图

结合上述理论基础，除供给型、需求型与环境型政策工具外，人才政策还涉及战略型与评估型两类政策工具。作为其他四类政策工具的"引领人"，战略型人才政策工具主要指人才规划等统领性文件，旨在明确人才政策工作的初步方向和发展路径；而评估型政策工具贯穿供给型、需求型与环境型政策，是对三类政策的政策内容及其实施效果的具体评估与反馈，以此作为人才政策的修正依据，保证人才政策体系的科学性与合理性；供给型、需求型与环境型政策工具则通过直接推动、直接拉动和间接影响等作用进而形成人才发展合力，释放人才，实现增进人才效益、扩大人才规模、提升人才素质、激发人才创新、促进人才合理流动、优化人才生态环境等综合性政策目标。

从政策力度来看，战略型政策工具以人才规划等顶层设计为首，需要紧密结合国家发展战略，政策力度较强；评估型政策工具需同时考虑评估的公正性与合理性，公正性由行政监管作为保障，合理性以市场反馈作为标杆，政策力度适中；而供给型人才政策涉及多元主体参与，一方面，政府需切实履行基础设施建设和公共服务供给等基本职能，同时，人才培养需结合市场化需求，人才资金投入可鼓励社会资本融入，政策力度适中；需求型人才政策强调更多发挥市场用人主体和社会组织成员的力量，需要适当放宽政策管制，激发市场主体活力，政策力度较弱；环境型人才政策应以政府为主导，通过体制机制和行政保障，高效落实相关金融税收制度的实施与运行，净化人才发展环境，政策力度较强。

四、雄安新区人才引进和培育对策

基于系列诊断报告和经验借鉴，研究结合雄安新区人才发展的优势条件与重点难问题，系统性提出人才引进与培育对策方案，以加快构建一支供需匹配、梯次互补、结构合理的优质人才队伍，为稳步推进雄安新区高质量发展，实现建设国际一流的创新型城市的战略目标提供实质工作抓手。

（一）基本原则

1.坚持创新机制，开放聚才

深化新区人才管理机制，树立"开放聚才"的人才工作理念，积极突破引才用才的体制机制障碍，拓宽引才用才渠道，构建灵活、弹性、开放、包容的人才制度架构。

2.坚持高端引领，梯度承接

立足传统产业发展基础和五大重点产业发展布局，充分发挥高端高新技术人才对新区的经济引领作用，推进传统产业技能人才转型升级，带动资源要素的梯度转移与承接，形成高低有序、同步并进的现代化人才发展体系。

3.坚持多向协同，合力双创

注重政府引导与市场配置资源的功能结合，促进产业链、资金链、平台链与公共服务链之间的有效衔接和良性互动，培育充满创新创业活力的人才链，加快人才与产业的互融互促。

4.坚持多元分类，精准施策

以需求为导向，根据人才的分类属性，制定符合人才发展路径的差别化政策，围绕金融支持、税收优惠、成果转化、居留落户、教育医疗、社会保障等方面开展分类讨论，提高政策的精准度。

（二）目标人才界定

《河北雄安新区规划纲要》明确提出，"要瞄准世界科技前沿，面向国家重大战略需求，通过承接符合新区定位的北京非首都功能疏解，积极吸纳和集聚创新要素资源，高起点布局高端高新产业，推进军民深度融合发展，加快改造传统产业，建设实体经济、科技创新、现代金融、人力资源协同发展的现代产业体系"。其中，新一代信息技术产业、现代生命科学和生物技术产业、新材料产业、高端现代服务业与绿色生态农业是五大重点发展产业。立足雄安新区的产业格局与发展基础，下一阶段应重点关注"4+1"人才组团："4"是指四个人才层次（全球顶尖人才、双创领军人才、优秀大学生人才、技能人才）；"1"是指一个系列紧缺急需人才，它瞄准教育、医疗卫生、高端服务三大行业（教育行业包括基础教育、高端科研、课外培训以及职业教育人才；医疗卫生行业包括医、药、护、技等基础卫生技术人才和生物医药等高端科研人才；高端服务行业包括金融服务、科创服务、商务服务以及法律服务人才）。

（三）人才工作举措

针对上述五类人才，以人才的差异化需求为导向，制定侧重有别、重点突出的人才工作方案，为人才引进与培养工作提供具体向导。

1.全球顶尖人才

主要是指诺贝尔奖、国家最高科学技术奖、沃尔夫奖等权威奖项获得者，以及中国科学院院士、中国工程院院士、美国等发达国家科学院院士和工程院院士。该类人才以柔性引进方式为主，以具有高绩效和高稀缺性的高端人才为重点，突破地域、户籍、人事关系等条件限制。重点举措包括：全面启动海外高层次专家短期交流计划，与诺贝尔奖等权威奖项获得者、发达国家及国内两院院士定期开展年度短期交流或访学；搭建离岸高层次人才联络工作站，鼓励用人单位借助全球性人才中介机构和校友会等社会关系网络，择优遴选符合标准的人力资源中介机构长期派驻海外，负责人才供需信息的对接与交流；探索定制全球顶尖人才"一事一议"专项引进方案，根据人才的工作需求和工作条件实行弹性人才管理，推动出台用人单位引才奖励方案，配套优化高层次人才出入境、永久居留等便利政策。

2.双创领军人才

主要是指中央"千人计划"等人才计划人选，中国青年女科学家、国家自然科学奖等奖项获得者，国家级教学名师、国医大师等技能荣誉获得者，世界500强等企业主要经营管理人才。该类人才聚焦于重点产业和科技创新领域，应以"平台+政策+服务"的组合方式多管齐下，推进创新创业人才集聚。重点举措包括：依托对口帮扶资源，搭建创新创业平台，支持有条件和有意向的高校、科研机构、企业在新区设立分校、分院、分中心和创新创业学院，积极承办国家级或省市级创新创业赛事及沙龙活动，承接孵化项目落地；结合人才与企业的生命周期发展需求，制定分类、分层的创新创业扶持政策体系，重点围绕新一代信息技术产业、现代生命科学和生物技术产业等五大重点产业领域，从财税优惠、薪酬激励、双面奖补、成果转化、创业服务等方面提供政策支持；创新"政府引导+社会参与"的多元化资金投入机制，放宽创投机构准入限制，推行科技创新券，提高市场的创新资源配置效率和政府的资金投入使用效率。

3.优秀大学生人才

主要是指世界排名前200位的知名大学全日制本科生、硕士研究生和博士研究生；国内"211"工程、"985"工程高校全日制优秀本科生、硕士研究生和博士研究生。该类人才须引育并重，为建设产业发展后备人才队伍服务。重点举措包括：设立优秀大学生创业基金，根据人才及团队的发展条件、项目性质、创业形式进行综合评估，制定创业资助方案，提供场租减免、税收优惠、行政便利等差异化支持；由政府部门牵头，企事业单位组织，定期召开以优秀大学生为对象的创业训练营；放宽优秀大学生落户限制，探索突破现行的积分落户和居住证制度，对符合学历要求的优秀大学生实施新型落户政策，简化落户办理程序；设置应届大学生留雄安就业生活补贴，根据人才的学历层级，为符合学校条件并来雄安就业的应届生提供不同额度的就业生活补贴。

4.技能人才

主要是指掌握行业专门知识和技术，具备一定的操作技能，在工作实践中能够运用自己的技术和能力进行实际操作的人员。该类人才工作以引进技术带头人、关注中低技能人才的过程培养为主。重点举措包括：探索实施技能型人才联合培养，推动建立跨区域校企联合体和实习实训基地，支持新区重点企业和重点行业协会在高职类院校设置技能专业或培训教学内容，加强职业教育与用工用人之间的资源互补、需求对接；设立技能人才素质提升专项基金，鼓励政府与社会资本共同参与，整合安新县制鞋业、容城县服装业与雄县塑料包装业的产业基础，采取人才及团队自主申报、用人单位推荐的选拔形式，按年度择优遴选一批发展潜力较大的重要岗位人才，对其技术攻关、专利技术申报、行业标准制定给予资金和技术支持；举办技能人才素质提升训练营，协调政府部门、行业协会及企事业单位，定期组织三县传统产业的普通技能人才参与技能培训。

5.紧缺教育人才

主要是指中小学、幼儿园教师等基础教育人才，高校教师等高端科研人才，艺术体能、课程辅导等课外培训人才，职业技能培训等职业教育人才。该类人才的引进工作需以激发内驱力为前提，更加重视人才激励机制优化。重点举措包括：深入推进院校帮扶合作，扩充合作对象的地理区域，尝试与国内优质大中小学（幼儿园）、科研机构、医疗机构开展合作，建立雄安新区分校或分院，提升本地教育与医疗设施的硬件条件；推行社会投入办学模式，采取建设公办学校、支持民办学校的"双路径"，集结民间力量和社会资金，合作开展义务教育民办学校建设，优化市场在公共服务领域的资源配置；实施教师晋级培养方案，针对办学条件较好、社会声誉较高的学校，优先给予优秀教师推荐权，择优选择一批骨干教师开展中高级教师专业培训；大力引进培训机构，坚持青少年课外辅导培训与成人职业教育培训并进，满足人才子女的多元化教育以及职业技术人才的再教育需求。

6.紧缺医疗卫生人才

主要是指医、药、护、技等基础卫生技术人才，以及生物医药等高端科研人才。该类人才工作需要将释放体制机制活力与强化继续教育相结合。重点举措包括：探索实施医疗卫生行业应援人才保薪政策，对于符合行业条件且满足副主任及以上职称级别的应援人才，其在新区的薪酬与原工作单位的薪酬差额由政府与用人单位联合承担，积极改善应援人才的工作条件；适当放宽医疗卫生人才的编制管理，扩大医疗单位的人事自主权，尤其需要灵活调整与京津等地合作建设的分院的人事调配权；设立医疗卫生人才学术研修项目，鼓励在职医疗人才进修深造，提供相应的人才培训补贴与基本工资保障；试行医疗卫生专业人才"4+5"定向联合培养机制，与省内外卫生职业技术学校开展护理、药剂、保健等专业合作，与对口大学开展脑科学、细胞治疗、基因工程、医疗器械等生物医药专业合作，探索支持部分学生完成学业并与雄安新区相关卫生单位签署就业协议的制度。

7.紧缺高端服务人才

主要是指银行、证券等金融服务人才，技术转移转化、科技咨询等科创服务人才，电子商务等服务人才，法务、律师等法律服务人才。该类人才工作需要以优惠政策和营商环境为支点，强化政策优势对高端服务人才的吸引力度。重点举措包括：完善现代服务业人才创新创业扶持政策，对于金融、科创、商务和法律服务等领域的高端管理和专业人才，给予税收、住房、子女入学等方面的优惠政策；加快现代服务业载体建设，围绕金融服务、科创服务、商务服务、智慧物流、现代供应链等现代服务业，打造特色鲜明、流程完备的现代服务基地，为入驻企业提供场租、税收等政策优惠；合作开展现代服务人才联合培养，加强与国内外高等院校、大型现代服务企业的合作，根据按需培养、讲求实效的原则，择优选拔现代服务业管理人员和专业人员，鼓励通过授课、会议、讲座、考察等形式到教学、科研及生产单位进行进修培训。

（四）重点人才政策

为深入贯彻以习近平同志为核心的党中央做出的重大历史性战略决策，营造支持雄安新区建设的人才环境，亟须以重点产业发展需求为出发点，制定"高端引领+梯次互补"的人才政策体系，打造人才集聚新高地。

1.加大人才和团队引进培养力度

提供柔性智力引进支持。深入实施全球顶尖人才柔性引进计划，对于引进的院士等全球顶尖人才，按照在新区的工作时长分额度给予一次性奖励资助，按照项目级别分额度给予项目经费资助，实行分阶段拨付；对于顶尖人才和团队的重大项目，实行"一事一议"；顶尖人才按照特设岗位聘用，不受企事业单位固定编制影响；开设顶尖人才办理手续绿色通道，给予出入境和签证便利；对于成功引进顶尖人才的用人单位，根据实际开支的引才工作经费，提供特定比例的工作经费补贴。

提供创新创业人才及团队引进支持。对于引进的海内外高层次人才及团队、留学归国人才及团队、优秀大学生，根据创业团队成员构成和项目评估质量，分阶段、分额度给予创业扶持资金，提供免租办公场所、一次性装修补贴，团队核心成员（不超过三名）可享受相应的人才公寓、安家补贴等。对于在新区注册设立或新迁入的金融、科创、商务及法律服务领域的高端服务业企业，根据服务标准评估、企业规模、企业营收额给予场租优惠和核心人才团队奖励与资助。

提供人才引进与培养激励。实施人才薪酬扶持政策，对于引进的高层次人才，若其工资水平为社会平均工资的1~3倍，按个人所得税的100%给予薪酬补贴；若其工资水平高于社会平均工资3倍以上，按个人所得税的60%给予薪酬补贴，最高不超过100万元，以奖金的形式对半发放给用人单位和人才个人；对于引进的医疗卫生行业的紧缺急需人才，薪酬扶持标准则不受限于工资水平，实行单列单议；对于引进的应届大学毕业生，根据学历层次，分别给予本科生、硕士研究生和博士研究生不同额度的一次性就业生活补贴；支持技能人才评定和培训，给予职称晋升奖励和培训补贴。

2.完善创新创业扶持政策

提供创新转型资助。设立产业转型升级专项基金，鼓励政府与社会资本共同参与，围绕三县的产业基础，每年遴选一批有发展潜力的优质企业或经营项目，根据实际支出费用提供配套技术改造资金。支持三县企业在优势领域开展核心工艺、关键流程和共性技术的原创设计攻关，对参与行业标准制定和成功申报专利技术的企业，给予荣誉表彰和资金奖励。鼓励三县积极承接全国性产业发展论坛、行业展会、技能大赛等赛事活动，设置荣誉奖励和人才项目申报的优先举荐权。

提供创新创业金融支持。制定贷款贴息政策，为注册地在新区内的双创企业提供贷款贴息补贴，按贷款额分段给予利息补贴。实施税收优惠政策，使经认定的国家高新技术企业、中国驰名商标、省级著名商标、市级著名商标等高端专业服务企业，享受相应的企业所得税优惠政策；经总部企业认定的高管员工，按照实际缴纳个人所得税金额给予补贴；对小型微利企业，根据其所得按适当比例计入应纳税所得额。设置资金贴现奖励，设立新区政府创投引导基金，引导天使基金等社会资本设立发展基金，对于获得A轮融资、新三板挂牌的企业，享受相应的融资奖励。

提供科研成果转化支持。设立知识产权保护中心，为人才在专利申请、授权、保护、维权援助、运营转化等方面提供定制服务。推动人才的创新成果标准化、专利化，针对在雄安新区转化利用的项目给予转化费用资助。赋予科研人员职务科技成果所有权或长期使用权，提高科教类事业单位科研人员成果转化收益比例，鼓励科技人员以职务发明科技成果投资入股。放松科研经费管理，使科技成果研发和转化人员的资助资金不受事业单位绩效工资总额限制。

3.构筑高能级人才发展平台

规划重点产业园区。与北京中关村合作建设"雄安新区中关村科技园"，承接高端高新产业的落户与发展，入驻企业可享受场租优惠。加快建设雄安国家自主创新示范区，建设互联网产业园、生物医药产业园、生态农业产业园等重点产业园区，对达到不同级别认定标准的给予相应资助。建设人力资源服务产业园，为入驻的4A级和5A级人力资源服务机构提供免租政策、资金资助、续租激励。

成立科研工作站。加强与国内外知名高校和科研机构的深度合作，对新区内新设立的院士专家工作站、博士后科研工作站等，提供配套支持和人才招引资助。

运营特色小镇。设立特色小镇产业发展基金，根据每个小镇的产业定位，采取实体企业投资和虚拟金融服务相结合的方式，优先引进优质关联项目，为入驻企业和落地项目提供不同额度的项目启动资金，加大对人才的吸引力。

引进中介服务机构。鼓励中介机构品牌化发展，引导中介机构强化品牌服务意识，重点扶持经营业绩良好、行业知名度高、诚信规范服务的中介机构，为获得各级服务名牌的中介机构提供不同额度奖励资助，打造一批品牌服务机构。加快中介服务集聚园区建设，引导鼓励中介机构集聚发展，提高综合服务能力，为国内外知名中介机构入驻园区提供场租优惠等政策，形成一批专业化强、知名度高、辐射力强的中介服务集聚园区。推行政府购买中介服务，支持通过政府购买服务的方式，将专业性、技术性强的工作委托于中介机构承担。

建设军民共用重大科研基地。对于促进军民融合具有重大理论贡献和应用价值的科研人员给予表彰奖励。建立军民融合重大研发任务协同创新机制，推动双向开放、信息交互、资源共享，对军民合作项目给予一定资助。

4.优化人才生活服务保障

扩大优质教育资源供给。对于新区引进的海外高层次人才的外国籍子女、海内外高层次人才的中国籍子女，可分别优先安排入读国际学校或师资条件较好的学校，其子女参加高考可不受户籍限制，减免学杂费、借读费和择校费等费用；对于新区引进的创新创业人才和其他层次人才的子女，可享受与新区本地居民子女同等待遇。

助力医疗服务一体化。探索新区医疗资源与京津共缴共享试点先行，在新区内创新创业的硕士及以上学历人才，现阶段参照天津市社保缴纳标准，打通新区与天津市的医保通道，逐渐推进与京津地区的医疗资源共享。分类分级提供医疗卫生服务，全球顶尖人才、双创领军人才、拔尖人才分别参照享受一级、二级、三级医疗保健待遇，畅通高层次人才就医"绿色通道"。

妥善安排人才居留落户。探索适合新区的新型积分落户政策，在年龄、学历、居住证、缴纳社保年限、无犯罪记录等常规加分项目的基础上，增设专业背景，删减缴纳社保年限选项，以留住符合新区产业发展方向的可用之才。对于引进的全球顶尖人才、双创领军人才、拔尖人才、应届硕士及以上学历人才或高级职称人才、应届本科生或中级职称人才，分类给予购房补贴、租房补贴。高层次人才和紧缺型人才可以直接申领居住证或者申办入户，不受年龄限制。

强化知识产权保护。支持建设知识产权保护中心，为企业提供知识产权快速审查、确权和维权服务，构建智能查询和警示系统，严防进驻企业的信用监管。鼓励企业积极申请科技发明、专利技术等成果保护，对成功运用知识产权质押融资的企业，设置贴息奖励和事后风险补偿。支持行业建立知识产权保护联盟，联盟成员企业享受申请自主知识产权的绿色通道，缩短审批时限。

优化商务服务。推进雄安商务服务中心项目建设，构建集会展中心、商务办公、酒店、公寓、幼儿园等功能于一体的服务供应链。会展中心定位为雄安科技成果展示交易中心，商务办公主要承接首批疏解而来的北京非首都功能单位，可满足大中小型各类规模单位需求。公寓主要面向中长期进驻新区办公的各类人才，能够提供全方位生活服务配套功能，采用"专家公寓+服务式公寓"的组合方式，满足从单身到带家庭的各类人才的入住需求。

雄安新区科技创新体制机制研究

课题负责人

张　炜　浙江大学中国科教战略研究院副院长、教授

浙江大学科教发展战略研究中心副主任

课题组成员

刘景江　浙江大学管理学院副教授

魏丽娜　浙江大学中国科教战略研究院博士研究生

胡建豪　浙江大学管理学院博士研究生

郑畅然　浙江大学管理学院博士研究生

王　良　浙江大学中国科教战略研究院博士研究生

一、研究背景

（一）雄安新区科技创新的基础与条件

截至2019年底，雄安新区地区生产总值（GDP）为215亿元，雄县、容城和安新三个县的地区生产总值分别为106.5亿元、47.41亿元和62.1亿元。相较2016年（200.55亿元），雄安新区地区生产总值无明显变化，雄县、容城县和安新县三次产业结构呈现出明显的"二三一"（51.4%：34.5%：14.1%）的特点，现有第二产业仍以传统制造加工业（塑料、服装、制鞋、羽绒、电缆和有色金属等）为主。

2019年河北省县域科技创新能力监测结果显示，雄安新区的雄县科技创新能力综合排名为全省第148位，评估得分比全省平均水平低22.23分。其中，创新投入得分位居全省第160位；创新主体得分位居全省并列第31位；创新条件得分位居全省第160位，省级以上研发平台0个，省级以上创新园区、基地仅1个，规模以上工业企业建立研发机构比例仅为1.71%；创新产出得分位居全省第142位。容城县科技创新能力综合排名为全省第136位，评估得分比全省平均水平低16.17分。其中，创新投入得分位居全省第145位；创新主体得分位居全省第135位；创新条件得分位居全省第108位，省级以上研发平台仅4个，省级以上创新园区、基地仅2个，规模以上工业企业建立研发机构比例仅为1.92%；创新产出得分位居全省第159位。安新县科技创新能力综合排名为全省第125位，评估得分比全省平均水平低11.61分。其中，创新投入得分位居全省第155位；创新主体得分位居全省第99位；创新条件得分位居全省第131位，省级以上研发平台0个，省级以上创新园区、基地仅1个，规模以上工业企业建立研发机构比例仅为1.47%；创新产出得分位居全省第54位。因此，就现状而言，雄安新区现有科技资源较薄弱，从经济体量、科技创新能力和人力资源基础等方面来看，尚无法支撑和建构起世界级的科技创新生态系统。

（二）雄安新区科技创新的问题与困境

从雄安新区现有基础条件上看，其在科技体制发展上存在着诸多制约。

1.技术和创新要素缺失，亟待打造多功能创新平台

我国国家特区、国家级新区、高新技术开发区及综合配套改革试验区已经接近200个，国家级经济技术开发区200多个。全国各地的新区新城，总体上已经"饱和"。所谓的"饱和"，不是指内部已经"填满"，没有地方了，而是没有足够新的经济增长要素、技术创新要素进去，进去以后怎么做也是问题。如何通过政策吸引京津冀乃至全国的技术和创新要素，是雄安新区亟待考虑的。当前，雄安新区需要突破以下技术要素和创新要素的瓶颈：其一，要使大量经济发展与科技创新的要素来此集聚；其二，要建设与创新目标相适应的多种类型的平台；其三，要组织（企业家、行业、机构）多层次的、多领域、多范畴的彼此相互链接的创新"空间"，即各种功能平台和群体的决策与运作"空间"；其四，要使各种平台与"空间"成为彼此互动与交流的网络型（多重空间）组织结构，在这种组织机构的某一地点或几个地点(区域)形成空间(创新空间)的接触枢纽。

2.金融和资本要素欠缺，亟待构建多主体资本市场

雄安新区经济基础薄弱，现有资本要素难以支撑其创新发展。截至2017年底，容城县和安新县产业结构都呈现出"二三一"的特点，其地区生产总值的经济体量在全省排名靠后。从产业规划上看，新区产业发展重点包括新一代信息技术产业、现代生命科学和生物技术产业、新材料产业、高端现代服务业、绿色生态农业五大内容。不同于传统产业，新区发展高端高新产业具有高投入、高风险、高收益和高成长性等特征。金融是经济发展的血液，雄安新区的建设发展需要金融支持，雄安新区需要进一步探索资本市场支持体系，构建雄安新区企业生命周期融资体系，创新雄安新区产业发展的金融支持模式，设立雄安新区产业发展金融支持平台。此外，还应在雄安新区开展金融科技创新，支持大数据、区块链技术在雄安新区的探索应用等，从而有力支持雄安新区的发展。

3.人才与科研要素缺乏，亟待推动产学研融合发展

雄安新区要重点承接北京非首都功能和人口转移，这要求雄安新区积极与北京市在公共服务方面开展全方位深度合作，引入优质教育等资源。作为"北京非首都功能"集中疏解地的雄安新区，在高新产业及高校、科研机构引进和发展上亟待优化。就当前来看，雄安新区科技和产业发展基本从零起步，没有相应的技术、资源、人才、市场等方面的积累，产业发展配套条件比较薄弱。尽管雄安新区已经出台了城市管理、公共服务、资源供应等方面的政策，

但在新型研发机构支持、科技体制上仍未形成系统规划，推动产学研融合依然是促进新区实现产业跨越发展的关键手段。

4.区位与环境优势不足，亟待理顺行政与科技体制

政治地位和行政体制的不匹配是雄安新区面临的主要难题。一方面，雄安新区作为河北省委、省政府的派出机构，尚无完整的市级架构，其行政事务仅由雄安新区党工委、管委会负责；另一方面，雄安新区作为国家级新区，独立设置了法院与检察院，显示出独立行政区的趋势。从行政体制上看，虽然目前雄安三县依然为托管状态，但是却已经表现出一个独立行政区的趋势，而从政治地位来看，雄安新区自身并没有独立的经济事务管理权，两者间的巨大矛盾阻碍着雄安新区的发展。雄安新区的功能定位为首都功能拓展区，其设立的首要目标就是承接在京部分中央企事业单位，以此带动人口和产业向外疏解，进而缓解首都人口和资源环境压力。现阶段雄安新区人口增速尚不能匹配经济发展的需求，入驻企业和入住人口数量远远低于预期。截至2017年底，雄安新区总人口为113.62万人，辖区总面积为1556平方千米，人口密度为730人/平方千米，远低于深圳经济特区（5696人/平方千米）和上海浦东新区（4523人/平方千米）。显然，雄安新区在承接产业转移和带动人口集聚等方面尚未发挥显著作用。

二、对标国际：世界典型科技创新集聚区发展案例

本研究对美国奥斯汀城、硅谷、纽约新科技区，英国剑桥科技园、日本筑波科学城、韩国大德科技区、以色列特拉维夫科技城等典型科技创新集聚区进行梳理和研究后，归纳出对雄安新区科技创新发展的一些经验和启示。

雄安新区应当充分依托研究型大学和科研院所进行技术创新。世界范围内创新集聚区之所以成功，一个重要的原因是有斯坦福大学、加州理工学院等一批研究型大学和科研院所作为依托。据对美国、法国、英国、日本等9个国家的226个科技园区的统计，依托理工科大学和科研机构创建的科技园区占其总数的86.36%。雄安新区应当依托研究型大学和科研机构，使新区内产学研紧密结合，为新区发展提供强大的智力支持，吸引高科技人才，引导高技术产业发展。

雄安新区应当构建完善的区域技术创新体系。首先，吸引人才是发展高科技园区的关键，对高智力密集的高科技产业来讲很重要。因此，雄安新区企业应为研发人员提供尽可能优越的工作和生活条件，使他们能以最佳的状态进行工作。其次，雄安新区内部应建立完善的产学研体系，只有在产学研结合中，科研院所和高校才能充分发挥科技优势。通过产学研结合，企业具备强大的技术后，在市场开拓、基本建设、规模生产、质量控制等方面将发挥更重要的作用，同时企业可以吸收新的科研成果，吸收新的技术力量，不断增强技术创新能力，在高技术产业的征途上更好地发挥主体作用。

雄安新区应当形成网络型的产业体系和企业组织结构。区域网络是创新集聚区保持创新活力的根源之一。以区域网络为基础的产业体系，使新区内各个企业之间展开竞争，同时又通过非正式交流与合作，相互学习先进的技术、管理和营销方法。以团队为基础的网络型企业组织结构，能够促进企业内部各部门之间以及与外部供应商、顾客之间的横向沟通。密集的社会网络和开放的劳动市场，激发了勇于探索、开拓进取的创业精神。在产业组织上，雄安新区企业应当力图建立适合个人创新的组织形式，以保证企业的核心竞争力和市场反应灵敏度。

雄安新区应当强化聚集功能，打造新区智慧综合体。雄安新区应借鉴硅巷集聚发展的经验，可在创新集聚区内部设立无边界高科技园区，建造集学习、创新、研发、交流等多功能于一体的智慧综合体，引导大院大所、重点企业、重点项目、人才、资本等高端要素集聚，积极打造多方共赢的产学研资创新联盟，通过功能组合增进空间使用效率。

雄安新区应当创新扶持政策，优化新区创新软环境。一是优化雄安新区发展规划，科学制定开发利用和建设规划，统一实施基础设施及交通网络建设，大力发展公共交通。二是优化雄安新区土地开发，通过调整城市规划与土地用途，开辟研发空间，特别是在土地出让上给予创新主体适度的优惠。三是优化雄安新区财政政策，给予创新、创意与创业投资者租金优惠和财政补贴等，提升创新、创意和创业等能力。

雄安新区应当突出发展特质与引智功能。在雄安新区内部建设中央智力区，转变产业培育方式，从原来注重依赖城市的财富集聚、企业集聚、要素集聚的生产性特质，转向挖掘城市的人力集聚、知识集聚、文化多元的创新性特质，围绕科研和人才优势，来设计新产业方向，形成社区和产业联动态势，推动大学校区的学院派文化—创业文化—市民文化之间的融合，达成高校与本土的融合、国际与国内的融合、传承与创新的融合，彻底冲破文化隔离、文化孤岛的局面，使校区和园区的发展真正根植于社会的土壤，并使创新文化全面萌发。

雄安新区应当实施重点行动计划，增强内在吸引力。一是实施青年创新人才引进计划。重视25~34岁成人群体，落实好购置第一套住房、租房、改善居住条件等问题，帮助年轻人了解当地教育、医疗、培训、科研等方面的设施及相关政策信息，积极引导创新人才落户。二是实施中小企业扶持计划。致力于解决中小企业发展所需的土地空间选址规划问题，政府投资建设一批标准厂房和办公场所低价出租给初创企业，鼓励高校和科研机构为中小企业开放实验室和孵化器。三是实施创新联盟计划。鼓励科技创新服务机构集聚，围绕创意研发、试验、设计、生产、销售和人才培养，建立产业互助系统，营造良性的科技生态环境，实现企业专业化分工和社会化生产的有机结合。

雄安新区应当打造特色新型研发机构。借助雄安新区教育资源潜力和优势，学习德克萨斯州立大学奥斯汀分校IC2研究所先进经验，打造符合雄安特色的商业孵化器、科研机构、商业研究中心等机构，使雄安新区具备持续的创新能力与完善的创新生态系统。

三、雄安新区科技创新关键任务："168"行动

（一）夯实一个基础

强化基础研究与关键共性技术研究，凝神聚力提升原始创新能力。紧紧围绕国家科技发展重大战略需求与雄安新区科技创新定位，重点部署围绕信息科学、材料科学、生物医学、农业科学、环境科学、能源科学等领域关键问题开展原始创新、集成创新和引进消化吸收再创新，为经济社会发展提供基础研究支撑和技术储备。强化战略导向型技术研发，瞄准前瞻性、区域性、行业性重大技术需求，实施前沿产业技术创新专项，加强基础性、战略性关键技术研发，攻克一批对产业竞争力整体提升具有全局性影响和较强带动性的关键共性技术。建设一批重大基础科学研究和实验设施，加强技术引进消化吸收，突破

集成电路、物联网、高性能碳纤维等核心关键技术，争取在未来网络技术、纳米科技、人工智能等领域走在国际前列，汇聚形成一批影响力强、附加值高的产业创新集群。发挥自主创新示范区引领作用，提升雄安新区产业技术创新园区建设水平，健全产业技术研发体系，促进高端创新资源优化集聚，催生一批重大技术创新成果。

（二）建设六大平台

1.国家重大科技创新基地

建设国家级的战略性新兴产业化基地。促进创新研发活动与国际对接，加快国际化高端人才、高成长性企业和高附加值产业显著集聚；涌现一批全球重大原创性技术成果，高水平研究型大学相关学科跻身世界前列，形成一批国际知名的产业科技研发基地；崛起一批具有国际话语权和引领力的创新型领军企业，培养一批勤奋敬业、匠心独具的高技能劳动者，成为创新活力充分释放、创新要素高度集聚、科技基础设施完善、创新功能健全、创业环境持续优化的产业科技创新高地。

2.国家级自主创新示范区

建立以创新型龙头企业为主导的产业技术创新机制，强化企业投资基础科学研究的动力。建立国家自主创新示范区，着力形成企业主导的产业技术创新机制，发挥企业和企业家在创新决策中的重要作用。市场导向明确的科技项目由企业牵头，更多运用后补助、间接投入等方式支持企业自主决策、先行投入开展研发攻关。鼓励大型企业发挥创新骨干作用，加快培育科技型中小企业。以企业为主导构建一批产业技术创新战略联盟，重点支持产业联盟搭建专利、标准、检测认证、展示推广及国际交流平台。引导企业增加研发投入、建立研发机构，鼓励跨国公司和有条件的民营企业在京设立研发总部。完善市属国有企业科技创新考核激励机制。进一步完善新技术、新产品（服务）政府采购及推广应用政策，研究建立符合技术创新和产业发展方向的政府采购技术标准体系，建设面向全国新技术、新产品（服务）政府采购应用推广平台，探索新技术与新产品首购、首用风险补偿机制。

3.全球创新资源集聚平台

吸引、留住和发展高端创新资源，特别是世界级研发机构、世界级创新领先企业和世界级创新领军团队，建立全球创新资源集聚平台。

在高等学校和科研机构方面，重点承接国内外著名高校在新区设立分校、分院、研究生院等，承接国家重点实验室、工程研究中心等国家级科研院所、创新平台、创新中心。例如，在新一代信息技术产业方面，吸引国家先进计算产业创新中心在新区设立分中心，吸引北京大学新一代信息技术研究院在新区设立分院，等等。

新区安排高端研发机构引进专项资金，对符合规定的研发机构给予专项资金补助支持，主要支持研发机构项目研发、人才引进、成果转化以及科研条件建设等方面。吸引、留住和发展世界级研发机构。例如，在新一代信息技术产业方面，吸引欧洲微电子研究中心（IMEC）在新区设立研发分支机构。对产业创新具有特别重大意义的世界级研发机构，按相关程序报政府同意后，可实行"一事一议"。

制定《雄安新区创新型企业领军计划》，建立"雏鹰—瞪羚—领军"梯度培育机制。建立新区创新领先企业后备库，对重点企业实行"一企一策"和定制化辅导。遴选一批"独角兽"后备企业，建立新区"独角兽"培育企业库。吸引、留住和发展世界级创新领先企业。例如，在新一代信息技术产业方面，吸引半导体产业链中的头部企业在新区设立分公司，与IBM等世界级创新领先企业共建人工智能研究中心。吸引、留住和发展世界级创新领军团队，例如，人工智能领域迈克尔·欧文·乔丹领导的世界级研究团队。

在金融机构方面，承接银行、保险、证券等金融机构总部及分支机构，鼓励金融骨干企业、分支机构开展金融创新业务。设立风险投资贡献奖。

4.关键共性技术研发平台

前瞻布局发展规划，找准摸清关键共性技术。聚焦雄安新区所确定的产业发展重点领域，明确制约产业发展的共性关键技术问题；开展以创新骨干企业为基点的产业技术创新评估研究，绘制新区重点产业技术路线图；组织实施关键共性技术研发专项计划，明确重点攻关的技术难题、承担单位和研发目标，集中各方面政策予以支持。

创新管理运行体制，激发内生科研活力。探索建设新型产业技术研发机构新模式，以新型研发机构为组织主体，带动高校、科研院所、企业进行联合创新。在管理体制上，突破行政级别束缚，实行理事会制度；在组织架构上，探索"平台+专业研究机构"的结构模式；在项目运作上，在全球范围遴选国际一流领军人才担任项目经理；在激励政策上，专业研究机构衍生企业时，科研团队可参与股权分配。

搞活人才激励机制，构筑人才高地优势。构建人才引进的双跨机制，探索人才引进与人才使用分离的新机制。探索人才管理的多口归一，实现人才管理的一体化、统一化，提高人才政策落实效率。强化科研人才管理的灵活性、可变通性，探索科研身份与企业身份的科研人才管理机制。

加大资金投入力度，激励科研相融机制建设。在科技重大专项、科技成果转化及产业化、重点实验室建设、技术创新示范企业认定、产学研推进等工作中，应加大对产业共性关键技术开发平台的经费和政策支持力度。加强财税政策支持，进一步落实加计扣除、高新技术企业认定、知识产权保护、标准体系建设等政策，充分调动企业开展关键共性技术创新的积极性。

5.重大科技创新金融平台

打造具有全球影响力的"前孵化"创新服务平台（概念验证中心），加快国家科技金融创新中心建设。完善创业投资引导机制，通过政府股权投资、引导基金、政府购买服务、政府与社会资本合作（PPP）等市场化投入方式，引导社会资金投入高技术产业初创期、早中期科技型中小企业，培育相关产业发展。扩大科技成果转化引导基金规模，完善战略性新兴产业创业投资引导基金、中小企业发展基金投入机制，带动社会资本支持科技创新领域。按照国家税制改革的总体方向与要求，对包括天使投资在内的投向种子期、初创期等创新活动的投资，研究探索相关税收支持政策。结合国有企业改革建立国有资本创业投资基金制度，完善国有创投机构激励约束机制。健全创新创业投融资机制，不断创新股权、债权、信贷、担保、保险等科技金融产品和工具。选择符合条件的银行业金融机构在雄安新区探索为科技创新创业企业提供股权、债权相结合的融资服务方式；鼓励符合条件的银行业金融机构在依法合规、风险可控前提下，与创业投资、股权投资机构实现投贷联动。发挥多层次资本市场作用，支持全国中小企业股份转让系统（"新三板"）和区域性股权市场发展，大力推动优先股、资产证券化、私募债等产品创新。推动互联网金融创新中心建设。完善社会资本筹集机制，鼓励"众筹、众包、众创、众扶"的融资模式。

6.科技创新共享服务平台

深入推进雄安新区科技条件平台、雄安新区科技大数据平台、雄安新区开放实验室等公共服务平台建设，促进重大科技基础设施、大型科研仪器和专利基础信息等资源合理布局。鼓励小微企业和创业团队通过创新券方式利用国家级和市级重点实验室、工程技术研究中心及北京市、天津市创新中心等开展研发活动和科技创新。引导科研院所和高等学校为企业技术创新提供支持和服务。加快雄安新区内部院士专家工作站、院士专家服务中心建设。加强研究开发、技术转移和融资、检验检测认证、质量标准、知识产权和科技咨询等科技服务平台建设。鼓励社会化新型研发机构发展，优化重点实验室、工程实验室、工程（技术）研究中心布局。支持创新型孵化器通过自建、收购、合作等方式，设立创业服务平台。加快发展高端创业孵化平台，提供集创业孵化、资本对接、营销服务等为一体的创新创业服务，为创业者提供集约化、专业化、社区化的创新创业环境。

（三）实施八大工程

1.科技创新载体建设工程

强化科技创新载体建设，引导技术、人才、资金等要素向雄安新区集中集聚，培育一批战略性新兴产业优势特色产业基地，重点打造标志性战略性新兴产业集群。依托北京、天津等周边现有专业园区、科技园区、工业集中区，重点建设产业配套能力强、集成创新活力强、辐射带动强的世界级战略性新兴产业特色产业基地。

2.大型龙头企业培育工程

坚持龙头带动，强化企业主体，培育大型龙头企业。把行业龙头、重点企业作为推进产业转型发展的着力点，扶持有市场竞争优势的企业采取并购重组、上市融资等资本运作方式，壮大龙头企业实力，强化支撑带动作用，引导行业和企业集群集聚发展，形成大中小企业协同共生的竞争格局。

组织实施创新型企业培育计划，根据技术优势、市场前景和企业管理规范确定龙头企业培育重点。以产业高端化、集聚化、特色化为目标，结合新区确定的产业发展重点领域，重点扶持200家主业突出、核心竞争力强的优势企业，组织实施重大产业化项目培育龙头企业，支持龙头企业跨国经营和并购重组，推动它们真正成为新区创新型领先企业的主力军。

3.创新领军团队培育工程

坚持高起点、高标准，建设结构合理的创新人才团队，吸引一批具有国际影响力的专家学者和学科带头人等优秀研究群体。在全球范围内吸引一批能够承接重大任务、取得尖端成果、做出卓越贡献、形成"塔尖效应"的顶尖人才。支持高等学校、科研院所和有条件的企业共建基础研究团队。鼓励发起国际大科学计划和大科学工程，吸引海外顶尖科学家和团队参与。支持企业、高等学校、科研院所共建基础研究和前沿技术研究基地，推动形成产学研结合的人才培养模式与产业创新路径。鼓励企业建立研发中心，开展应用基础研究和前沿技术研究，提前布局未来发展。以高端人才培养为核心，建设高质量与高水准的"高精尖创新中心"。部署前沿探索和跨学科研究工作，培育新兴交叉领域，开辟新的学科方向。加强基础学科与应用学科、自然科学与人文社会科学的交叉融合，推动网络数据科学、量子信息学、生物医学、纳米科学与技术、生物信息学等学科的建立与完善。鼓励高等学校开展国际评估，扩大交流合作，推进国际化进程。重视基础研究与教学结合，使科技和教育形成合力，以基础研究推动学科建设，以学科发展促进世界一流大学建设，以一流大学建设培育领军型创新创业人才。

4.关键核心技术攻关工程

加强关键核心技术攻关，提升科技支撑能力。健全以企业为主体的产学研一体化创新机制，扩大国际创新合作。全面加强知识产权保护，健全知识产权侵权惩罚性赔偿制度，促进发明创造和转化运用。建立健全基础研究支撑体系，把提升原始创新能力摆在更加突出位置，进一步加强基础研究前瞻部署，推动不同领域创新要素有效对接。建立健全创新体系，按照"一个明确，四个突出"的思路，明确面向行业关键共性技术研发这一功能定位，建设一批创新中心，创新中心要突出市场化，按照"小核心、大协作"的模式，以资本为纽带整合资源，遵循现代企业制度规范运营。建立健全产业创新生态体系，继续健全产业与科技协同对接机制，围绕核心技术创新突破的需求，优化科技资源配置。

5.新型研发机构建设工程

新型研发机构是指由战略性科技创新领军人才领衔，采取与国际接轨的治理模式和运行机制，协同多方资源，从事基础前沿研究、共性关键技术研发的事业单位或科技类民办非企业单位（社会服务机构）。

战略性科技创新领军人才是指在基础前沿、共性关键技术研究方面具有世界学术声望、重大原创贡献的全球顶尖科学家，在科技创新方面具有全球战略眼光、突出管理能力的创新型企业家，以及其他专注科技创新领域的杰出投资和管理型人才。

坚持高起点定位、高标准建设。放眼全球进行对标布局，遴选战略性科技创新领军人才领衔新型研发机构，争取形成更多国际一流的原创性科研成果。

新型研发机构应具有独立法人资格，建立科技成果转移转化机制；依法制定章程，具备完善的组织体系、法人治理结构和运行机制，实行理事会领导下的院长（所长、主任）负责制，并设立评估、审计等专门委员会。

对新型研发机构实行个性化合同管理制度，赋予其人员聘用、经费使用、运营管理等方面的自主权，在确定的重点方向、重点领域、重点任务范围内，自主确定研究课题，自主选聘科研团队，自主安排科研经费使用；创新财政科技经费管理模式，探索实行负面清单管理；对符合雄安新区战略定位的科技成果在新区内实施转化的，通过雄安新区科技创新基金等提供支持；提供居留和出入境、落户、医疗保险、子女教育等服务保障，开展职称自主评审试点。

开展新型研发机构建设方案论证，由第三方机构组织对新型研发机构的定位与研究方向、规划与目标、体制机制、科研团队、创新能力、经费需求等方面进行综合论证；对新型研发机构实施绩效评价，依据合同约定，围绕科研投入、创新产出质量、成果转化、人才集聚和培养等方面进行评估分析。

6.企业研发中心建设工程

积极推动企业研发中心建设，鼓励企业建立创新研发平台。分级培育，建立梯度培育机制，抓好企业研发中心培育基础工作，建设完善储备库，加强业务培训、机构建设等方面的指导和服务，针对省、市级研发中心建设的要求和企业自身需求不断补强和完善，形成较为完善的分级培育机制。政策引导，加大财政扶持力度，鼓励企业加大研发中心投入，经认定为各级研发中心的，给予一定的财政资金补助，新认定的省级重点企业研究院，按省财政补助资金额，给予同比例配套。引导技术攻坚，提供项目保障，鼓励企业不断提高研发水平和创新能力，不断提高推广应用新技术、新产品的能力，充分发挥企业研发中心在研项目对促进企业科技进步、推动产业转型升级的作用，发挥高校科研院所和科技中介机构的作用，引导创新成果、科技人才等创新要素向企业聚集，做到研发中心发展有方向、企业平台创新有动力。

7.重大科技成果转化工程

建设科技成果转移转化平台，完善科技成果转移转化机制。建设雄安技术转移中心，开展技术转移全球交易、知识产权运营等服务，搭建科技成果转移转化项目库与数据服务平台。建设雄安地区协同创新平台，加强与国际技术转移机构的深度合作，吸引全球高水平科技成果在雄安落地转化。支持推动组建多领域、多形式的产业联盟，共同开展研究开发、成果应用与推广、标准研究与制定。完善高校和科研院所科技成果转移转化管理机制，拓展科技成果转移转化渠道，支持雄安大学等高校建立专业化校际科技成果转移转化平台。完善科研收入分配和激励政策，下放科技成果的使用权、处置权和收益权，提高科技成果贡献人员和团队的收益比重，激发科研人员知识创造和创新创业活力，加快科技成果转化为现实生产力。

8.知识产权战略实施工程

制定雄安知识产权战略规划和实施细则，实行严格的知识产权保护制度，激励创新。完善商业秘密保护法律制度，明确商业秘密和侵权行为界定，研究制定相关保护措施，探索建立诉前保护制度。研究商业模式等新形态创新成果的知识产权保护办法。

新区个人申请的发明专利获得授权的，给予相应的发明专利授权费（含专利登记费、印刷费、印花税）补贴。结合国家、新区、县市年度知识产权工作重点，每年安排一定经费支持企业开展高价值专利培育、知识产权密集型企业培育、企业知识产权战略推进和知识产权评议等工作开展。

围绕新区产业发展重点领域，组织实施年度园区专利导航产业发展计划，发布产业专利导航和企业专利微导航项目指南，重点支持知识产权大户承担产业专利导航和企业专利微导航的项目单位，完成项目并经评估后给予50%的经费补贴，最高分别不超过50万元和20万元。

鼓励新区金融机构开展知识产权质押贷款业务。对依法设立并经营知识产权质押贷款业务的新区银行业金融机构和科技小额贷款公司，经自主申报并审批通过后，给予知识产权质押贷款补贴和奖励。补贴和奖励标准为：按各机构和公司年度对新区企业知识产权质押贷款实际发放额的1.5%给予补贴，主要用于充实风险准备金，对可能发生的知识产权质押贷款风险损失进行补偿；贷款奖励的标准为当年对新区企业知识产权质押贷款实际发放额的1%。上述二项合计最高不超过100万元。

鼓励企事业单位积极开展知识产权维权行动，对于维权主体获得司法终审胜诉，或者在和解撤诉中获得利益，给予一定的维权援助补贴。补贴范围为律师或代理费、诉讼费、保全公证费、工商查档费等维权费用，补贴额度为上述费用的30%，单一案件最高不超过10万元，单一企业年度资助额不超过20万元。

鼓励新区企事业单位引进和培育知识产权专业人才，对入选"新区知识产权领军人才"的个人，一次性给予2万元奖励；对通过国家专利代理人资格考试或者入选"新区知识产权骨干人才"的个人，一次性给予5000元奖励。上述获得奖励的个人须在新区缴纳社保满1年。

鼓励国内外知名知识产权服务机构入驻新区，对于正式落户并正常开展业务的机构，给予3年房租补贴；对于为新区知识产权工作做出突出贡献的知识产权服务机构，给予适当奖励，上限不超过50万元。

四、雄安新区科技创新体制机制

（一）构建赋能科技创新的治理体制机制

1.构建有效治理雄安科技创新的行政管理体制

尽快明确雄安新区的行政级别。可以采用两个方案：其一，首先将雄安新区作为计划单列市，然后升级为直辖市，赋予雄安新区省级经济社会管理权限；其二，根据雄安新区特有的战略使命和战略远景，遵循先行先试、应试尽试的原则，直接赋予雄安新区省级经济社会管理权限。

组建雄安新区作为计划单列市或直辖市的政府机构和领导班子，设置科技创新局。

2.完善雄安科技创新统筹协调和决策咨询机制

建立雄安科技创新决策咨询机制，发挥好科技界和智库对创新决策的支撑作用，成立以战略性科技创新领军人才为主的雄安科技创新咨询委员会。战略性科技创新领军人才是指在基础前沿、共性关键技术研究方面具有世界学术声望、重大原创贡献的全球顶尖科学家和在科技创新方面具有全球战略眼光、突出管理能力的创新型企业家。

建立雄安政府机构部门间科技创新沟通协调机制，加强创新规划制定、任务安排、项目实施等的统筹协调，优化科技资源配置。

建立并完善雄安科技规划体系，国家科技规划进一步聚焦战略需求，重点部署市场不能有效配置资源的关键领域研究。

建立雄安创新政策协调审查机制，启动政策清理工作，废止有违创新规律、阻碍创新发展的政策条款，对新制定政策是否制约创新进行审查。

建立雄安创新政策调查和评价制度，定期对政策落实情况进行跟踪分析，及时调整完善。

3.构建吸引北京创新资源疏解转移的体制机制

成立吸引北京创新资源疏解转移的领导小组和联席会议制度。

建立在京科研机构和创新平台转移机制，引导现有在京科研机构和创新平台有序向雄安新区疏解。新设立的国家实验室、国家技术创新中心等国家级科技创新平台优先在雄安新区布局，建设雄安新区中关村科技园。

构建在京创新型、高成长性科技企业转移机制，集聚和吸引北京创新型、高成长性科技企业向雄安疏解转移。

深入推进疏解到雄安新区的国有企业和事业单位改革。引导在京国有企业总部及分支机构向雄安新区转移，在疏解中推动国有经济布局优化、结构调整、战略性重组，促进国有资产保值增值，推动国有资本做强做优做大。雄安新区国有企业除涉及国民经济命脉或承担重大专项任务外，原则上可以探索发展混合所有制经济。

加快推进事业单位改革，推动在京各类事业单位向雄安新区疏解。

4.构建科技管理平台与财政科技计划管理机制

构建统一的雄安科技管理平台，组建战略咨询与综合评审委员会，制定议事规则，完善运行机制，加强重大事项的统筹协调。

建立雄安科技计划监督评估机制，制定监督评估通则和标准规范，强化科技计划实施和经费监督检查，开展第三方评估。

5.建立科技报告制度与科技资源开放共享机制

全面实行科技报告制度，建立科技报告共享服务机制，将科技报告呈交和共享情况作为对项目承担单位后续支持的依据。

建立统一开放的科研设施与仪器网络管理平台，将所有符合条件的科研设施与仪器纳入平台管理，建立雄安重大科研基础设施和大型科研仪器开放共享制度和运行补助机制。

6.完善雄安创新驱动发展评价和政绩考核机制

研究建立科技创新、知识产权与产业发展相结合的创新驱动发展评价指标，并纳入雄安国民经济和社会发展规划。

完善党政领导干部政绩考核办法，把创新驱动发展成效纳入考核范围。

（二）铸造创新链与产业链深度融合机制

1.部署世界级产业链，推进产业链创新链深度融合

雄安新区科技创新需要抓住全球产业链的制高点，战略性地部署世界级的产业链，推进产业链创新链深度融合。

建立雄安基础研究长效激励机制。紧紧围绕国家科技发展重人战略需求与雄安新区科技创新定位，强化基础研究与关键共性技术研究，凝神聚力提升原始创新能力。

建立创新平台及其管理机制。创新平台主要包括：国家重大科技创新基地、国家级自主创新示范区、全球创新资源集聚平台、关键共性技术研发平台、科技创新共享服务平台。

建立重大创新工程及其管理机制。创新工程主要包括：科技创新载体建设工程、大型龙头企业培育工程、关键核心技术攻关工程、新型研发机构建设工程、企业研发中心建设工程、重大科技成果转化工程、知识产业战略实施工程。

2.铸造能够突破一批"卡脖子"的关键核心技术的创新链

健全协同创新机制，促进创新链与产业链精准对接，打造产业链为基础、创新链为引领的世界级现代产业体系。聚焦关键共性技术、前沿引领技术、应用型技术，建立政学产研多方参与机制，开展跨学科、跨领域协作攻关，铸造能够突破一批"卡脖子"关键核心技术的创新链。

探索在战略性领域采取企业主导、院校协作、多元投资、军民融合、成果分享的新模式，整合形成若干产业创新中心。

健全国有企业技术创新经营业绩考核制度，加大技术创新在国有企业经营业绩考核中的比重。对国有企业研发投入和产出进行分类考核，形成鼓励创新、宽容失败的考核机制。完善中央企业负责人经营业绩考核暂行办法。

研究完善使用首台（套）重大技术装备鼓励政策，健全研制、使用单位在产品创新、增值服务和示范应用等环节的激励和约束机制。推进首台（套）重大技术装备保险补偿机制。

加快科研院所分类改革，建立健全现代科研院所制度。

制定总体方案，统筹推进雄安世界一流大学和一流学科建设。

制定雄安新区支持建设高端研发机构的政策机制及其实施方案，吸引世界级研发机构在雄安新区设立分支公司。

构建现代产权保护体系。建立并不断完善平等保护各类市场主体的产权保护制度，充分发挥产权激励作用。

实行严格的知识产权保护制度。建设知识产权保护中心，提供知识产权快速审查、确权和维权服务，构建快速反应的知识产权执法机制，落实侵权惩罚性赔偿制度，将故意侵权行为纳入全国信用信息共享平台、国家企业信用信息公示系统和国家金融信用信息基础数据库，加大惩戒力度，大幅提高知识产权侵权成本。

鼓励开展知识产权证券化融资和知识产权质押融资，建立健全知识产权质押融资风险分担机制。放宽知识产权服务业准入，扩大代理领域开放，放宽对专利代理机构股东和合伙人的条件限制。

改革市场准入制度，制定和实施产业准入负面清单，对未纳入负面清单管理的行业、领域、业务等，各类市场主体皆可依法平等进入。

（三）夯实科技创新与金融无缝连接机制

建立重大科技创新金融平台及其管理机制。

制定雄安新区吸引、培育和发展高端创新资源，特别是世界级研发机构、世界级创新领先企业和世界级创新创业领军团队的金融政策机制及其实施方案。

设立雄安新兴产业创业投资引导基金，带动社会资本支持战略性新兴产业和高技术产业早中期、初创期创新型企业发展。

结合国有企业改革建立国有资本创业投资基金制度，完善国有创投机构激励约束机制。

建立知识产权质押融资市场化风险补偿机制，简化知识产权质押融资流程，鼓励有条件的地区建立科技保险奖补机制和再保险制度，加快发展科技保险，开展专利保险试点，完善专利保险服务机制。

探索设立科技创新银行、科技创业证券公司等新型金融机构，为创新型企业提供专业金融服务。组建金融控股集团，引进固化优质金融资源。

（四）强化创新型领军人才集聚政策机制

建立创新领军团队培育工程及其管理机制。

实行更加积极的人才引进政策，聚集全球创新人才。制定雄安新区海内外高层次人才创新创业项目政策机制及其实施方案。

制定雄安科技计划对外开放的管理办法，鼓励在华的外资研发中心参与承担国家科技计划项目，开展高附加值原创性研发活动，启动外籍科学家参与承担国家科技计划项目实施的试点。

在基础研究和重大全球性问题研究领域，支持雄安科学家发起国际大科学计划和工程，积极参与大型国际科技合作计划。吸引国际知名科研机构来华联合组建国际科技中心。

开展国有企业事业单位选聘、聘用国际高端人才实行市场化薪酬试点，加大对高端人才激励力度。

围绕雄安科技创新重大需求，面向全球引进首席科学家等高层次科技创新人才。建立访问学者制度，广泛吸引海外高层次人才回国（来华）从事创新研究。

开展大学和科研院所非涉密的部分岗位全球招聘试点，提高科研院所所长全球招聘比例。

（五）推进雄安新区科技创新发展的政策举措

中共中央、国务院《关于支持河北雄安新区全面深化改革和扩大开放的指导意见》(下文简称《指导意见》)指出,应始终坚持世界眼光、国际标准、中国特色、高点定位,解放思想、勇于创新,赋予雄安新区更大的改革自主权,着力在创新发展、城市治理、公共服务等方面先行先试、率先突破,构建有利于增强对优质北京非首都功能吸引力、符合高质量发展要求和未来发展方向的制度体系。基于此,为加快推进雄安新区科技创新,支撑京津冀协同发展,提出以下几点对策建议。

1.创新雄安新区科技治理模式,以增列国家计划单列市为工作抓手,强化雄安新区科技资源配置能力

建议在2021年前后将雄安新区增设为国家计划单列市,给予副省级权限。《指导意见》指出,应按照优化、协同、高效的原则优化雄安新区行政管理机构,逐步赋予雄安新区省级经济社会管理权限。通过设置国家计划单列市,扩大新区自主权,发挥新区创新发展示范区的作用,凸显雄安新区作为科技创新综合改革试验区的重要意义。组建雄安新区作为国家计划单列市的政府机构和领导班子,设置新区科技创新发展局。发挥好科技界和智库对创新决策的支撑作用,建立雄安科技创新决策咨询机制,成立以战略科学家为主的雄安新区科技创新咨询委员会。

依托中央财政和省级财政,赋予雄安新区地方标准制定权限,构建适合雄安新区高标准建设、高质量发展的标准体系。适时向雄安新区下放工程建设、市场准入、科技政策、社会管理等方面的审批和行政许可事项。建立跨京津冀和雄安新区部门间的科技创新沟通协调机制,加强创新规划制定、任务安排、项目实施等的统筹协调,优化科技资源配置。启动雄安新区与京、津及河北其他地区融合发展的专项科技规划,确定雄安新区合理人口规模,明确雄安新区与京、津及河北其他地区融合发展的重点产业、重点载体和重大合作平台等任务。

2.设立国家自主创新示范区,推动科技创新政策先行先试,发挥雄安新科技创新示范区的引领作用

设立国家创新自主创新示范区,大力支持有利于自主创新的制度、体制和机制在示范区先行先试,着力形成企业主导的产业技术创新机制,发挥企业家在创新决策中的重要作用。由中央财政投入设立1亿元的专项建设基金,河北省财政投入科技成果转化基金1亿元,重点投资自主创新区内的重大创新项目。建立以创新型龙头企业为主导的产业技术创新机制，强化企业投资基础科学研究的动力，更多运用后补助、间接投入等方式支持企业自主决策，先行投入开展研发攻关，引导企业增加研发投入、建立新型研发机构，鼓励跨国公司（如世界500强亚洲研发中心）和头部科技企业（如华为、阿里、腾讯、字节跳动等）在新区设立研发总部。

围绕国家科技发展重大战略需求和雄安新区科技创新定位，强化基础研究与关键共性技术研究，凝神聚力提升原始创新能力。尽快制定吸引国家实验室、重点实验室、工程实验室、工程（技术）研究中心等布局雄安新区的发展规划、运行规则与管理办法，探索新型治理结构和运行机制。探索建立重大科技创新平台及其管理机制。建立重大创新工程及其管理机制。制定鼓励社会化新型研发机构发展的指导文件，按功能定位分类整合，构建开放共享互利的创新资源网络。

3.部署世界级科技产业链，铸造能够突破一批卡脖子关键核心技术的创新链，推进产业链、创新链和金融链深度有机融合

雄安新区科技创新应抓住全球产业链的制高点，战略性地部署世界级的产业链，推进产业链、创新链深度融合。制定雄安新区吸引、培育和发展创新型领先企业的政策及其实施细则，吸引世界级创新型领先企业落户雄安新区。健全协同创新机制，促进创新链与产业链精准对接，打造产业链为基础、创新链为引领的世界级现代产业体系。聚焦关键共性技术、前沿引领技术、应用型技术，建立政学产研多方参与机制，开展跨学科、跨领域协作攻关，铸造能够突破一批"卡脖子"关键核心技术的创新链。健全国有企业技术创新经营业绩考核制度，加大技术创新在国有企业经营业绩考核中的比重。

夯实科技创新链与金融无缝连接机制，建立重大科技创新金融平台及其管理机制。设立雄安新兴产业创业投资引导基金，带动社会资本支持战略性新兴产业和高技术产业早中期、初创期创新型企业的发展。结合国有企业改革建立国有资本创业投资基金制度，完善国有创投机构激励约束机制。建立知识产权质押融资市场化风险补偿机制，发展科技保险服务机制。探索设立科技创新银行、科技创业证券公司等新型金融机构，为创新型企业提供专业金融服务。组建金融控股集团，引进固化优质金融资源。

4.以政策链为引擎，激发产业链、创新链和人才链的协同效应

制定雄安新区海内外高层次人才创新创业项目政策及其实施细则，吸引、留住和发展世界级创新创业领军团队。制定雄安科技计划对外开放的管理办法，鼓励在华的外资研发中心参与承担国家科技计划项目，开展高附加值原创性研发活动，启动外籍科学家参与承担国家科技计划项目实施的试点。在基础研究和重大全球性问题研究领域，支持雄安科学家发起国际大科学计划和工程，积极参与大型国际科技合作计划。吸引国际知名科研机构来华联合组建国际科技中心。开展国有企业事业单位选聘、聘用国际高端人才实行市场化薪酬试点，加大对高端人才的激励力度。

统筹推进雄安世界一流大学和一流学科建设。围绕雄安科技创新重大需求，面向全球引进首席科学家等高层次科技创新人才。建立访问学者制度，广泛吸引海外高层次人才回国（来华）从事创新研究。开展大学和科研院所非涉密的部分岗位全球招聘试点，提高科研院所所长全球招聘比例。加快高校科研院所统筹分类管理和绩效评价改革，建立健全"使命导向"、"需求导向"和"问题导向"的科研院所制度，鼓励深度科教融合和产教融合，培养高层次、多元化的科技创新创业人才。

（本课题是"雄安新区科技体制机制创新研究"和浙江省社科规划课题"面向高质量创新的科技生态结构与治理体系优化研究"的系列成果之一）。

雄安新区公益类项目财政补助机制与标准研究

课题负责人 --

方红生　浙江大学经济学院副院长、教授

课题组成员 --

许铭雪　浙江大学经济学院博士研究生

赵乐新　浙江大学经济学院博士研究生

吴　宵　浙江大学经济学院硕士研究生

汪明洁　浙江大学经济学院硕士研究生

胡稳权　浙江大学经济学院博士研究生

张旭飞　浙江大学经济学院博士研究生

徐　唱　浙江大学经济学院硕士研究生

郑宇婕　浙江大学经济学院硕士研究生

赵明瑶　浙江大学经济学院硕士研究生

朱翰池　浙江大学经济学院研究助理

朱晨晨　浙江大学经济学院研究助理

应逸雯　浙江大学经济学院研究助理

王　茜　浙江大学经济学院研究助理

《河北雄安新区规划纲要》指出，新区将打造优美自然生态，提供优质公共服务，构建高效交通网络，建设绿色智慧城市，构筑现代化城市安全体系，以承接北京的非首都功能，与北京城市副中心一起承担起疏解北京"大城市病"的历史重任。这一目标的实现离不开政府的财政支持，并且只有科学合理的财政补助机制和财政补助方案才能充分发挥财政补助的作用。因此，本课题基于文献研究和我国已有的财政补助实践具体探讨自然生态环境、公共服务、公共交通和智慧新城建设四大公益类项目财政补助的资金渠道、方法设计、补助监管机制和补助绩效评价机制，以期为雄安新区公益类项目财政补助机制和标准设计提供有效建议。

一、自然生态环境

本部分从淀区恢复、水质管理、生态修复及综合治理四个方面，梳理已有补助政策的补助标准与机制，以期为雄安新区的自然生态建设提供参考。

（一）淀区恢复

淀区恢复的第一步要进行退耕还淀，可借鉴退耕还林（草）工程相关经验，相关财政补贴资金一般来源于中央财政。同时，要实现水位回升需注重水源保障，跨流域补水必不可少。目前已有的流域补偿主要体现为省内上下游城市间的转移支付，如湖南省湘江流域等；跨省的流域补偿除了需要省级财政资金，往往还有中央财政资金的参与，如新安江流域。

梳理已有退耕还林（草）补助类补助项目（见表1）发现，农户的补助资金一般以退耕面积为基础，结合地方制定的关于退耕后养护工作的要求分期发放。调水补偿类资金一般遵循"受益者付费、保护者得到补偿"的原则运行；水源养护类项目（见表1）补偿资金一般根据水流的质量、流量以及资金投入等情况进行分配；其他水资源节采和节水类补贴政策，包括补贴节水作物种植、季节性休耕等，常按土地面积进行补贴。

表1　退耕还林（草）与水源养护类补助政策汇总

年份	地区	政策文件
2011	安徽省、浙江省	《关于开展新安江流域水环境补偿试点的实施方案》
2014	四川省	《四川省人民政府办公厅关于实施新一轮退耕还林还草的意见》
2016	贵阳市 贵安新区	《关于加强贵安新区河湖生态环境建设与管理工作的意见》
2017	河北省、天津市	《引滦上下游横向生态补偿协议》
2018	河北省	《河北省农业厅关于印发2018年度河北省地下水超采综合治理农业项目实施方案的通知》
2019	河北省、北京市	《密云水库上游潮白河流域水源涵养区横向生态保护补偿资金管理办法》

在补助资金的监督方面，可以加强与纪检监察部门的合作，强化监督公示制度，提高项目的规范性和科学性；鼓励村民加入项目中来，尊重并落实群众的参与权与监督权。

根据对现有政策的梳理，在补助资金绩效监管方面，除可以要求相关部门进行自评外，还可与林业、国土等部门共同进行绩效考核。自评报告一般包括上一年的工作情况、补偿体制的落实情况、水质维护、河流流量与资金分配情况。绩效指标具体可以包括资金管理（资金到位情况、资金支出进度、资金管理规范性）、产出指标（目标任务完成情况、补偿机制运行情况）、效果指标（环境质量、社会效益以及群众满意度）。

基于此，新区可从以下方面着手推进淀区恢复。

统筹资金来源。加大对各类财政资金的统筹力度，处理好中央和地方补助资金的关系，将中央退耕项目专项资金与地方配套资金列入预算中，并在中央退耕资金补助的基础上，根据地方财力和退耕必要程度辅以配套资金。

建立完善的生态补偿机制。加快建立自然资源资产评估核算体系，完善补偿标准核算体系；理顺部门职责，坚持"谁受益谁补偿"的原则，建立以生态服务价值、保护成本以及发展机会成本为核心的生态补偿机制体系；健全长效监管机制，做好对退耕地区的持续监测。

重视水源管理。加强漏斗区内污染源的监控和管制，最大限度减少对地下水源的污染，从源头遏制水质恶化的可能。合理利用河槽蓄水功能，配合河道回灌和沙坑回灌措施，增加白洋淀地下水补给。推行地下水开采许可证制度，对过量开采地区要严格控制，防止水量衰竭。

（二）水质管理

2019年财政部联合水利部印发的《关于印发水利发展资金管理办法的通知》中明确，水利发展资金支出范围包括淤地坝治理以及非经营性河湖管护相关支出，主要由地方财政承担。

余姚市人民政府印发的《关于全面开展河湖库塘清污（淤）工作的通知》中提出，市级河道清淤工程费用和政策处理费用由市水资源投资开发有限公司承担，市补助每方4元包干使用；镇、村级河道清淤工程费由市财政补助每方12元，政策处理费由乡镇街道自行负责。同时还开展示范河道创建工作，创建达标的河道补助10万元/条。其他水质管理类补助政策如表2所示。

表2 水质管理类补助政策汇总

年份	地区	政策文件
2008	江苏省	《省政府办公厅转发省水利厅关于加快实施太湖生态清淤工程意见的通知》
2016	宁波余姚市	《关于全面开展河湖库塘清污（淤）工作的通知》
2016	杭州临安市①	《临安市河湖库塘清污（淤）工作实施意见》
2017	杭州建德市	《关于下达2017年第一批河湖库塘清污（淤）任务实施计划的通知》
2018	江苏省	《江苏省河长制工作考核办法》
2018	江苏省镇江市	《镇江市河长制湖长制工作2018年度市级专核细则》
2019	湖南省	《湖南省2019年实施河长制湖长制工作要点》

①2017年9月，临安撤市建区。

在水质管理财政补助的监管方面，可进一步完善以河长制为主的监管体系，典型施策地区包括江苏省太湖流域与湖南省洞庭湖流域。江苏省通过一年一策，每年制定省级考核标准，并要求各下级政府在此基础上根据地区特征制定更有针对性的地方考核细则。将河（湖）长制工作年度考核结果作为党政领导干部综合考核评价的重要依据，相关工作小组在资金分配过程中，也将考核结果纳入其中。

在补助资金的绩效评价方面，亦可参考一般河（湖）长制的考核内容与标准。一般来说，河（湖）长工作的考核内容包括三方面：其管辖范围河流治理工作机制建设情况（河长湖长履职、工作制度执行、河长办工作运转等）、重点任务完成情况（水安全保障、水资源保护、水污染防治、水环境治理等年度工作任务完成情况）、河湖管护情况（河湖管护机构和经费落实、河湖管护成效、河湖管理范围划定、执法监管、水文化建设等）。

基于此，新区可从以下方面着手加强水质管理。

加快建立重点流域湿地生物指标监测信息服务体系。充分借助物联网、大数据等手段，完善重点流域、河段地表水的环境质量生物指标监测信息服务网络建设，打造新区水资源综合管理"一网式"工作信息服务平台，推动新区水资源管理的精细化、智能化。

严格压实各级河（湖）长责任。在对新区地上河道、地下管网等河道的治理情况进行全面排查摸底、定性的基础上，明确治理目标，合理分配治理任务，在各主管部门、各级人民政府的下一年度考核内容以及生态保护补偿资金安排中引入相关考核指标，强化考核结果运用。

（三）生态修复

生态修复工程一般以治理项目为依托，原则上以政府资金作为项目建设的引导，通过吸纳民间投资和社会资金，引入多元化资本参与治理项目，可选择以特许经营或公私合营等形式进行项目建设。除社会资本外，2019年财政部印发的《重点生态保护修复治理资金管理办法》明确，中央预算将安排用于开展山水林田湖草生态保护修复、废弃工矿地整治等工作的治理资金。

中央预算安排的治理资金补助采取项目法分配，包括基础奖补和绩效奖补。其中，基础奖补按照项目投资规模予以补贴，绩效奖补资金根据工程结束后的绩效评估结果确定。地方的各类环境防治项目（见表3）也常选择政府与社会资本合作（PPP）模式和环境污染第三方治理模式，采取贴息、担保、奖补等方式进行财政补贴。

表3　生态修复类政策汇总

年份	地区	政策文件
2017	江苏省	《江苏省"十三五"太湖流域水环境综合治理行动方案》
2018	江西省	《江西省推进生态鄱阳湖流域建设行动计划的实施意见》
2019	湖南省	《湖南省洞庭湖水环境综合治理规划实施方案（2018—2025年）》

梳理相关政策可以发现，现有关于流域生态治理工作的监管主要包括加大事前审查力度与事后问责力度两方面。其中，事前审查强调要做好项目前期工作，落实项目建设资金，严格履行项目审批程序。事后问责强调要落实治理责任，把治理工作跟基层政府部门的政绩考核挂钩。此外，有关部门要定期对项目实施、完成投资等情况进行跟踪监督和评价，保证项目资金的安全和投资效益。

生态修复项目的绩效评估需要综合评估项目各方面的成效，包括项目投入、资金管理、过程管理以及项目效益等。《福建省闽江流域山水林田湖草生态保护修复绩效评价方案》提出，生态修复考核包括协调推进、资金保障、监督管理、信息报送、创新示范、项目进度和绩效目标七项。

基于此，新区可从以下方面着手推动生态修复。

拓宽资金渠道。鼓励多元资金参与生态修复活动，综合运用PPP、以奖代补、银行贷款贴息等不同资金运作方式，开展全民筹资、乡贤捐资、企业部门挂联助资等活动，多元化筹措资金投入生态修复工程。

强化统筹，整体施策。坚持山水林田湖是一个生命共同体的系统思想，在深入研究新区及周边地区生态资源共生关系的基础上，展开系统性的流域治理工程；推进生态修复工作以及白洋淀国家公园建设工作，实现水源涵养、城市气候改善目标，营造湿地与城市和谐共融的特色景观。

增强社会公众的湿地生态保护意识。通过推广和开展湿地科普教育，让当地居民在充分享受湿地绿色生态环境的同时，树立起湿地保护意识。

（四）综合治理

综合治理资金除了来源于本级财政与下级政府财政，还可以统筹多项专项资金，如中央农村环境保护专项资金、中央战略性新兴产业发展专项资金、中央工业转型升级资金、河北省大气污染防治专项资金、土壤污染防治专项资金等。可根据具体治理对象、措施及性质争取各类专项资金。

梳理现有政策（见表4），可以发现，产业节能方面的补助主要以项目为对象进行财政扶持。大气环境优化方面主要包括通过补贴新能源汽车推广、燃煤锅炉改造等方式优化终端能源消费结构；通过按户补贴气代煤、电代煤以及生物质锅炉供暖等方式巩固农村清洁取暖工程效果，实现散煤清零；通过发挥扬尘排污费杠杆推动作用，进一步规范工业废气与工地扬尘治理。

表4　综合治理类补助政策汇总

年份	地区	政策文件
2010	上海市浦东新区	《浦东新区人民政府关于批转浦东新区节能降耗专项资金管理办法的通知》
2014	江苏省苏州市	《关于苏州市加快新能源汽车推广应用实施意见》
2017	甘肃省兰州市	《兰州燃煤锅炉改造（含小火炉）及清洁能源锅炉补助方案标准（2017—2019年度）》
2018	山东省青岛市	《青岛市推进农村清洁取暖实施方案》
2018	江苏省扬州市	《2018年扬州市建筑施工扬尘管理工作意见》
2018	江苏省南通市	《关于推进市区产业转型升级的若干政策意见》

对于专项补贴资金，现有政策普遍强调要加强资金管理，确保资金使用合法、政策落实到位。如《青岛市推进农村清洁取暖实施方案》明确规定，市政府有关部门要加强对各区（市）改造任务落实及资金使用情况的督导检查，各区（市）政府、市政府有关部门要严格做好农村清洁取暖工程补助资金使用管理。

在专项补助资金绩效评价方面，各地普遍根据具体资金使用目标和方向制定较为详细的评价细则。如《湖北省大气污染防治行动计划实施情况考核办法》关于减排工作的考核指标包括空气质量改善程度和污染防治两个方面。其中，空气质量改善程度以PM2.5或PM10年均浓度下降比例作为考核指标，污染防治则包括产业结构调整优化、清洁生产等十个方面。

基于此，新区可从以下方面着手加强综合治理。

进一步优化全流域产业结构。完善重化企业信贷、用地、环保行业准入要求和淘汰重化企业、过剩产能的奖补政策，支持和鼓励上游重化企业积极进行资源整合和实现产业链结构升级转型改造。促进流域工业的绿色化、新型化发展，全面推行流域工业清洁生产，强化对污染物总体排放的控制和源头风险防控，积极探索绿色循环经济发展模式。鼓励对生态资源敏感度较低的地区在保护有限生态资源的前提下，加快发展生态旅游、生态农业等各类生态优势产业，培育生态产品消费市场，促进生态优势产品经济价值转化。

多策改善雄安新区大气质量。进一步加大对新能源电动汽车的推广力度，在公交、环卫等公共服务设施领域积极使用新能源电动汽车。制定清洁能源价格控制补助政策，优化能源消费结构；进一步实施对现有的燃煤锅炉的专项整治，通过落实煤改气责任制进一步加快煤改气的进程；进一步提升乡镇社区燃气运输管网的贯通率，提高对天然气的保供利用效益。

二、公共服务类

本部分主要从现代教育、医疗卫生两个方面梳理已有的公共服务类补助标准和补助机制，并提出相应的政策建议，以期为雄安新区的公共服务项目优化提供借鉴。

（一）现代教育

现代教育专项补助资金主要来源于各级财政，具体的补助形式主要包括设立专项基金和政府购买。中央与地方之间支出责任划分包括三类：由地方财政承担；中央财政及地方财政按比例分担；上级财政按照最低标准补助，超出部分由本级财政兜底。部分地区在基本公共服务供给中鼓励引入社会资本参与，采取PPP模式。

在学前教育方面，目前各地学前教育相关政策的制定及具体实施主要依靠地方政府，全国范围内学前教育城乡差距明显。具体政策执行过程中，大多数地区都实现了对农村地区、经济困难幼儿的直接补助，部分地区还将资助对象扩大到普通幼儿（见表5）。为解决"入园难，入园贵"的难题，部分地区政府在保证对公办幼儿园的资金补助、扶助公办幼儿园发展的同时，也将民办幼儿园纳入补贴范围。

表5　学前教育财政补助政策举例

年份	地区	政策文件
2017	广州市南沙区	《南沙区学前教育资助制度实施办法》
2006	上海市浦东新区	《浦东新区对开展义务教育及学前教育的民办学校（幼儿园）进行财政扶持的实施意见》
2018	天津市滨海新区	《滨海新区民办幼儿园学位补贴和托幼点奖补资金管理办法（试行）》

在义务教育方面，国家层面出台了助学贷款、营养餐计划、奖助结合等政策。部分地区为保留并发展优质乡村教师资源，针对教师的补助表现出向乡村倾斜的特征，包括工资性补助、生活补助和综合奖补等方面（见表6）。

表6　义务教育财政补助政策举例

年份	地区	政策文件
2015	贵阳市贵安新区	《农村义务教育学生营养改善计划》
2015	贵阳市贵安新区	《农村义务教育阶段家庭经济困难寄宿生生活费》
2018	成都市	《成都市人民政府关于统筹推进城乡义务教育一体化促进全域优质均衡发展的实施意见》

在高等教育方面，深圳、青岛两市的举措为其他城市提供了可供参考的范例。青岛西海岸新区采取了以下举措：（1）划出专门区域并预留足够的教育用地；（2）对引进的国内外优质高等教育机构，实行"实物化"支持；（3）对引进并正式运行的国内外优质高等教育机构给予补助；（4）充分利用各种资源支持高等教育机构落户新区。

在职业教育方面，各地政府鼓励产教结合、校企合作，实行学历教育和职业培训并举制度。通常有以下举措：（1）鼓励行业、企业举办职业院校；（2）在国内外优秀企业开设产教融合共建技术技能大师工作室；（3）鼓励职业院校开展"现代学徒班"，对支持职业教育的企业予以税收优惠，对参加职业教育的个人进行财政补贴（见表7）。

表7 职业教育财政补助政策举例

年份	地区	政策文件
2014	成都市天府新区	《成都市人民政府关于加快发展现代职业教育的实施意见》
2016	福建省福州新区	《福州市人民政府关于加快发展现代职业教育的若干意见》
2018	青岛西海岸新区	《青岛西海岸新区推进基本公共服务均等化"十三五"规划》

在现代教育专项补助的监管方面，主要包括上级有关部门的监督检查、相关法律法规的约束以及将监督检查结果与以后年度补助情况挂钩。在绩效评价方面，各地均要求建立绩效评价制度，绩效评价工作一般由社会中介机构承担，且绩效评价的结果通常会对以后年度的资金安排情况产生直接影响。

基于上述分析，提出如下政策建议。

在学前教育方面，措施如下：（1）加大学龄前儿童资助，可适当向贫困儿童倾斜，提高资助标准或另行给予一定的生活补助及寄宿补助。（2）优质教师队伍建设。提高幼师地位和待遇、扩大本科学前教育师范生招生规模，保证在职幼师的职业培训、建立科学规范的师德考核制度。（3）推进幼儿园规范、高质发展。通过加大财政资金的投入，补助优质民办幼儿园，弱化其营利性特征，大力发展普惠性民办幼儿园；大力清理、整顿无证民办幼儿园，严查民办幼儿园乱收费行为。（4）规范资金投入机制。对财政资金进行专门的绩效考核，并以此为基础调整未来经费额度。

在义务教育方面，措施如下：（1）强化乡村义务教育。雄安新区应当严格执行河北省相关政策，还可借鉴石家庄建设"义务教育控辍保学监测平台"的经验，动态监测新区范围内学生失学辍学情况，有针对性地进行劝返复学工作。此外，雄安新区还可适当加大营养补助或施以政策引导。（2）壮大教师队伍。可以从雄安特色文化的美育、德育工作着手，提高相关在职教师的培训补助，考虑建立健全工龄奖励制度。（3）加强各义务教育学校的专账管理、细化健全绩效考核标准，加强对资金的动态监管，并且公开审计、评价结果。此外，还建立生均经费动态调整机制，成立教育基金会，引入社会资本力量。

在高等教育方面，措施如下：（1）积极引进国内外优质教育资源。支持"双一流"高校到雄安新区建立新校区、分校或研究生院等，教育行政部门提供激励机制，出台相关政策，引导在京高校调整发展布局。（2）坚持高点定位，创建一流水平的雄安大学，在雄安大学创建的早期阶段，有必要引入共建和对口支持机制，推进与著名高校的校际合作，尽快提升主要学科的办学水平和科研水平。

在职业教育方面，措施如下：（1）协同周边地区发展。雄安新区深入和京津冀地区院校合作，如互派教师到对方学校任教、互派管理干部挂职、联合开发课程资源、共同制定教学标准等。（2）职业培训方面，支持职业教育院校开展对下岗、外来务工、农村专业人员等人群的培训，并根据获得结业证书或社会化考试的人员数给予财政补助。（3）产教结合、校企合作。鼓励政企合作办学、推动校企产教融合、推动现代学徒班建设，对参与产教融合的学生给予实习补贴，对参与产教结合的企业予以税收优惠。（4）政府予以相应建设补助，提高职业院校学习设备信息化水平，配套智慧教室和技能仿真教室。（5）补助国外人才培养合作项目，积极参与"一带一路"沿线国家职业特色教育，提高教师国际化水平。

（二）医疗卫生

通过对各地区医疗卫生类财政补助政策的梳理，我们发现，医疗卫生领域的财政补助资金来源以财政为主，以PPP等方式为辅。

在鼓励社会资本提供医疗卫生服务方面，表8展示了全国和部分地区的相关财政补助政策。各地区鼓励社会资本提供医疗卫生服务的财政补助主要通过专项补助和政府购买服务方式进行，补助的标准有的以新增医疗服务量、医院获得资质认定级别等为主，有的以学科建设、人才培养等为主。

表8　鼓励社会资本提供医疗卫生服务财政补助政策举例

年份	地区	政策文件
2016	福州市	《福州市人民政府办公厅关于加快推进社会办医的实施意见》
2017	全国	《关于支持社会力量提供多层次多样化医疗服务的意见》
2019	广州市	《关于印发广州市鼓励社会资本举办医疗机构奖励补助经费管理办法的通知》

在鼓励引进和培养医疗卫生人才方面，表9展示了部分地区相关的财政补助政策。在科研相关的补助资金方面，一些地区根据人才等级直接发放科研经

费，另一些地区则更关注申请课题的层次等指标。

表9　鼓励引进和培养医疗卫生人才财政补助政策

年份	地区	政策文件
2016	重庆两江新区	《重庆两江新区区属公立医疗机构卫生优秀人才引进培养实施细则（试行）》
2018	深圳市盐田区	《盐田区医疗卫生人才引进办法（试行）》
2018	青岛西海岸新区	《关于印发青岛西海岸新区卫生人才引进和培育办法的通知》

在提升基层医疗卫生水平方面，表10展示了部分地区相关的财政补助政策。一些地方主要采取引导优质医疗资源下沉的方式，另一些地区则直接对基层医疗机构进行补助，后者主要以卫生室的定额运行费用补助、人员培训补助和职工薪酬补助等形式进行。

表10　提升基层医疗卫生水平财政补助政策

年份	地区	政策文件
2018	青岛西海岸新区	《关于印发青岛西海岸新区基层医疗卫生服务提升计划（2019–2021年）的通知》
2018	兰州新区	《关于进一步加强乡村医疗服务一体化管理工作的实施方案》
2019	天津滨海新区	《滨海新区推进镇村卫生服务一体化管理实施细则》

在促进医疗产学研协同发展方面，表11展示了国内部分地区在促进医疗类项目产学研协同发展的财政补助政策。补助重点按照对产、学、研三者的不同重视程度有所差异，如江北新区在不同的文件中体现对科技创新平台和生物医药产业发展的补助，江西省的政策关注高校科技成果的转化，长春新区的政策则兼顾了对研究中心和医学相关产业的扶持。

表11　促进医疗产学研协同发展财政补助政策

年份	地区	政策文件
2018	南京江北新区	《南京江北新区科技创新平台引进培育支持办法（试行）》
2019	长春新区	《长春新区加快产业集聚促进高质量发展若干政策》
2019	南京江北新区	《南京江北新区生物医药产业发展促进政策十条》
2019	江西省	《江西省人民政府办公厅关于进一步促进高等学校科技成果落地江西的实施意见》

在大力推进智慧医疗建设方面，表12展示了部分地区的相关政策。以天津滨海新区和杭州市下城区[①]政策为例，滨海新区的鼓励政策更全面，对研发创新、产品的应用推广、机械设备的使用等方面都给予一定补助，而杭州市下城区的政策则更注重企业绩效，对于发展成熟的企业根据其盈利能力给予相应补助，对高科技项目则根据其投资额给予补助，但其补助仅在总量层面，并没有像滨海新区一样对企业创新发展的各个步骤分别给予补助，这减少了对企业经营决策的干预。

表 12　大力推动智慧医疗建设财政补助政策

年份	地区	政策文件
2014	杭州市	《下城区促进健康服务业发展的实施意见》
2017	天津滨海新区	《健康医疗大数据产业发展政策》
2018	福建省	《关于加快推进"互联网+医疗健康"发展的实施意见》

通过对各地区政策文件的收集与整理，发现对医疗卫生专项财政补助的监督主要包括以下几个途径：（1）建立健全相应的规章制度，规范各项收支管理，包括要求被补助机构建立补助资金使用规章制度、明确对违规行为的惩罚措施以及建立问责机制等；（2）通过信息公开接受社会监督，要求被补助单位健全财务公开制度；（3）接受各级财政、审计部门的监督检查。在绩效评价方面，各地区的绩效评价多与其服务数量、患者满意度、医疗卫生机构制度完备性等因素有关，而绩效评价的主体则主要是卫生部门，部分地区强调发挥第三方评估机构的作用，其评价的具体指标因目标和地区而异。

基于上述分析，提出如下政策建议。

通过医疗卫生人才补助改善人才队伍结构。在人才引进补助方面，具体的补助标准设计可根据申请人已获得的荣誉、科研成果、资质认定以及工作经验等将医疗卫生人才划分为若干等级，并给予不同层次的人才补助资金。在人才培养方面，可根据单位组织学习的次数、规格将补助资金发放给单位，由单位定期组织培训，另外可以考虑将培训学习纳入与工资薪金挂钩的绩效考评体系中，激励医疗卫生人员不断优化自身知识结构。

通过医疗卫生机构补助优化医疗卫生服务供给。雄安新区可鼓励社会办

---

① 2021年4月，杭州撤销下城区、拱墅区，设立新的拱墅区。

医资源进入，引入提供基础医疗卫生服务、高端医疗健康服务的医疗机构。可以根据提供的床位数量、学科认定等级等给予一次性财政补助，还可根据医疗卫生机构提供医疗卫生服务能力提升水平、获得的资质认定、患者满意度等情况建立综合性考评体系并给予不同水平的财政补助。

通过医学科研项目补助推动雄安医学高质量发展。一方面，利用雄安的区位优势，可以考虑对特定医疗卫生项目进行跨区域招标，借助北京等科研能力较强地区的科研力量解决雄安问题；另一方面，鼓励雄安现有医学团队不断提升科研能力。根据项目的紧急或难易程度、项目研究成果及应用情况等对项目进行分阶段补助，定期对科研项目的进展情况进行检查，并引入第三方中介机构对项目结果进行评价考核，提高科研补助资金的使用效率。

通过智慧医疗项目补助完善医疗卫生服务体系。对智慧医疗项目的财政补助既可以采用专项补助的方式，也可以采用PPP模式或政府采购方式。近年来，我国许多地区都采用了公开招标的方式采购智慧医疗项目并在中国政府采购网公示，具体预算金额的确定则可参考其他地区同类项目的金额。若采用政府采购方式，最后的验收评估需要组织第三方机构或专家团进行，还可以对具有智慧医疗业务的企业予以专项补助，用于研发及推广智慧医疗系统，此时补助金额的确定需考虑公司在智慧医疗领域的成果数量与质量。

三、公共交通类

本部分从巴士公交、城市轨道交通、高速铁路、高速公路等四个方面梳理已有的公共交通财政补助标准和补助机制，并据此提出相应的政策建议，以期为雄安新区的公共交通建设提供借鉴。

（一）巴士公交

表13展示了各地对公交企业财政补贴资金的来源。财政补贴资金主要来源于各地方财政，有时也由多级地方财政分摊。另外，根据《关于印发浦东新区公交专项补贴资金管理办法及实施细则的通知》，财政补贴资金也可由公交场站设施综合开发利用、公交广告等与公交相关的收益承担。

表 13　公交财政补贴资金筹集渠道汇总举例

政策文件	财政补贴资金的筹集
《深圳市公交财政补贴及成本规制方案（试行）》	市、区财政对等分摊
《贵安新区公交财政补贴及成本规制方案》	新区财政
《南沙区公交行业财政补贴资金管理暂行办法（修订稿）》	南沙区财政
《关于印发浦东新区公交专项补贴资金管理办法及实施细则的通知》	区财政专项安排的部门预算；公交场站设施综合开发利用、公交广告等与公交相关的收益；用于支持浦东新区公交发展的其他资金

　　同时，通过梳理已有对巴士公交的补贴政策发现，现行政策主要以成本规制为基础，实行"定额补贴"+"单项补贴"的财政补贴模式，再通过绩效考评对公交公司施加约束。其中，定额补贴主要与企业成本规制和经营审计结果相关；单项补贴则通过政府购买服务的方式单独计算并给予补贴；公司绩效考评则将公交企业可获得的财政补贴总额与服务质量挂钩。现行的单项补贴主要包括公交线路补贴、车辆置换补贴、新能源公交运营补贴等。公交线路补贴以冷僻公交线路补贴为主，以保证城市公交线路的完整性，保障冷僻线路周边居民的日常出行需求。补贴的方式有按辆补贴、按里程数补贴等，而补贴年限各地也存在差异。车辆置换补贴的现行方式有定额补贴、按单车价格的一定比例进行补贴等。各地现行的新能源公交补贴标准主要根据新能源公交车的车型（如混合动力、纯电动）、车身长度来确定。

　　政府在公共交通方面的工作目标是满足人民群众日益增长的日常出行需求，但其目标的实现依赖于公交企业所提供的公交服务。也就是说，政府委托公交企业代为提供公交服务，政府与企业之间具有委托—代理关系，政府为委托人，企业为代理人。处理好政府和公交企业之间的委托—代理关系，需要制定公交运营成本标准，实施成本规制[①]，促进企业进行成本管控，增强自身营收能力，提升服务质量和服务效率，以最大化政府财政补助资金效用。

　　此外，将企业可获得的财政补贴总额与服务质量考评结果相挂钩，设置

① 李进，王欣妮，傅培华.城市公共交通标准成本补助机制研究：基于成本规制的角度 [J].价格理论与实践，2012（4）：34-35.

财政补贴的服务质量调节项目也是财政补贴监管的重要方法。政府根据一定的考核标准对公交企业的服务质量进行评价,并根据考评的结果来调增或者调减企业可获得的补贴总额,这将倒逼企业提升服务质量与运营效率。对于企业服务质量的考核,可由市、区公交行业管理部门(单位)进行,也可以根据当年度公交运营方案,委托第三方调查评估机构进行。

基于以上分析,提出如下政策建议。

灵活选择财政补贴制度。在国家"公交优先"的发展战略要求下,雄安新区应该对公交企业给予一定的财政补贴,保证特殊人群享受乘车优惠,保持较低票价水平,引导和鼓励市民选乘公共交通出行。同时,《河北雄安新区规划纲要》中明确提出打造绿色智能交通系统、起步区绿色交通出行比例达90%的建设目标。因此,雄安新区公共交通的财政补贴政策应向新能源公交倾斜,推进新区新能源公交的全覆盖。

设计合理的财政补贴标准,拓展财政补贴资金来源渠道。雄安新区财政补贴标准的制定可以参考其他地区的做法,将政府对巴士公交企业的财政补贴总额分解为三个部分:(1)成本兜底补贴,根据成本规制和对企业的经营审计结果,对企业提供公交服务而产生的费用进行补贴;(2)单项补贴,结合中央层面的政策文件精神,为公交企业提供成品油价格上涨补贴、新能源公交运营补贴等专项补贴;(3)服务质量调节,将企业可获得的财政补贴总额与企业提供公交服务的质量挂钩。

形成有效监督机制,最大化财政补贴效用。为约束企业行为、更好地实现政府意志,必须建立健全有效的监督机制,以最大化政府财政补贴效用。为此,雄安新区应借鉴其他地区的财政补贴监督机制,建立起基于成本规制和服务质量考核等方法的监督机制。

(二)城市轨道交通

通过梳理相关政策文件发现,用于发展城市轨道交通的资金来源较多,主要包括:(1)城市轨道交通专项资金。资金来源于四个方面:省、区、市的部分一般公共预算;向国家、部委、省争取的专项资金;土地出让收入;城市基础设施配套费收入。(2)国家专项建设基金。国家发改委于2015年8月会同国家开发银行和农业发展银行建立了国家专项建设基金,用于支持重点领域的项目建设，重点投资领域也包括轨道交通在内的城市基础设施建设。（3）土地出让与物业开发。筹资地块和地铁上盖物业用地开发的收益是地方城市轨道建设重要的资金来源。（4）上下级财政分摊，包括由市政府全额承担或由沿线各级财政按一定比例分摊两种模式。

城市轨道交通投资规模大，建设投资额常达数百亿元，运维成本也比较高，投资回收期长，且具有经营性，政府一般通过招标的方式与社会资本合作建立项目公司进行建设和运营（即PPP模式）。对于城市轨道交通，政府对社会资本的补助主要有五类：可行性缺口补助、按客流量补贴、按里程数补贴等额年金法以及其他措施。

城市轨道交通财政补贴的监管可分为对政府的监管和对社会资本的监管两个方面。对于政府，一方面，成立负责小组，发改委、财政厅、住建厅、国土资源厅等相关部门分管负责人为负责小组成员，加强组织领导，在项目初期负责与社会资本方谈判项目合同，在项目实施过程中定期研究和处理项目中遇到的问题，各级监察、审计、财政部门加强资金使用监督；另一方面，强化对政府相关部门和相关负责人的管理考核，可以将城市轨道交通建设工作纳入年度目标责任考核体系。对于社会资本，主要是通过将建设期和运营期的绩效评价结果与社会资本可获得的政府补助金额相挂钩的形式来进行监管。

已有城市轨道项目的绩效评价分为建设期的绩效评价和运营期的绩效评价。其中，建设期的绩效评价主要针对投入、过程、产出、效果等方面进行。

综合上述分析，提出如下政策建议。

设立并积极管理轨道交通专项资金。由于财政资金的数额巨大，较小的利率差异也能够导致巨大的利息差异。因此，地方政府可以适当根据轨道交通专项资金以及其他类别财政资金的流入流出特征进行积极管理，而不是只当作存款存放，从而获得更多的利息收益。

提高城市轨道溢价能力，扩宽财政资金来源。政府应积极探索、创新实践城市轨道交通的开发模式，提高轨道交通建设带来的可能的收益，通过合理的设计，利用轨道交通带来更多的商机，带动周边地区经济发展。可借鉴已有模式，在人流量庞大的站点开发地下空间，积极利用地铁站的人流拓展商业，积极开发地铁上盖物业用地，以此提高轨道交通的溢价能力，扩宽财政资金来源。

灵活合理设计绩效考核标准。首先，绩效考核指标和权重的设置不应该生搬硬套，而是应该根据补贴的方式而有不同的侧重。其次，对于城市轨道交通，建议将对建设质量的考核延伸到运营期的绩效评价中，而不仅仅用于建设期的绩效评价。最后，建议加强对运营期绩效评价结果的应用。尽管城市轨道交通项目为经营性项目，社会资本有足够动力提高运营效率以增加使用者付费，但在政府提供补助的情况下，社会资本仍有放松运营的可能，所以政府应该加强对运营期绩效评价结果的应用。

（三）高速铁路

我国高速铁路建设的资金来源可分为政府性资金投入和非政府性资金投入两部分，两者互为补充，共同服务于我国高速铁路建设。政府性资金投入，包括中央政府投资、地方政府投资、内源性资金等。中央政府投资是指以中央财政拨款、铁路建设基金、国债等形式为高铁建设提供的资金支持；内源性资金主要来自国有企业的留存收益。非政府性资金投入，主要包括银行信贷、资本市场融资等形式。

《铁道部关于鼓励支持和引导非公有制经济参与铁路建设经营的意见》为高速铁路建设探索市场化融资模式奠定了基础。目前，社会资本进入铁路行业较成熟的方式是参与PPP融资。但高速铁路作为准经营性项目，使用者付费往往不足以覆盖项目公司的成本和满足其适当盈利需求，因此需要政府提供缺口补助（可行性缺口补助）以提高项目对社会资本的吸引力、提升项目的生存能力。需要注意的是，项目收入、成本费用的清算模式会影响政府需要支付的可行性缺口补助额，而现行的清算模式主要有两种，见图1。

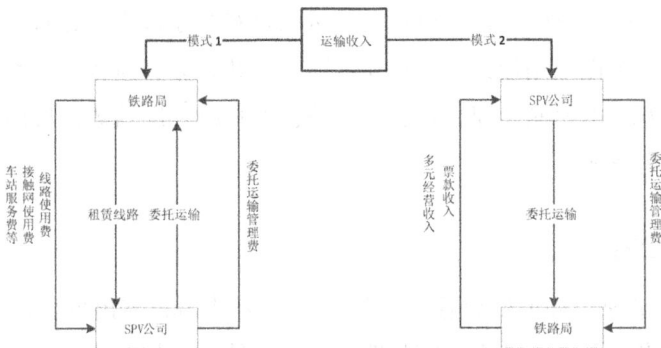

图1　PPP项目收入、成本清算模式

资料来源：杜慎旭.杭温高铁PPP合作运营期可行性缺口补贴测算[J].

交通企业管理，2020（1）：81-84.

这两种清算模式的主要区别在于运输收入的归属。在模式2下，运输收入属于SPV公司（合资企业），铁路局作为提供运输服务的代理人，提供运输服务的积极性较差，因为运输收入不属于铁路局，运输收入的多少对其自身的影响不大。此时，作为委托人的SPV公司与作为代理人的铁路局的目标一致程度较低。而在模式1下，运输收入属于铁路局，铁路局更倾向于合理组织运输活动、提升运营效率以获得更多的运营收入，在这种清算模式下，铁路局与SPV公司的目标一致程度较高。

政府对获得财政补助的企业进行监督检查主要从以下两方面着手：一方面，建立政府机构监督、第三方机构监督和社会公众监督相结合的监督机制；另一方面，将对企业的财政补助总额与政府监管机构呈报的政府审计结果、第三方监管机构呈报的财务审计报告挂钩，督促企业合理利用财政补助，以充分发挥财政补助效用。

综合上述分析，提出如下政策建议。

以PPP方式引导社会资本参与高速铁路建设。雄安新区可以在借鉴其他城市成功经验的基础上，以PPP方式引导社会资本参与高速铁路建设，以缓解高速铁路建设项目给新区带来的财政压力。

选择运输收入归属铁路局的项目收入、成本清算模式。在运输收入属于铁路局的清算模式下，SPV公司与铁路局的目标一致性较好，更有利于铁路行业的持续健康发展。因此，雄安新区若采用PPP融资模式进行高速铁路项目建设，应选择运输收入归属铁路局的项目收入、成本清算模式。

建立高速铁路财政补助绩效评价体系和监督考核机制。科学合理的绩效评价体系以及基于绩效考评的监督考核机制是对企业行为的有效约束，是实现高铁项目财政补助效用最大化的重要保障。为此，雄安新区应借鉴已有绩效评价体系和监管考核机制，建立具有雄安特色的财政补助绩效评价体系，并设计有效的监督考核机制。

（四）高速公路

高速公路项目补助资金除了来源于一般公共预算支出外，还来源于中央车辆购置税专项资金、地方政府收费公路专项债券、相关税费。中央使用车购税资金以财政专项转移支付的形式对国家高速公路建设提供补助，地方政府可积极争取让更多高速公路项目列入国家高速公路网,从而获得中央车购税专项资金补助;地方政府可以通过发行收费公路专项债券来筹措资金。

高速公路属于收费公路,有收入来源。随着近几年PPP模式的推广和发展,投资规模大且具有经营性的公共基础设施一般都通过招标的方式与社会资本合作建立项目公司,进行建设和运营。社会资本可以通过向高速公路通行车辆收取车辆通行费、经营高速公路沿线服务区、收取高速公路沿线广告费用等方式获取收益,但以运营期的经营收入很难覆盖投资成本和应有的运营回报,因此需要政府予以一定财政补贴。对于高速公路项目,政府对社会资本的补助主要有三类:可行性缺口补助、保底车流机制以及其他措施。

因为都是PPP项目,高速公路的监管机制与城市轨道交通的监管机制类似,都是一方面成立负责小组,强化对负责人的管理考核,另一方面将政府付费与绩效评价挂钩,此不赘述。值得一提的是,云南省政府公开的《云南省高速公路政府和社会资本合作项目绩效管理办法》中对绩效评价结果的应用值得借鉴。它将与绩效评价挂钩的成本细分为当年社会资本收回投资成本及合理回报、当年债务资金成本、当年运营成本,设置不同的挂钩比例分别调整计算,并且将建设期的成本与运营期的绩效评价挂钩,通过计算公式来实现扣款。

高速公路项目的绩效评价分为建设期的绩效评价和运营期的绩效评价。绩效评价的整体框架和思路与城市轨道的绩效评价相类似,只是具体的指标因为项目细分类型的不同而不同。比如,高速公路有一系列特定的规范来考核建设质量;再如,高速公路的运营评价具体指标有:公路养护计划完成率,公路养护和紧急情况处理的及时性,PQI、SCI、BCI、TCL等指标是否符合国家标准,公路运营管理制度、收费服务管理、信息发布管理、服务区管理以及其他运营管理的规范性等。

高速公路项目的补助机制与城市轨道交通项目整体看来非常类似,都是通过PPP模式建设运营,所以政策建议也相似。对于高速公路,可以设计更好的付费模式,积极探索项目周边土地、商业开发的新模式,打造高端服务区,以扩大财政资金来源;根据补贴方式灵活合理设计绩效考核,将对建设质量的考核延伸到运营期,加强对运营期绩效评价结果的应用。

四、智慧新城建设

本节从雨污分流工程建设、循环再生的污水处理系统建设、垃圾处理系统建设三个方面，梳理、总结与智慧新城建设相关的财政补助机制和补贴标准，并提出相应政策建议。

（一）雨污分流工程建设

表14展示了现有的雨污分流建设类财政补助政策。雨污分流综合管廊工程，属于大型城市地下管线类基础工程和城市基础建设的一部分，要充分发挥政府财政在地下建设和综合管廊建设、运营中的政策主导和市场调控作用。一方面，综合运用好如中央下拨的城市管网及污水处理补助等专项资金，地方财政部门也要积极落实地方支持资金和配套政策。另一方面，考虑积极探索吸引各类社会组织和资本广泛参与的地下管廊建设和综合管廊运营项目投资模式。

对部分建设较早、地下管道系统已经完成，但雨污分流功能较落后的地区，需要对管廊系统展开改造工作，可以参考《中山市神湾镇雨污分流工作实施方案》按长度及功能进行补助，也可以参考《上海市住宅小区雨污混接改造市级奖励资金办法》对在规定时间内完成改造工程的小区按建筑面积进行奖励。此外，关于管道后期养护的财政补贴可以参考《天津港保税区管理委员会关于下达2014年度市政基础设施养管计划的通知》等，按照管网项目进行补贴。

表 14　雨污分流建设类政策汇总

年份	地区	政策文件
2006	上海市浦东新区	《浦东新区环境保护基金管理办法》
2013	全国	《城镇排水与污水处理条例》
2014	湖北省武汉市	《武汉市人民政府关于进一步加强全市城市管线建设管理工作的意见》
2015	天津市	《天津港保税区管理委员会关于下达2014年度市政基础设施养管计划的通知》
2015	江苏省苏州市	《市政府关于印发进一步加强地下管线规划建设管理工作的实施意见的通知》

　　鉴于政府与社会资本合作的PPP模式是目前城市地下管廊项目建设的一般运营管理方式，加强政企之间合作项目的财政监督将是进一步强化项目监管的重要方向。可从以下几个方面加强监督：前期准备工作完善程度、政府采购流程的合规性、项目推进的完成度、财政支出责任的管理、项目的绩效评价制度以及信息公开制度的建设等。

　　在雨污分流工程建设的绩效评价方面，江苏省连云港市印发了《连云港市全面推行管长制实施方案》，方案指出，管长制的核心任务和工作内容是推动雨污分流功能的落实，是对河长制的有效补充。严格领导干部的考核问责制，将管长制的考核结果纳入各基层政府、地方政府考核和评价体系，考核结果也需要报送上级政府，成为地方政府首长综合能力考核和评价的重要依据。

　　基于上述分析，提出如下政策建议。

　　做好资金安排。在发挥好本级财政引导作用的背景下，努力争取各类专项资金，如国家海绵城市建设资金等。同时，进一步推广PPP模式，在发挥政府资金在城市建设中起支持作用基础上，引导社会资本参与雨污分流系统建设。

　　规划引导、合理布局。邀请具有相应资质的技术单位对新区的地下排水系统进行摸查分析，根据摸查情况编制雨水专项规划系统图、污水专项系统图以及排水分区规划图等文件。统筹城镇建设发展和城镇排水与污水处理事业，城镇排水与污水处理规划要依据城镇发展水平和目标，与辖区内其他规划和工程相衔接。

　　补齐短板，全面改造。针对排水管（渠）破损和错接漏接的现状，尽快修复完善；短期难以展开建设的区域，在充分利用现有管道的基础上通过末端截污等方式收集污水，实现污水全收集、全处理；根据排水户的性质和分布，向不同种类片区提出个性化修补完善方案；保障截污管网"最后一千米"建设，使管网延伸至排水户接口附近。

　　推进雨水资源合理利用。以奖代补鼓励雨水再利用行为，通过"渗、滞、蓄、净、用、排"等措施收集和处理自然降水，处理后的雨水可作为绿地灌溉用水、城市环卫用水和景观用水等，提高雨水使用效率。

（二）循环再生的污水处理系统

表15反映了已有的污水处理系统建设和再生水利用方面的财政补助政策。污水处理及再生水利用系统的建设与雨污分流系统建设类似，都属于城市管廊系统建设，政府资金及社会资金的运用与上一小节基本类似，此处不再赘述。但污水处理系统建成后，可向污水排出单位收取污水处理费，该部分资金也可统筹进入建设资金。

对于污水处理系统的财政补助方式，各地根据地方财力情况出台了个性化的财政补贴政策。如北京市2019年的《北京市进一步加快推进城乡水环境治理工作三年行动方案（2019年7月—2022年6月）》，针对北京市不同功能定位地区，设置不同项目资金分配比例。再生水利用方面的财政补助则根据行为主体的性质，对其新建或补建再生水利用设施的活动进行补贴。如昆明市对机关、事业单位及学校的再生水利用设施补建项目予以建设投资30%以内的资金补助；对住宅小区的再生水利用设施补建项目予以40%以内的资金资助。

表 15　污水处理系统建设和再生水利用类财政补助政策

年份	地区	政策文件
2009	北京市	《北京市排水和再生水管理办法》
2013	北京市	《北京市人民政府关于印发北京市加快污水处理和再生水利用设施建设三年行动方案（2013—2015年）的通知》
2015	重庆市	《重庆市人民政府办公厅关于印发重庆市乡镇污水处理设施建设运营实施方案的通知》
2016	天津市滨海新区	《天津市滨海新区人民政府关于进一步理顺滨海新区市容环境管理工作的实施意见（试行）》
2016	陕西省	《陕西省再生水利用方案》
2016	北京市	《北京市人民政府关于全面推进节水型社会建设的意见》
2017	河北省沧州市	《关于加快推进城市再生水利用的实施意见》
2019	北京市	《北京市进一步加快推进城乡水环境治理工作三年行动方案》
2019	江苏省	《关于进一步加强全省乡镇生活污水处理设施建设和运行管理的指导意见》

在财政补助监管上，一方面，要充分发挥舆论监督和社会监督作用，健全基层信息公开制度，完善公众参与水环境治理的制度。另一方面，要强化水

务主管部门管理责任和基层各级政府主体责任,实现权责分明、政策联动,合力推进节水型社会建设。

在财政补贴的绩效考核上,《陕西省城镇污水处理规范化管理考核办法(试行)》提出,各级城镇污水处理主管部门是规范化管理的主要考核对象,考核内容主要包括部门职责履行情况、监督管理情况、污水处理厂运行和维护情况等。在鼓励再生水利用方面,可以参考北京市的做法,将节水目标和任务纳入市、区两级政府的综合考评体系中。

综合来看,雄安新区对污水处理系统建设的财政补贴可参考如下建议。

统一规划,适度超前。基于地下综合管廊在城市建设中的基础性地位及其一经建设难以更改的特性,在保障新区管廊系统统一规划的前提下,可充分考量地方未来发展需要,适度超前发展。在城市污水处理设施和再生水循环利用系统的建设和运营中要充分发挥财政主导公共品供给的功能,坚持建管并重,理顺排水和再生水管理体制和运营机制。

加强水循环的整体性。在遵循水社会循环过程科学规律的基础上,充分利用再生水等非常规水源,建立统一规划、统一建设、统一管理的污水处理和再生水利用系统。协调好流域之间、城乡之间以及区域之间的关系,保证各地方污水处理及再生水利用设施的布局及建设,适应当地水环境特征与治理目标。

明确主要污染物排放标准,分批建设符合污染物处理标准的污水处理厂和配套管网系统,实现辖区内污水集中处理率的提升。建立污水处理厂及主要水污染排放限值指标,从源头上减少排入白洋淀的污染物总量,进一步推进新区地下厂管网系统的延伸与完善,实现新区内污水的有效收集和处理,并逐步消除溢流的现象。

鼓励再生水的循环利用,提升水资源节约集约利用水平。积极推动再生水在建筑施工、工业生产、城市绿化及景观补水等领域的使用,对再生水价格进行补贴,实现水资源的多渠道供给和多层次利用。同时,加强相关的宣传教育,改善目前公众对非常规水源的接受程度不高的情况。

(三)垃圾处理系统建设

表16展示了已有的城市生活垃圾处理相关财政补助政策。根据《中央农

村环境保护专项资金管理暂行办法》，农村垃圾处理、畜禽养殖污染治理等可以申请中央农村环境保护专项资金。同时，还可以通过完善和落实生活垃圾处理收费统筹制度，实现辖区内垃圾收运处理收支相抵。

地方性的生活垃圾补贴主要集中在垃圾焚烧处理方面，有的地区实施直接货币补贴。如：山东省聊城市对生活垃圾焚烧处理的财政补贴标准按67元/吨执行；杭州市滨江区对实现垃圾分类的小区按照以每户每年100元的标准进行补助；也有地区通过"建设—经营—转让"（BOT）等特许经营模式，授予具备一定专业技术的企业建设、运营垃圾焚烧处理项目，并由财政根据成本费用与项目收益予以经营补贴。

表16　城市生活垃圾处理政策汇总

年份	地区	政策文件
2008	山东省	《山东省人民政府关于加快城市生活垃圾处理设施建设的意见》
2016	成都市	《优化财政补贴政策推动生活垃圾分类处置》
2016	长春市	《长春市人民政府关于印发省市联动"长吉平"三市共治大气污染长春市专项行动实施方案的通知》
2018	浙江省丽水市莲都区	《莲都区乡镇垃圾中转站管理及经费补助办法》
2018	山东省青岛市	《关于进一步推进城市生活垃圾分类工作的实施意见》
2019	上海市	《上海市生活垃圾管理条例》
2019	浙江省杭州市滨江区	《滨江区生活垃圾分类工作资金补助管理办法（试行）》

在垃圾处理财政补贴的监管方面，广东省实行责任追究制度。在专项资金的分配和审批过程中，若存在违法或违纪行为的人员，则按照"谁审批、谁负责"的管理原则，承担连带责任；在专项资金的管理和使用方面，对于违法或违纪的资金使用行为不仅要依照相应法律法规严肃处理，还要追回已拨出的专项资金，并向全社会公开其不守信用的行为。

此外，关于垃圾处理财政补助的绩效评价，宣城市《城市生活垃圾无害化处理目标管理绩效考核细则》从垃圾无害化处理率、垃圾处理设施规范运行等多方面制定考核标准。浙江省诸暨市《2018年度街亭镇农村生活垃圾分类运行考核办法》明确了相关评价体系和标准，对各行政村的垃圾分类工作开展情况进行考核，同时考核结果与未来专项补助经费的分配挂钩。此外，该办法还提出，由镇政府成立农村生活垃圾分类运行考核领导小组，由镇长任组长，分管领导任副组长，办公室人员为组员，环境卫生考核小组具体负责垃圾分类的各项日常工作。同时，实行"驻村干部包村抓、村主职干部具体抓"的工作推进机制。

基于上述分析，提出如下政策建议。

合理规划垃圾处理基础设施与建设步骤。根据新区的产业发展规划、人口分布特征以及地形地貌等方面的要求，统一编制新区垃圾处理设施建设规划，合理布局城区、乡镇各级社区垃圾处理收集点、垃圾处理场以及垃圾中转站等基础设施。注重相关配套设施建设的时序性，保障垃圾收运设施要和垃圾处理厂（场）同步设计、同步建设、同步建成并投入运营。

综合运用多种资金。在垃圾处理系统的建设中，要综合利用地方财政、中央和省级财政以及各类专项资金，可在考虑基层财政压力的基础上适时开征污水处理费和垃圾处理费。引入市场机制，吸引各类社会资本投资建设村镇垃圾处理设施，并实现村镇垃圾处理设施市场化运营。同时，注重发挥政府资金的带动作用，建立政府财政投入、专项银行贷款和社会资金等多渠道、多元化的投资体制。

改进补贴资金管理方式。将补贴资金分为基本补贴和绩效补贴两部分，分别在期初和期末考核后发放。可引入第三方机构，对垃圾处理企业进行绩效考核。建立社会监督员制度，向社会公开招聘垃圾分类与处理监督员，增加信息公开透明度，加强社会和舆论的监督。

推动垃圾的资源化利用。明确垃圾分类标准，在控制类别、数量的同时降低分类难度，确保不同垃圾能够实现分类投放、分类收集、分类运输；严控垃圾混杂的情况，提高垃圾资源化效率；采用以奖代补的形式，鼓励企业在垃圾处理过程中充分运用分选、焚烧和热分解以及生物处理等技术；丰富面向垃圾再生资源回收行业的优惠政策，加大财税金融等配套政策的扶持力度，鼓励支持循环再生企业进行技术研发。

参考文献

[1]陈都.中国高铁基础设施PPP项目模糊综合绩效评价研究：以京沪高铁项目为例[J].理论月刊，2017（12）：128-134.

[2]褚珊.铁路公益性运输服务的有效供给与补贴机制研究[D].北京：北京交通大学，2014.

[3]杜建政，林文利，赵志伟.提升雄安新区基本公共服务供给能力的对策建议[J].经济研究参考，2018（70）：3-7.

[4]杜慎旭.杭温高铁PPP合作运营期可行性缺口补贴测算[J].交通企业管理，2020（1）：81-84.

[5]方海明，吴婉湘.城市引进优质高教资源的战略举措：以"南深圳、北青岛"现象为例[J].高教发展与评估，2017（5）：8-17，113-114.

[6]房良，吴凌放.基于功能社区视角下的雄安新区卫生服务发展研究[J].卫生软科学，2017（12）：18-22.

[7]高智.浙江省临安市水土保持生态修复的实践[D].杨凌：西北农林科技大学，2014.

[8]黄子璐.湖滨湿地生态系统管理与恢复工程成效评价[D].南京：南京林业大学，2011.

[9]冷贝恒.高速铁路PPP融资模式案例分析[D].成都：西南财经大学，2016.

[10]李建国.中国高速铁路建设融资问题研究[D].成都：西南交通大学，2011.

[11]李进，王欣妮，傅培华.城市公共交通标准成本补助机制研究：基于成本规制的角度[J].价格理论与实践，2012（4）：34-35.

[12]李帅.普惠性学前教育经费保障机制的构建：基于学前教育法和财税法的交叉视角[J].湖南师范大学教育科学学报，2019（6）：1-7

[13]李学林.采用PPP模式建设高速铁路的必要性[J].铁路工程技术与经济，2017（4）：21-24.

[14]李亚青.基本医疗保险财政补贴的动态调整机制研究[J].公共管理学报，2017（1）：128-141，159-160.

[15]李艳飞，刘俊业，张文亮.基于受益人负担原则的城市轨道交通项目资金

来源研究[J].财政研究，2013（12）：50-53.

[16]李颖，刘慧娴，罗杰，龚兴华.还洱海一泓清水：云南大理推进洱海环湖截污PPP项目纪实[J].中国财政，2016（22）：10-13.

[17]李云升.探讨PPP模式在L高铁站的开发应用研究[D].北京：北京交通大学，2019.

[18]李明阳，邢燕婷，廖雅双.城市轨道交通PPP模式付费机制对比研究[J].城市快轨交通，2016（5）：26-31.

[19]李忠.铁路投融资体制中存在的问题及改革建议[J].中国铁路,2005（3）：10，30-33.

[20]林晓言，徐建平，褚珊.铁路公益性运输服务补贴机制研究[J].铁道经济研究，2015（2）：6-13.

[21]刘傲寒，秘晓峰，张宗光.保定市医疗卫生资源配置对接雄安新区发展的思考[J].中国卫生经济，2019（3）：51-53.

[22]刘一胜.水环境治理PPP项目融资研究[D].武汉：华中师范大学，2017.

[23]龙婷婷.杭绍台高速铁路PPP融资模式研究[D].成都：西南交通大学，2018.

[24]卢梦哲.PPP模式在政府流域治理项目中的应用研究[D].广西大学，2019.

[25]马跃龙.浅析PPP融资模式在我国铁路建设中的运用[J].铁路工程技术与经济,2017（2）：53-56.

[26]聂继媛.大理洱海环湖截污PPP项目中政府采购管理研究[D].昆明：昆明理工大学，2018.

[27]庞昭进，刘梅，曹九生.地下水漏斗区休耕等节水政策实施中存在的问题及建议：以河北省衡水市辖区为例[J].农业科技管理，2019（4）：62-65.

[28]芮坎妹.我国铁路建设投融资模式研究[D].唐山：华北理工大学，2015.

[29]深圳市公交财政补助政策介绍[C]//中国土木工程学会城市公共交通分会.中国土木工程学会城市公共交通分会十届三次会员大会暨2017中国城市公共交通学术年会论文集.上海：中国土木工程学会城市公共交通分会，2017：15.

[30]宋超群，王凯，侯礼兴.高速公路PPP项目可行性缺口补助测算方法研究[J].交通科技与经济，2019（4）：75-80.

[31]孙涛，温雪梅.府际关系视角下的区域环境治理：基于京津冀地区大气治理政策文本的量化分析[J].城市发展研究，2017（12）：45-53.

[32]孙晓华，郭旭，王昀.政府补贴、所有权性质与企业研发决策[J].管理科学学报，2017（6）：22-35.

[33]谭璐.流域治理PPP融资模式应用研究[D].南宁：广西大学，2019.

[34]田雅媛.中国高速铁路建设融资问题研究[D].北京：财政部财政科学研究所，2012.

[35]王朝才，赵全厚，程瑜，等.云南大理洱海环湖截污治理（PPP）项目的运作模式与启示[J].财政科学，2017（10）：130-134.

[36]王秀华.分级诊疗下优质医疗卫生资源下沉共享措施探讨[J].河南医学研究，2019（16）：2957-2958.

[37]王玉华，田永健，张雅琪，等.关于雄安新区智慧城市建设理念的探析[J].经济师，2019（7）：43-44，46.

[38]王源.云南省环保产业PPP项目风险分担研究[D].昆明：云南大学，2018.

[39]吴华，胡威.公共财政为什么要资助民办教育?[J].北京大学教育评论，2012（2）：43-55，188.

[40]吴晓娟.中国高速铁路建设筹资渠道研究[D].北京：北京交通大学，2010.

[41]萧健澄.我国高速铁路建设投融资现状及模式探讨[D].广州：华南理工大学，2013.

[42]徐成彬.政府和社会资本合作（PPP）项目补贴模式比较研究：基于城市轨道交通PPP项目实践[J].宏观经济研究，2018（5）：94-106.

[43]徐海波.公交特许经营成本规制和补助政策机制研究：以深圳市为例[J].交通财会，2011（10）：62-65.

[44]徐亦镇，李丹，周旸，等.杭绍台高铁PPP建设的经验借鉴[J].浙江经济，2018（2）：50-51.

[45]杨洋.城市公共交通补助研究综述[J].生产力研究，2011（8）：206-209.

[46]杨也容.PPP投融资模式在高速铁路项目中的应用[J].财会通讯，2017（23）：13-17，129.

[47]叶青含.基于浙江省县城—乡镇—村的农村学前教育现状及对策探讨[J].知识经济，2019（28）：12-13.

[48]袁方.政府公共服务价格的监管机制探讨：深圳城市公交市场化体制实证分析[J].价格理论与实践，2008（7）：46-47.

[49]张英，李宪宁.北京市城市公共交通财政补助效率分析[J].价格理论与实践，2014（4）：56-58.

[50]郑荣伟，陈剑.政府主导模式下清淤难题破解探析：以浙江省为例[J].中国水利，2019（5）：15-17，41.

[51]郑之良.我国铁路运营补贴政策机制研究[J].现代商业，2019（18）：42-44.

[52]中共河北省委、河北省人民政府.河北雄安新区规划纲要[J].建筑知识，2018（4）：3-17.

[53]周华庆，杨家文.巴士公交财政补助及服务供给效率：深圳改革的启示[J].中国软科学，2015（11）：59-67.

[54]周军.深圳市公交票价及财政政策研究[J].工程建设与设计，2006（7）：73-76.

[55]中国铁路投融资改革任重而道远[J].中国铁路，2005（11）：15-20.

[56]Tirole J. The internal organization of government[J]. Oxford Economic Papers，1994（46）：1-29.

雄安新区金融科技规划前期研究

课题负责人 ----------------------------------

杨小虎　浙江大学互联网金融研究院副院长、教授
　　　　　浙江大学雄安发展中心金融科技实验室主任

课题组成员 ----------------------------------

尹可挺　浙江大学互联网金融研究院研究员
　　　　　浙江大学软件学院副研究员

吕佳敏　浙江大学互联网金融研究院研究总监
　　　　　浙江大学管理学院博士后

顾　月　浙江大学互联网金融研究院助理研究员
　　　　　浙江大学管理学院博士研究生

罗　丹　浙江大学互联网金融研究院助理研究员
　　　　　浙江大学管理学院博士研究生

叶耀程　浙江大学计算机科学与技术学院硕士研究生

张新慧　浙江大学管理学院硕士研究生

赵春玲　浙江大学软件学院硕士研究生

胡静航　欧洲高等商学院硕士研究生

黎　仪　浙江大学软件学院硕士研究生

寇灿灿　浙江大学软件学院硕士研究生

全　衡　伊利诺伊大学香槟分校理学学士

常　青　浙江大学互联网金融研究院院长助理

一、全球金融科技发展现状

（一）金融科技的内涵

全球金融科技发展历程大致可分为金融科技1.0（金融IT阶段）、金融科技2.0（互联网金融阶段）与金融科技3.0（智能金融阶段）三个阶段。随着金融科技的迭代升级，金融科技的内涵与边界也在不断拓展。根据中国人民银行最新发布的《金融科技（FinTech）发展规划（2019—2021年）》，金融科技是技术驱动的金融创新，旨在运用现代科技成果改造或创新金融产品、经营模式、业务流程等，推动金融发展提质增效。通过整合国际国内权威研究，我们将金融科技3.0分为互联网银证保、新兴金融科技、传统金融科技化、金融科技基础设施这四大方面内容（见图1）。

图1　金融科技业态图谱

资料来源：浙江大学互联网金融研究院（AIF）司南研究室。

就技术而言，金融科技主要包含六大关键技术，即人工智能、大数据、区块链、云计算、物联网与5G、信息安全（见图2）。这些技术在具体应用上并非完全相互独立，而是兼容并蓄、协作发展的。

人工智能主要研究如何应用计算机的软硬件来模拟人类某些智能行为的基本理论、方法和技术，在金融领域主要应用于投融资、营销、风控和监管等业务。

大数据是指无法在一定时间范围内用常规软件工具进行捕捉、管理和处理的数据集合，是需要新处理模式才能具有更强的决策力、洞察发现力和流程优化能力的海量、高增长率和多样化的信息资产。

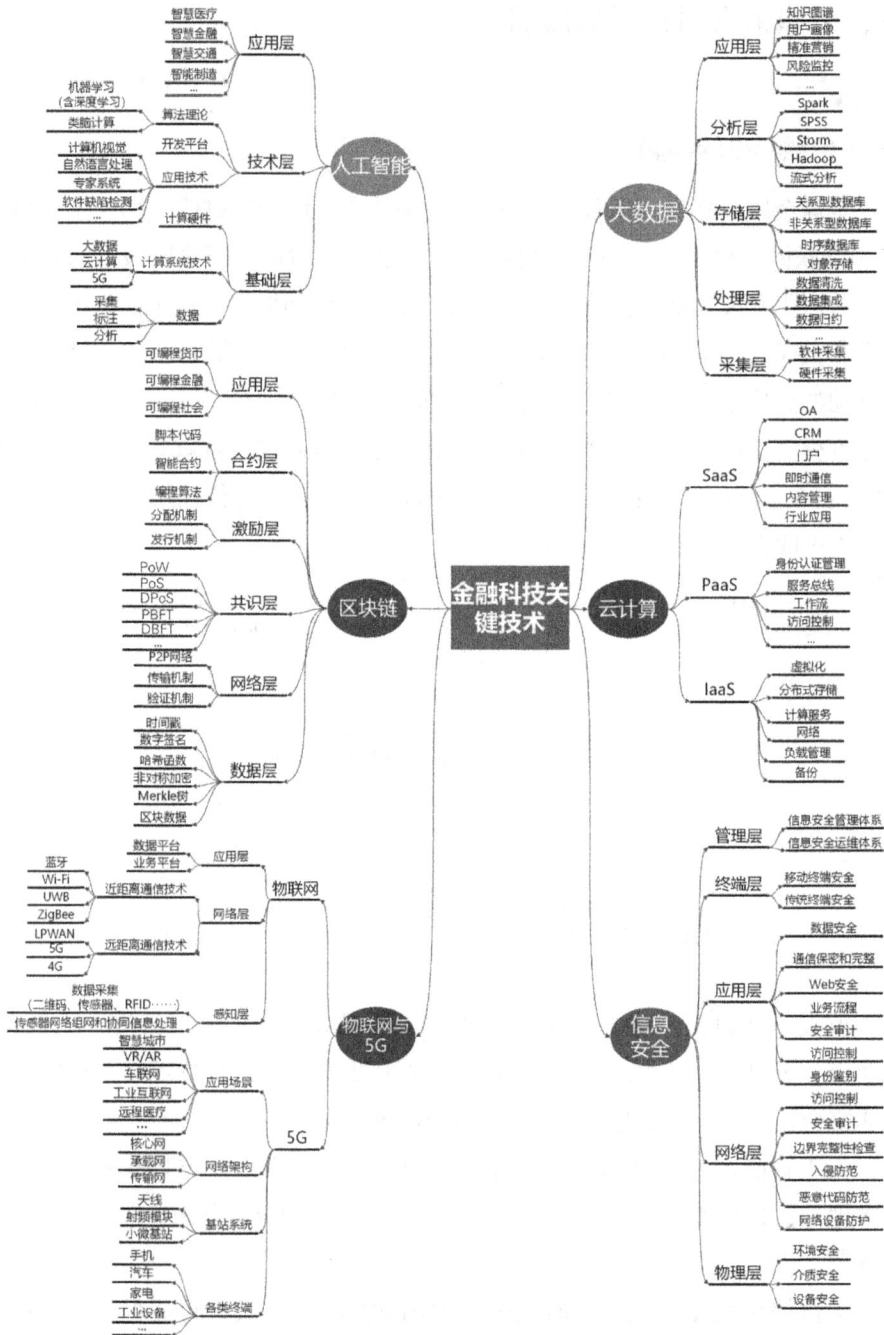

图2　金融科技关键技术图谱
资料来源：根据公开资料搜集整理。

区块链是一种分布式共享数据库，由集体而非单一中心维护，将大量交易信息打包存储在区块内，运用非对称加密技术对信息进行加密和签名，并按照时间戳顺序将区块依次连接，形成一条数据链，在金融领域目前主要应用于货币、支付结算、投融资和保险等业务。

云计算是分布式计算的一种，指的是通过网络"云"将巨大的数据计算处理程序分解成无数个小程序，然后通过多部服务器组成的系统进行处理和分析，再得结果返回给用户。云计算在运营、客服、风控和监管等金融业务中都有着广泛的应用。

物联网是指将所有物品通过射频识别、传感器、全球等位系统等信息传感设备与互联网连接起来形成信息网络，通过该种方式达到对物品的智能化识别和管理。5G技术即第五代移动通信技术，是多种新型无线接入技术和现有无线接入技术演进集成后的解决方案的总称。

信息安全指针对数据处理系统而采取的技术的和管理的安全保护，保护计算机硬件、软件、数据不因偶然的或恶意的原因而被窃取或遭到破坏、更改，保证信息系统能正常工作。

（二）金融科技的全球格局

根据浙大AIF司南研究室发布的2020年全球金融科技中心指数（global fintech hub index，简称GFHI），全球金融科技的发展由8个全球金融科技中心城市、32个区域金融科技中心城市，以及n个虽未进入TOP40却拥有巨大空间的潜力之城在主要推动（见表1）。

就全球金融科技中心来看，8个全球金融科技中心城市以4：3：1的比例分布在中国、美国和英国，形成了以中国为代表的市场驱动模式、以美国为代表的技术驱动模式以及以英国为代表的规则驱动模式。

8个全球金融科技中心城市是当之无愧的金融科技领头羊，不仅平均分领先全球，且资源高度集中。

就区域金融科技中心来看，区域金融科技中心由2018年的23个增加至2019年的32个。新加坡、悉尼、东京是区域中心的领头城市，排名稳中有进，占据区域中心前三，中国香港、西雅图排名均下降了5名。此外，墨尔本、苏黎世、阿姆斯特丹、开普敦、亚特兰大、孟买等城市进步最为明显（见表2）。

表1　2020年全球金融科技中心城市排名

城市	所在国家	GFHI 总排名	较去年排名变动	产业排名	体验排名	生态排名
北京	中国	1	—	1	5	3
旧金山(硅谷)	美国	2	—	2	16	4
纽约	美国	3	—	3	32	2
上海	中国	4	↑1	4	4	7
伦敦	英国	5	↓1	5	18	1
深圳	中国	6	↑1	7	2	6
杭州	中国	6	—	6	1	14
芝加哥	美国	8	—	8	41	11

注：表中"去年排名"均为《2018全球金融科技中心城市报告》中的排名，下同。
数据来源：浙大AIF司南研究室、杭州摩西信息科技。

表2　2020年区域金融科技中心城市排名

城市及地区	所在国家	GFHI总排名	较去年排名变动	产业排名	体验排名	生态排名
新加坡	新加坡	9	—	12	20	8
悉尼	澳大利亚	10	↑1	13	23	12
东京	日本	11	↑2	14	53	5
亚特兰大	美国	12	↑6	9	43	29
巴黎	法国	13	↑2	11	51	13
广州	中国	14	↑2	29	3	19
香港	中国	15	↓5	10	36	20
墨尔本	澳大利亚	16	↑17	19	28	15
西雅图	美国	17	↓5	15	33	9
斯德哥尔摩	瑞典	18	↓1	20	27	18
南京	中国	19	↑5	28	6	22
孟买	印度	20	↑6	22	12	27
苏黎世	瑞士	21	↑8	17	19	28
波士顿	美国	22	↓8	27	38	10
首尔	韩国	23	↓3	25	30	16
多伦多	加拿大	24	↓1	23	37	17
阿姆斯特丹	荷兰	25	↑5	18	22	36
班加罗尔	印度	26	↓1	21	13	34
都柏林	爱尔兰	27	↑1	31	21	21
柏林	德国	28	↓6	16	26	45
成都	中国	29	↑3	32	8	30

续表

城市及地区	所在国家	GFHI总排名	较去年排名变动	产业排名	体验排名	生态排名
圣保罗	巴西	30	↓3	24	25	37
洛杉矶	美国	31	↓12	26	40	24
重庆	中国	32	↓1	35	10	32
特拉维夫	以色列	33	↓12	30	44	26
开普敦	南非	34	↑7	40	9	38
墨西哥城	墨西哥	35	↑3	37	17	41
莫斯科	俄罗斯	36	↑6	42	11	42
新德里	印度	37	新增	39	14	35
巴塞罗那	西班牙	38	↓3	36	34	33
雅加达	印度尼西亚	39	↑5	34	45	39
日内瓦	瑞士	40	↑3	45	31	23

数据来源：浙大AIF司南研究室、杭州摩西信息科技。

（三）金融科技的关键技术

当前，国内外的金融科技及其应用仍以各大优秀企业为引领，不断深化与拓展，图3对关键技术领域的代表性企业进行了集中展现。

图3　金融科技关键技术领域代表性企业
资料来源：根据公开资料搜集整理。

在人工智能方面，人工智能在金融领域应用方向包括智能投顾、智能风控、智能运营等。例如，以Wealthfront、Betterment为代表的美国智能投顾平台运用人工智能算法为大众提供个性化的投资组合建议；中国建设银行于2018年4月推出首家无人银行，通过运用生物识别、语音识别、数据挖掘等技术为客户提供全自助的智能服务平台。

在大数据方面，Google、Microsoft、Amazon、Facebook、Oracle、EMC、HP、IBM等企业很早就通过收购或自主研发等方式布局大数据领域，已推出各种与大数据相关的产品和服务。此外，企业、高校和社区以开源模式吸引全球开发者参与，形成了以大数据计算框架和分布式数据存储技术为核心的大数据技术生态圈。美国、英国、日本、新加坡、澳大利亚、加拿大、新西兰、德国和印度等国纷纷在大数据领域进行了研究部署，不仅为大数据领域的研究创新提供资金，而且还实施开放数据政策以推动本国公共数据资源的利用。大数据在金融领域的应用十分广泛且常被与人工智能技术结合在一起，帮助银行、保险等金融机构实现精准营销、智能风控和智能运营等业务，例如IBM利用大数据和人工智能技术帮助KPMG（毕马威）提高审计团队对财务和运营数据的分析能力，支持和优化海量数据分析工作等。

在区块链方面，目前区块链逐渐被认为是未来金融行业发展的重要基础设施之一，英国、美国、德国、日本、韩国等多国政府和官方组织机构相继出台了与区块链技术应用相关的政策和研究报告。此外，摩根大通、花旗银行等金融机构纷纷入局，例如，2017年5月，纳斯达克和花旗银行宣布采用分布式账本技术来整合支付方案。与此同时，国内涌现出了一批以趣链区块链（Hyperchain）、蚂蚁区块链、腾讯区块链等为代表的国产联盟区块链底层技术平台，支撑了区块链技术在金融、政务、供应链、医疗、能源、商品溯源、公益等领域的多个代表性应用。

在云计算方面，国际上整体服务市场占有率最高的三家公司为Amazon Web Services、Microsoft Azure、Google Cloud，这些公司提供了一系列的云计算、云存储系列工具框架。云计算在金融领域不仅可以支撑各类信息化业务的应用，而且还可以极大地降低金融机构的信息化成本，因此越来越多的国际国内金融机构致力于提升云计算技术能力，以优化内外部IT服务。例如近几年，美国银行通过云计算技术使服务器数量从原先的20万台降至现在约7万台，数据中心从67个降至23个，并与IBM合作开发致力于金融服务的专有云技术；在企业和政府的双重推动下，国内云计算产业规模不断增长，特别是基础设施服务（IaaS）发展迅猛，且国内各金融机构也纷纷建立云平台服务体系。

在物联网与5G方面，欧美地区的物联网技术在美国"智慧地球"、德国"工业4.0"等战略的推动下得到了高速发展。随着大数据、人工智能、区块链技术的同步发展，物联网技术的总体发展也正在从互联、互通走向智能、自治，人工智能芯片技术提升了物联网的边缘计算能力，Akamai等美国企业积极抢占边缘计算蓝海，Xage等企业推出基于区块链的点对点机器通信技术，推动机器自治。在移动通信方面，从2G到5G，全球移动通讯标准竞争愈演愈烈。物联网和5G技术在促进万物互联、互通的同时，也在金融领域催生出了新的服务，且有了较为成熟的应用，例如，澳大利亚联邦银行借助物联网连接农用机械设备，建立农业设备资产管理和共享平台，提供支持多个业主向银行共同租赁的金融业务；2019年，中信银行与海尔集团合作的物联网供应链项目的金融平台交易量已达到101亿元。

在信息安全方面，Apple、Google等基础信息巨头拥有庞大的信息体量和深厚的信息安全技术储备，重大的安全漏洞会对全世界造成较大影响。专业信息安全厂商Symantec、McAfee、Trend Micro等公司拥有完整的解决方案能力，FireEye、Booz Allen Hamilton、Palantrir等公司则可提供入侵检测、数据恢复等专业技术和网络安全服务。信息安全是金融科技的生命线，所有金融新兴业务、新产品应用都应以保证信息安全为前提，否则将造成十分重大的经济损失和恶劣的社会影响。目前发达国家的大型银行基本都已建立了企业级反欺诈监控系统，而部分国外金融企业则采用安全准入控制技术实现可信网络连接（TNC）框架中的用户身份识别和用户安全检测，确保接入网络的终端都是合法且符合安全条件的。[①]除此之外，各国金融监管机构也在不断加强对金融数据信息安全的监管力度。

---

① 李连朋，罗宏. 国内外金融业信息安全综述[J].网络与信息安全学报，2017（2）:13-23.

二、雄安新区发展概况

雄安新区植根于雄县、容城、安新基础经济，缘起于京津冀协同发展理念，展望至未来千年风云。本部分将围绕雄安新区的基础情况、诞生与规划等方面进行介绍。

（一）雄安新区基础情况

2017年4月1日，中共中央、国务院印发通知，决定设立河北雄安新区，规划范围涉及河北省雄县、容城、安新三县及周边部分区域。因此，雄安的历史主要源于河北省保定市东北角的三座县城。目前，雄县、容城、安新均由雄安新区托管，它们的历史、文化、传统都将是雄安发展的基础与本源，雄安新区行政区划见表3。

表3 雄安新区行政区划

三大县城	所辖区域
雄县	雄州镇、昝岗镇、大营镇、龙湾镇、朱各庄镇、米家务镇、双堂乡、张岗乡、北沙口乡、鄚州镇（原属任丘市，2018年4月移交雄县托管）、苟各庄镇（原属任丘市，2018年4月移交雄县托管）、七间房乡（原属任丘市，2018年4月移交雄县托管）
容城县	容城镇、小里镇、南张镇、大河镇、晾马台镇、八于乡、贾光乡、平王乡
安新县	安新镇、大王镇、三台镇、端村镇、赵北口镇、同口镇、刘李庄镇、安州镇、老河头镇、圈头乡、寨里乡、芦庄乡、龙化乡（原属高阳县，2018年4月移交安新县托管）

资料来源：根据公开资料搜集整理。

从区位环境来看，雄安地处北京、天津、保定腹地，距北京、天津均为105千米，距石家庄155千米，距保定30千米，距北京大兴机场55千米，区位优势明显，交通便捷通畅。未来也将建成6条铁路、4座高铁站、1个机场，其中共有5条铁路经过雄安地区，而京雄铁路与津雄铁路将从雄安直达北京和天津。

从区域建设来看，在雄安新区内部，区域建设将分三类逐步推进，起步区面积约100平方千米，中期发展区面积约200平方千米，远期控制区面积约2000平方千米。

从人口来看，截至2017年6月底，雄安新区常住人口为104.71万人，包括汉族与16个少数民族，远期规划人口则为200万~250万。不同于深圳经济特区和上海浦东新区，雄安新区肩负"疏解北京非首都功能，探索人口经济密集地区优化开发新模式"的职能，因此摩根士丹利报告显示，预计未来10~20年，雄安新区人口将达到340万~670万。

从经济来看，2016年，雄县生产总值达到101.14亿元；安新县生产总值达到40.01亿元；容城县生产总值达到59.4亿元。三县经济发展各有特色：雄县民营经济起步早，群体大；容城县则在贸易往来上占优势，不仅是中国北方服装及辅料集散地，还是保定东部物流中心；安新县自然风光秀丽，是中国北方著名的旅游胜地。

（二）雄安新区的诞生与规划

设立雄安新区，是以习近平同志为核心的党中央深入推进京津冀协同发展做出的一项重大决策部署。自2014年2月习近平在北京主持召开座谈会专题听取京津冀协同发展工作汇报以来，各项工作有序推进，雄安新区在5年间经历了飞速的成长（见表4），一幅千年大计的画卷正徐徐展开。雄安新区的设立是推进京津冀协同发展做出的一项重大决策部署，对于集中疏解北京非首都功能，探索人口经济密集地区优化开发新模式，调整优化京津冀城市布局和空间结构，培育创新驱动发展新引擎，具有重大现实意义和深远历史意义。

表4　雄安新区历史沿革

时间	事件
2014年2月	习近平总书记就京津冀协同发展提出7点要求
2014年10月	习近平总书记对《京津冀协同发展规划总体思路框架》做出批示
2015年4月	中央政治局会议审议通过《京津冀协同发展规划纲要》
2016年5月	中共中央政治局会议审议《关于规划建设北京城市副中心和研究设立河北雄安新区的有关情况的汇报》，"雄安新区"首次出现在汇报稿的标题中
2017年2月	习近平总书记到河北雄安新区考察并主持召开座谈会，提出坚持"世界眼光、国际标准、中国特色、高点定位"
2017年4月	中共中央、国务院印发通知，决定设立河北雄安新区

续表

时间	事件
2017年6月	中共河北雄安新区工作委员会、河北雄安新区管理委员会获批成立
2017年7月	中国雄安建设投资集团有限公司成立
2017年9月	48家企业获批入驻雄安新区
2017年10月	国家总部型金融机构落户雄安新区； 雄安新区写入党的十九大报告——以疏解北京非首都功能为"牛鼻子"推动京津冀协同发展，高起点规划、高标准建设雄安新区； 国家工商总局在官网公布《关于支持河北雄安新区规划建设的若干意见》，其中提出将依法对"雄安"字样在企业名称核准中予以特殊保护，"河北雄安"作为行政区划使用
2017年12月	中央经济工作会议指出，高起点、高质量编制好雄安新区规划
2018年1月	河北省委召开常委扩大会议，原则通过《关于推进雄安新区规划建设的实施意见》
2018年3月	雄安集团的三家全资子公司中国雄安集团基础建设有限公司、中国雄安集团投资管理有限公司、中国雄安集团公共服务管理有限公司同日注册成立
2018年4月	中共中央、国务院批复中共河北省委、河北省人民政府、国家发改委《关于报请审批〈河北雄安新区规划纲要〉的请示》
2018年12月	经中共中央、国务院同意，国务院正式批复《河北雄安新区总体规划（2018—2035年）》
2019年1月	习近平总书记在河北雄安新区考察调研，并主持召开河北雄安新区规划建设工作座谈会； 《中共中央、国务院关于支持河北雄安新区全面深化改革和扩大开放的指导意见》发布
2019年4月	生态环境部公布11个"无废城市"建设试点，与此同时，河北雄安新区、北京经济技术开发区、中新天津生态城、福建省光泽县、江西省瑞金市作为特例，参照"无废城市"建设试点一并推动
2019年5月	雄安新区征迁安置工作正式启动实施； 《河北雄安新区启动区控制性详细规划》与《河北雄安新区起步区控制性规划》对外公示，公示日期30天
2019年8月	《国务院关于印发6个新设自由贸易试验区总体方案的通知》印发实施，中国（河北）自由贸易试验区正式设立，雄安被列为其重要组成部分
2019年10月	国务院副总理韩正到河北雄安新区调研并召开雄安新区规划建设现场办公会； 雄安新区入选国家数字经济创新发展试验区
2019年12月	雄安新区入选首批交通强国建设试点地区

资料来源：中国雄安官网。

目前，对其发展规划了七大重点任务：

一是建设绿色智慧新城，建成国际一流、绿色、现代、智慧城市；二是打造优美生态环境，构建蓝绿交织、清新明亮、水城共融的生态城市；三是发展高端高新产业，积极吸纳和集聚创新要素资源，培育新动能；四是提供优质公共服务，建设优质公共设施，创建城市管理新样板；五是构建快捷高效交通网，打造绿色交通体系；六是推进体制机制改革，发挥市场在资源配置中的决定性作用并更好地发挥政府作用，激发市场活力；七是扩大全方位对外开放，打造扩大开放新高地和对外合作新平台。

基于此，未来雄安的重点发展产业主要集中在新一代信息技术产业、现代生命科学和生物技术产业、新材料产业、高端现代服务业、绿色生态农业等产业上，并对符合发展方向的传统产业实施现代化改造提升，推进产业向数字化、网络化、智能化、绿色化发展。

当前，雄安新区的发展由中共河北雄安新区工作委员会与雄安新区管理委员会主要领导，下设10个部门（见图4），各个部门分工合作，共同促进雄安整体发展。

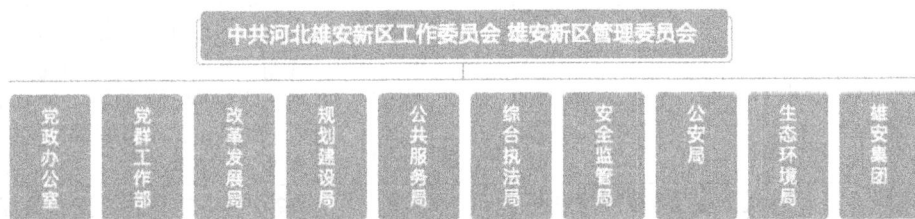

图4　雄安新区行政机构架构
资料来源：中国雄安官网。

三、雄安新区金融科技发展现状

雄安新区发展金融科技是一项与其战略地位相匹配、功能定位相适应、重点任务相协调的重要工作和重大机遇，本章从雄安金融科技的相关政策、产业发展、基础设施、人才支撑入手，立体展现其发展状况。

（一）雄安新区金融科技相关政策

目前，雄安尚未发布金融科技专项政策，但在《河北雄安新区规划纲要》、《河北雄安新区总体规划（2018—2035年）》、《中共中央、国务院关于支持河北雄安新区全面深化改革和扩大开放的指导意见》等综合性政策中均提及包括金融业在内的高端现代服务业的发展目标与要求，中国（河北）自由贸易试验区、数字经济试验区等落地也将会为雄安经济金融发展带来极大助益；同时，国家级、省级相关改革开放、产业升级的政策也常提及雄安。

此外，在科技方面，也有部分政策文件提及了高端高新产业支持、数字智能之城打造、智慧城市管理、创新能力建设提速和科技成果转化提速等相关内容（见表5）。

表 5　雄安新区科技类政策概览

时间	规划	发布机构	核心内容
2018年4月	《河北雄安新区规划纲要》	河北省委、河北省人民政府	（1）在高技术产业方面，重点承接新一代信息技术、生物医药和生命健康、节能环保、高端新材料等领域的央企以及创新型民营企业、高成长性科技企业；（2）重点产业中，新一代信息技术产业位列其中，围绕建设数字城市，重点发展下一代通信网络、物联网、大数据、云计算、人工智能、工业互联网、网络安全等信息技术产业
2018年4月	《关于推动互联网与先进制造业深度融合加快发展工业互联网的实施意见》	河北省人民政府	到2025年，力争将雄安新区打造成国家级工业互联网产业示范基地
2018年7月	《关于进一步扩大服务业重点领域对外开放的实施方案》	河北省人民政府	雄安新区在金融服务、科技服务、国际旅游、服务贸易等领域的开放规划
2018年12月	《河北雄安新区总体规划（2018—2035年）》	河北省委、河北省人民政府	（1）形成以企业为主体、市场为导向、产学研深度融合的技术创新体系；（2）创建数字智能之城，打造智能城市信息管理中枢
2019年1月	《中共中央、国务院关于支持河北雄安新区全面深化改革和扩大开放的指导意见》	中共中央、国务院	重点任务之一：强化创新驱动，建设现代化经济体系。要求支持雄安新区吸引北京创新型、高成长性科技企业疏解转移，并加强创新能力建设和科技成果转化

时间	规划	发布机构	核心内容
2019年10月	《雄安新区智能城市标准指南》	雄安新区管理委员会	雄安新区智能城市、数字城市已从规划阶段正式转换到大规模建设阶段
2019年10月	《国家数字经济创新发展试验区实施方案》	国家发展改革委、中央网信办	努力打造引领智能城市、数字经济建设发展的全国标杆

资料来源：中国雄安官网。

（二）雄安新区金融科技产业发展

雄安金融科技产业发展仍处于起步阶段，具体工作主要以新区管委会为牵头，以中国雄安集团有限公司（以下简称雄安集团）、传统金融机构、信息技术企业这"三驾马车"为抓手重点推进。

首先，雄安集团不断发挥主力作用。截至2020年1月，雄安新区已立项67个重点项目，表6中列出了部分涉足5G、大数据、区块链的重点科技项目（16个），其中，雄安集团担任主要实施方的项目数高达12个，占比达75%。

表6 雄安新区部分重点科技项目

主要实施方	技术领域	项目名称
雄安集团、中国工商银行	区块链	雄安新区征迁安置资金管理区块链平台
雄安集团	区块链	雄安新区工程项目区块链资金管理平台
雄安集团	区块链	雄安新区区块链租房应用平台
雄安集团	区块链	白洋淀水专项区块链科研资金管理平台
雄安集团、中国工商银行、建设银行、中信银行	区块链	雄安新区财政建设资金管理区块链信息系统
雄安集团、京东数科	大数据	雄安新区智能城市块数据平台（一期）项目
雄安集团	大数据、区块链	雄安新区"千年秀林"创新应用森林大数据系统
雄安集团	大数据、云计算、物联网	雄安新区装配式建筑BIM平台
雄安集团	物联网	雄安新区物联网统一开放平台（一期）项目
中国电信、国家电网	物联网与5G	雄安新区首个5G智慧路灯和车路协同示范点位
雄安集团	物联网与5G	雄安新区绿色智能交通系统
中国移动、富瑞能源、北京好利阀业集团	物联网与5G	雄安新区5G智能燃气计量柜
雄安集团、中国移动、滴滴出行	物联网与5G、人工智能	雄安新区5G智慧公交项目

续表

主要实施方	技术领域	项目名称
中国电信、中交一公局、优必选公司	物联网与5G、人工智能	雄安新区首个5G智能巡检机器人
雄安集团、中建三局	物联网	雄安新区智慧工地管理系统
中国联通、中国网络技术研究院、华为	5G	雄安新区基于SRv6的5G综合承载网

资料来源：根据公开资料搜集整理。

其次，金融机构争相谋求科技转型。截至2019年8月6日，雄安新区共新设金融机构、类金融企业超过40家，各大金融机构也纷纷将科技化转型作为重中之重。例如，中国工商银行率先利用区块链技术搭建了雄安征迁安置资金管理区块链平台，帮助雄安实现征迁原始档案和资金穿透式拨付的全流程链上管理；中交雄安融资租赁有限公司首单"融资租赁+雄安区块链+供应链"业务落地，是雄安新区第一单运用区块链技术支持的中小微企业普惠金融的融资租赁业务。

最后，科技企业积极探索赋能金融。雄安新区对科技产业发展支持力度较大，新区成立不久便吸引了首批48家高端高新企业入驻，其中包括以百度、阿里巴巴、腾讯、京东为代表的多家全球领先信息技术与智慧科技类企业，且这批企业纷纷将大数据、云计算、人工智能、5G等金融科技相关技术作为发展重点。例如，阿里巴巴成立"蚂蚁金服（雄安）数字有限公司"，重点推进普惠、信用、绿色金融服务落地；京东金融已在雄安设立两家子公司，从事金融云服务和技术研发以及众筹业务等；百度与雄安将在智能出行、对话式AI应用、云基础设施等多个领域展开深度合作，打造智能城市（AI City）；腾讯在雄安设立腾讯计算机系统有限公司，关注数字金融、智慧城市、万物互联、金融科技等领域。

（三）雄安新区金融科技基础设施

雄安新区在金融科技基础设施建设规划上有一展宏图的优势，在区块链、5G等新兴技术的应用上，雄安便先行先试，取得了显著的建设成效。目前，雄安各政策规划中对于金融科技基础设施建设都表达了明确的支持态度，具体包括以下四方面。

金融资产交易中心。目前，雄安股权交易所建设已形成初步方案，将基于北京现有的金融业务基础设施，同时结合河北省既有的交易所融合建立。此外，针对雄安大力发展绿色金融的诉求，如何建设绿色金融资产交易平台也是新区正在研究的一大重点。

数字城市建设。数字雄安建设最重大的创新是在建设物理城市的同时，通过万物互联感知，汇集多方数据搭建城市智能模型，通过建设块数据平台，按照公共、敏感、涉密三个信息分类域在物理上统一存储公共政务等数据，形成与新区同生共长的数字孪生城市，这将使雄安新区成为世界上第一个从城市原点就开始构建全数字过程的城市。

万物互联互通。2019年10月31日，中国移动、中国电信、中国联通三大通信运营商分别在雄安启动5G商用，雄安成为全国首个城区5G网络全域覆盖城市。其5G核心网围绕数据中心部署，规划专用通信云，构建"区域+本地+边缘"三层架构，兼顾集中化、属地化、业务体验。此外，雄安在5G网络基础上开展了众多物联网项目，目前已实现NB-IoT物联网全网全覆盖。

区块链应用。雄安在区块链应用上的实践主要集中于工程项目资金管理、租房应用、财政资金管理等金融方面的有益探索，未来可以将区块链技术运用到如社会信用体系/系统建设等更多新区工作中，探索信用信息共享、信用助力中小企业融资发展、构建以信用为基础的新型监管机制等内容，持续提升新区治理能力，为数字城市的打造奠定坚实和可信的基础。

（四）雄安新区科研人才支撑现状

一方面，领军企业的入驻将高端人才带入了新区，如阿里巴巴、京东、腾讯等科技巨头均在雄安新区设立了子公司。另一方面，雄安新区也在积极推进与高校的合作，为未来发展储备人才。截至2019年底，已有20多所高校相继表态，将积极参与雄安新区建设，且普遍将金融科技、数字经济、数字金融相关内容作为合作重点之一。例如，清华大学则与雄安新区签订了共同推进校企改革合作协议，并落户清华大学智能实验室，推动更多科技创新成果和优秀人才落户雄安；北京大学不仅将在雄安新区建立北京大学光华管理学院高端培训中心，为河北发展和雄安新区规划建设输送更多的北大毕业生，而且牵头成立雄安大学相关学院筹建工作组，加快雄安大学建设落地；浙江大学与雄安合作共建浙江大学雄安发展中心，中心下设金融科技实验室，将依托浙大AIF，利用大数据、云计算、人工智能、区块链领域的前沿技术，打造国际一流、国内领先的创新型金融科技政产学研平台；此外，建设雄安大学是《河北雄安新区规划纲要》的重要组成部分，有助于雄安新区统筹科研平台和设施、产学研用一体化创新中心资源，也有助于吸引更多的高端人才。

四、雄安新区金融科技产业基础

目前，雄安新区金融科技产业发展仍处于起步阶段，但雄安集团的迅速壮大、金融机构的相继入驻、科技企业的积极布局都为雄安金融科技产业的未来发展奠定了良好的基础。此外，绿色金融已逐渐成为雄安金融发展的重要内容与鲜明特色，也为其金融科技产业发展提供了绝佳的场景。

（一）雄安集团基本情况

雄安集团成立于2017年7月18日，是由河北省政府出资设立并实际控制的国有独资企业，是雄安新区投资、融资、开发、建设、经营的主体力量、主导力量、支撑力量，业务板块主要包括六个方面。

政务与公共服务。主要包括新区建筑工程、政府采购、公路建设以及其他的招标和公开比选采购工作，并在大数据招投标与建设过程监管平台上公开招标项目的交易总数、交易总额及中标企业行为分析、信用等方面的信息。

金融与投资。主要包括与中国银行、英国金丝雀码头集团签署《关于雄安新区金融科技城项目战略合作协议》，共建金融科技城；发行期限为"3+N"年，票面利率为4.15%的债务融资工具，用于雄安新区重大交通基础设施项目。

基础设施建设。一是以特殊目的公司（SPV）模式建设的雄安市民服务中心，集规划展示、会议培训、政务服务功能等于一体；二是面向一线建设者的建设者生活服务中心；三是以容东截洪渠工程为代表的重大防洪水利基础设施项目。

城市发展与城市资源运营。主要指以白洋淀等代表性旅游资源为核心，推动雄安新区建设成为文化和旅游有效融合、全域旅游管理体制改革和生态旅游创新发展的先行先试区。

生态环境建设和绿色发展。一是以"千年秀林"为代表的生态缓冲区建设;二是以唐河污水库污染治理与恢复工程为代表的流域"控源—截污—治河"系统治理;三是以"海绵城市"和"装配式建筑"为代表的新城市生态建设。

数字城市。在数字技术设施上,加快推进区块链自主可控技术的创新研发;在数字化管理上,将建筑信息模型(BIM)与城市信息模型(CIM)应用到招投标过程和建筑过程中,推出国内首个基于区块链技术的项目集成管理系统——雄安区块链资金管理平台。在数字化应用上,智慧出行、智慧工地、"千年秀林"均是典型实践。

(二)雄安新区金融产业基础

雄安新区金融产业较为薄弱但发展颇有成效,整体金融业态不断丰富,金融基础逐渐厚实。

银行业金融机构布局先行。自雄安新区设立以来,全国各大银行业金融机构积极响应中央号召,不断加快推进雄安新区分支机构筹建,截至2019年底,共有17家银行机构先后入驻雄安新区,并积极开拓金融创新业务。例如,中国工商银行形成了"贷+债+股+代+租+顾"六位一体的全口径投融资体系,全力做好投融资一体化服务准备,并加大资产证券化和产业基金创新力度,为新区建设提供全方位的综合金融服务。中国建设银行则独家承揽了雄安新区市民服务中心和十万亩苗景兼用林两个重大项目的造价咨询业务,协助雄安新区管委会搭建好住房租赁监测平台和住房租赁交易平台,并在雄安新区三县上线运行。

非银金融机构入驻丰富金融业态。截至2019年8月6日,雄安新区共新设金融机构、类金融企业超过40家,包括大型金融机构、央企及知名企业发起设立或组建的金融分支机构、保险公司、私募基金、投资公司、融资租赁公司等,累计注册资本超过350亿元,雄安新区金融业态不断丰富。如中国人民养老保险有限责任公司成为首家在雄安新区注册成立的总部型金融机构;阳光保险集团有限公司计划在雄安新区设立分公司;国家开发投资公司已入驻雄安新区,以实业、金融服务业、国有资产经营"三足鼎立"的业务框架,创新投资新区建设；安信证券股份有限公司雄安分公司已成立，正不断发挥国有大型券商的优势，助力助推雄安新区金融创新发展。

雄安金融岛规划建设正式提上日程。2019年9月18日，雄安集团招标采购管理平台正式发布《雄安新区金融岛开发建设投融资测算咨询机构比选项目比选公告》，金融岛有望成为雄安CBD的核心区，与陆家嘴核心区、前滩地区的面积大体相当，预计将吸引央行等功能性金融机构和大批金融企业入驻，设立资本市场学院（雄安）、雄安银行、雄安股权交易所并开展股权众筹融资，建设雄安金融科技中心。

（三）雄安新区科技产业基础

目前，雄安新区科技产业基础总体偏弱，但在各类资源引进及产业扶持政策之下呈现出高端高新企业先行布局、各类科创平台不断涌现的态势，为其金融科技产业发展打下了良好的基础。

高端高新企业先行布局。雄安新区成立不久，阿里巴巴、腾讯、百度等首批48家企业获批入驻雄安。从行业分布来看，首批48家企业中包含前沿信息技术类企业14家、现代金融服务业企业15家、高端技术研究院7家、绿色生态企业5家和其他高端服务企业7家，为新区的科技产业细分行业布局搭建了良好的框架和基础。此外，由于新区以承接北京非首都功能疏解为"牛鼻子"，首批入驻市民服务中心的26家高端高新企业有90%来自北京。

创业创新土壤不断培育。除了知名科技巨头和各"中字头"科技集团，最具活力的各类科创企业也在积极入驻雄安，在此过程中，各类孵化器、创新园区（见表7）承担了重要的产业集聚和企业培育功能。但各个科技园和孵化器对入驻企业类型各有偏重，有部分偏好上市公司和央企，有部分更侧重中小型科创企业，还有一些在成立之初引进了部分知名高端高新企业和"中字头"企业，以期其能对后续入驻的科创企业起到带动作用。

表7 雄安新区部分孵化器、创新园区

成立时间	名称	办公面积 /m²
2017年4月	河北雄安京雄企业孵化器（京雄科技园）	2338
2017年12月	雄安新区中关村科技园	—
2018年3月	雄安绿地双创中心	15000
2018年5月	雄安OFFICEZIP孵化器	3800

成立时间	名称	办公面积 /m²
2018年5月	雄安熙颐易达科技孵化器	5000
2018年5月	雄安千吉中创科技企业孵化器	14000
2019年9月	启迪之星·雄安未来城市创新中心	14227

资料来源：根据公开资料搜集整理。

（四）雄安新区绿色金融产业基础

当前，雄安新区正从污染治理、生态修复及保护性开发，绿色智慧城市的基础设施建设和绿色建筑，以及清洁能源和资源节约利用这三大方面入手，积极探索打造绿色低碳发展的创新试验区和典型样板。在此基础上，雄安新区绿色金融的发展也在不断推进。

在绿色信贷方面，雄安绿色信贷自2018年始逐步发展且呈高速增长态势，截至2019年9月末，新区雄县、容城县、安新县绿色信贷余额为23.86亿元，同比增长414%，贷款主要投向绿色交通运输项目和资源可循环利用项目。在绿色债券方面，部分金融机构正在与雄安集团研究绿色债券，包括为集团发行与节能环保指标挂钩的专项绿色债券，用于节能减排、环境治理类项目的项目收益债等。在绿色基金方面，2019年1月，雄安正式成立绿投绿色产业基金管理有限公司，管理"雄安三县传统产业转型升级基金"、"雄安绿色建筑科创成果转化基金"、"保定雄安产业协同绿色建设投资基金"等雄安绿色产业基金。

需要特别指出的是，金融科技和绿色金融发展是相辅相成的：一方面，绿色金融发展对金融科技创新提出了新需求；另一方面，金融科技将成为推动绿色金融可持续发展的新突破口。金融科技可以助力绿色识别，解决认证成本高、信息不对称问题，赋能商业银行信贷审批流程，降低人工成本。同时，可运用金融科技手段建立金融服务平台，促进中小型企业快速、便捷地进行资本对接，并为其提供绿色保险、绿色信贷、绿色评级等相关服务，从而有效推动绿色金融发展。

五、雄安新区金融科技发展机遇与挑战

本部分将在前文基础上，运用SWOT模型，对雄安发展金融科技的优势、劣势、机遇与挑战进行深入分析。

(一)雄安新区金融科技发展优势

当前，雄安新区正站在千年大计的起点，其优势主要体现在以下三方面。

千年画卷待展，利于全盘统筹。雄安新区各项工作均处于起步阶段，金融科技产业更是百业待兴。近乎"一张白纸"的雄安无历史包袱，更有可能从零开始、全盘规划、综合统筹，实现金融科技自上而下的良性发展，也为各部门、各机构、各联盟发挥所长以及为金融科技建言献策提供了更多的空间。

国家高度重视，政策鼎力支持。尽管雄安新区正式成立不足三年，但其重要地位不言而喻，以"千年大计、国家大事"的历史定位得到了国家与地方的众多政策加持。自雄安新区成立以来，已有十多份国家级、河北省级政策文件陆续发布，或针对雄安规划未来，或提及新区纳入大势，不断加码的政策支持已成为雄安新区金融科技发展的最大优势之一。

区位优势显著，优质资源输入。雄安新区地理位置优越，有着承接北京非首都功能的重任。在政策引导和京津冀区域协同的作用下，北京、天津、保定三座城市的优质资源将不断输送至雄安新区，一些重要属地机构亦会迁往雄安新区，如北京市政府推动符合雄安新区功能定位的北京市高新技术企业加快转移迁入。与此同时，全国乃至世界的优质资源均表现出了参与雄安建设的巨大热情。

(二)雄安新区金融科技发展劣势

目前雄安新区的建设尚在初级阶段，数据统计、经济和产业基础、基础设施等均存在一定短板，亟待补足。统计工作缺失，口径尚未统一。统计数据是了解地方历史、规划未来发展的基石，亦是跟踪和检验发展轨迹和成果的必要"基础设施"。然而当前雄安新区各项基础经济指标均无完整统计，其主要组成县域（雄县、容城、安新）统计信息也仅限于GDP与人口等最基础数据，较为陈旧（2016年）且并非雄安新区口径，这将对各项工作的开展形成越来越多的阻碍。此外，金融指标的统计工作也面临较多问题，以绿色金融统计为例，一方面，雄安新区商业银行在开展绿色信贷业务时，存在认定原则不统一、执行标准不严格、数据统计不精确问题。另一方面，政府部门信息沟通不畅，如雄安新区环保局的绿色信贷系统虽已实现与人民银行企业信用信息基础数据库的联网，但数据更新慢，导致银行授信缺乏准确有效的参考标准。

经济基础薄弱，产业支撑不足。雄安新区设立前，其主要组成县域的GDP总额占河北省GDP不足1%，且呈下降趋势，经济基础整体较为薄弱。同时，雄安发展金融科技的产业支撑也明显不足。一方面，雄安三县产业结构较为落后，制造业与采矿业公司的银行贷款余额占雄安新区所有公司贷款比重的50%以上，当前的产业结构与其目标中的"高端高新产业"存在较大距离，产业转型和污染治理压力较大。另一方面，从金融产业基础来看，雄安仍以银行业间接融资为主，非银金融机构力量依旧较弱。即使是新区力争发展的绿色金融，也以绿色信贷、绿色债券为主，业务种类较为单一。而科技产业上，雄安新区的科技类企业数量仍然较少，科技产业体系仍未成形。目前，雄安金融科技发展主要由雄安集团、金融机构和科技企业以项目形式开展，且金融科技应用场景不多，众多细分业态仍未有效覆盖。

基础设施待建，吸引力度有限。雄安新区的生产和生活基础设施均仍在建设中，对金融科技企业、人才的吸引力较为有限。就金融基础设施而言，支付体系、信用体系等尚未完善；就科技基础设施而言，底层技术建设、全网络智慧平台尚未打通；就生活基础设施而言，教育、医疗、交通建设均在初级阶段，离满足高端人才的日常便捷生活需求仍有较大的差距。

（三）雄安新区金融科技发展机遇

雄安新区金融科技发展正当其时，主要机遇在于以下五点。

符合发展重点，引领未来方向。"建设绿色智慧新城，建成国际一流、绿色、现代、智慧城市"是雄安新区的七大重点任务之一，金融科技产业的发展是建设智慧城市必不可少的基础与主题。因而，雄安发展金融科技产业是与发展目标及重点一致的且是必须发展的。

数字经济试点，助力先行先试。2019年10月，《国家数字经济创新发展试验区实施方案》正式发布，雄安成为六个国家数字经济创新发展试验区之一，将在数字经济要素流通机制上开展重点探索，以政企数据机制化融通利用，加快智慧城市建设，为推动京津冀协同发展和建设京津冀世界级城市群提供支撑，数字经济创新发展试验区的角色将为雄安金融科技政策、技术、产业的先行先试带来重大机遇。

入驻成本偏低，利于吸引企业。雄安新区内企业运营成本相对较低，一方面，新区不以房地产为支柱，企业购买或租赁办公用地将不会受高额租金掣肘；另一方面，在雄安创办或者迁入科技企业将享受免税3~5年的税收政策优惠，并同时享有办公场地租房优惠等政策，大大降低了企业的运营成本，有利于吸引优质企业在新区落户。

取消户口限制，人口加速流入。一方面，雄安新区作为北京非首都功能疏解集中承载地，将要重点承接北京非首都功能以及相应的人口转移。另一方面，雄安新区不设户口、只有工作证的户籍政策将改变户口对人力资本的扭曲配置，有利于未来人口的大量流入。据摩根士丹利的报告，中国可能在十年内完成非首都职能的人口搬迁（452万人），而雄安新区的人口增速则会达到3%。充足的劳动力与人才是一个城市发展的基础，人口特别是高质量人才的加速流入，将为雄安创造出无限发展机遇。

教育资源对接，强化人才支撑。优质教育资源的不断引入、本地高校和高水平科研院所的建立，是雄安新区金融科技发展的又一机遇。《河北雄安新区规划纲要》指出，支持"双一流"建设高校在雄安新区办学，以新机制、新模式努力建设世界一流的雄安大学，统筹科研平台和设施、产学研用一体化创新中心资源，构建高水平、开放式、国际化高等教育聚集高地。目前，全国已有多所高校与雄安新区积极合作，且合作项目对金融科技领域多有涉及。

（四）雄安新区金融科技发展挑战

雄安的金融科技发展与众多工作一道，正在起步，在基础总体薄弱的情况下，尚存以下四大挑战。

发展方向模糊，尚缺专项政策。尽管雄安新区在国家战略上具有重大优势，但其建设时间尚短，在金融、科技、人才等方面均未出台有针对性的发展政策与指导方案，金融科技更是如此。目前，针对金融科技，新区尚未进行统筹规划，也未明晰发展方向、确定发展重点、制定专项政策，使得其缺少要明确发展金融科技的总基调，也缺少顶层设计和路径规划，这将是雄安新区发展金融科技面临的首要挑战。

地域优势有限，竞争压力巨大。金融科技特别是互联网服务具有典型的跨区域特性，受地理空间限制较低，使得雄安突出的地理位置优势对其发展金融科技和集聚相关企业虽有积极作用，但效果有限。当前，国内已有北京、上海、深圳、杭州等一批城市在金融科技产业发展方面占得先机并呈现引领全球的态势，雄安将面临巨大的竞争压力。

融资方式单一，创新支持不强。金融科技产业发展离不开金融支持，尤其是多层次资本市场的支持。由于金融科技企业大多处于成长期，除银行贷款外，以私募、风投等为代表的创新友好型投融资方式将对这类企业的诞生与成长发挥重要作用，如何快速构建完善的多层次资本市场以支撑金融科技产业发展，将成为新区的挑战。

创新风险相伴，监管能力薄弱。尽管央行正在研究在雄安新区设立人民银行机构，推进综合性、功能性金融监管体制改革，探索建立符合国际规则的金融监管框架，但总体来看雄安新区各项基础薄弱，各类统计工作尚未到位，监管自然掣肘更多，如何有效开展金融监管，科学合理控制风险，维持金融科技向好发展，服务实体经济，将是其重要挑战之一。

六、雄安金融科技发展政策建议

雄安新区金融科技发展非一蹴而就之事，本章将基于前五章的分析，对雄安新区的金融科技未来发展提出可行性政策建议。

（一）做好前期基础工作

一是建立联盟，打造学习交流通道。秉承"开放、合作、专注"的精神，积极引进外部资源参与雄安新区金融科技建设，推动建立金融科技城市联盟，积极向金融科技发展水平较高的城市学习，形成可复制、可推广的经验，并立足雄安实际，将优秀城市的发展经验因地制宜转化为雄安方案；推动建立金融科技园区联盟和企业联盟，加强国内外优质金融科技园区和企业的联系，形成促进交流、信息共享、行业合作的国际化平台；推动建立金融科技高校联盟，打造全国乃至全球精品型金融科技智库样板，引导联盟内高校和科研机构进行广泛的合作研究与成果交流；建立城市、园区、企业、高校各联盟具体运行机制，加强组织保障，定期开展合作与交流，并推动交流成果的运用和相关合作的落地见效。

二是完善统计，明晰自身发展现状。建立健全雄安新区社会经济发展统计，进一步完善数据口径和标准，建立以雄安新区及其各行政单位为统一口径的数据监测与统计体系，同时健全雄安新区社会经济发展信息统计和数据公开流程，为相关政策规划的制定、实施和修订提供数据支持；探索建立科学合理、体系完备的金融及金融科技产业统计监测体系，力争建立金融科技统计的"雄安标准"；进一步完善传统金融和绿色金融信贷数据和授信企业信息统计，规范绿色信贷的银行内部标识和数据报送流程，健全绿色债券、绿色股票、绿色保险、绿色基金等的信息统计和数据公开流程。

三是出台规划，专项发展金融科技。在充分借鉴其他城市金融科技发展思路、厘清自身金融科技（及社会经济）的发展现状后，应结合《河北雄安新区规划纲要》、《河北雄安新区总体规划（2018—2035年）》等文件精神和基础要求，尽快制定和发布《河北雄安新区金融科技发展（专项）规划》，完善雄安新区金融科技发展顶层设计。专项规划应进一步明确雄安要大力发展金融科技的总基调，坚定以市场（用户）为出发点、以技术为支撑点、以规则为保障点，对照雄安新区开发建设时序，规划雄安新区金融科技发展的建设目标和具体实现路径，对金融科技的重点产业、基础布局、保障政策等形成指导。

（二）明确优先发展重点

一是金融科技，夯实产业发展基础。在金融科技产业方面，坚持"引进来"与"扶成长"相结合，大力并分级支持现有已入驻的金融科技企业、金融科技项目，并营造优质营商环境和鼓励创新、包容失败的金融科技创业创新氛围，积极推进各类金融科技创业创新平台建设，持续吸纳国内外优秀金融科技企业入驻。在金融产业方面，持续引进国内外优质商业银行、证券公司、保险公司、基金公司等在新区设立分支机构，特别是吸引在京民营金融企业到雄安新区发展，并大力推进金融机构数字化、科技化转型，支持金融机构在雄安组建金融科技事业部或独立子公司。在科技产业方面，保持并不断提升对符合准入标准的国内外科技企业的吸引力度，重点吸引创新型、高成长性科技企业转移入区；着重强调大数据、云计算、区块链、人工智能、物联网、5G等基础技术的研发和应用，在促进金融科技产业发展的同时，也为新区数字基础设施建设保驾护航。

二是争取试点，强化监管科技应用。一方面，立足雄安新区创新发展示范区的定位、相对宽容并鼓励创新的金融科技相关政策、处于京津冀核心地带的地理位置等优势，争取监管沙箱试点，吸引全国金融科技创新企业在新区大展宏图，专注研发最具创新活力的前沿金融科技产品、应用和技术。同时，紧抓与英方共同建设雄安金融科技城的宝贵机遇，加强监管沙箱实践经验学习。另一方面，探索监管科技，利用金融科技手段优化监管和监察等业务，打造信息化、数字化、智能化的创新监管平台，并鼓励区内优质对口企业积极参与监管科技研发项目，提升监管平台研发效率。

三是智慧城市，完善数字基础设施。牢牢把握雄安智慧城市定位，确保数字基础设施建设先行。在技术层面，立足新区作为全国首个城区5G网络全域覆盖城市的优势，持续构建完善"区域+本地+边缘"三层架构，密切注意网络连接质量，进一步提升网络使用体验。在应用层面，不断探索专用无线网络在金融科技产业聚集区企业的应用，最大化提升产出效益，并重点推进智慧公共政务建设，加快搭建新区各政务部门的综合应用平台，提升社会治理效率。在数字基础设施层面，扎实推进金融科技资产交易所、个人及企业征信系统等体系构建，夯实金融科技发展基础。

四是绿色金融，金融科技赋能生态。在传统融资方面，借信用社改制的契机，将部分信用社发展为以绿色金融为特色的银行。在直接融资方面，鼓励符合条件的新区企业发行绿色债券以拓宽融资渠道，在污染治理、生态保护和修复、环境基础设施、绿色建筑、绿色交通、海绵城市、园林绿化、资源循环利用等方面进行针对性（专项）绿色债券发行设计，为加快新区绿色低碳发展提供资金保障。在保险方面，发展新区绿色保险市场，以市场化手段应对环境污染事故风险，增强企业应对突发环境事故的能力。除此之外，积极引进外部金融资源参与雄安新区绿色金融建设，如吸引在绿色投融资领域有特长的国内外金融机构在新区设立分支机构，为绿色企业和央企总部提供专业化绿色金融服务，推动新区绿色金融业务增长；与国内外优秀的高校、研究机构、智库开展合作，共同规划雄安绿色金融布局和长效发展机制。

五是创新合作，建立多层融资体系。在传统间接融资方面，吸引更多股份制银行入驻，并引导银行发挥各自独特优势进行差异化发展，有效满足不同企业的多样化融资需求。在直接融资方面，加快引入各类创投风投、私募基金等投资机构入驻新区，同时探索如设立SPV等创新融资模式，为不同发展阶段企业提供差异化资金支持。在金融科技资产交易方面，加快建设雄安金融产品交易中心，鼓励金融机构在金融科技资产证券化方面多做探索与创新，不断完善具有雄安特色的金融科技资产交易体系。

（三）完善配套保障措施

一是注重科研，加强政产学研联动。首先，积极与国内外金融科技研究领先的高校、研究机构、智库等展开合作，深入调研雄安经济金融基础与科技发展目标，在充分理解雄安金融科技禀赋的基础上，结合各优秀科研院所的研究成果，明晰金融科技业务边界，发布雄安金融科技重点产业及详细目录，实现对雄安金融科技发展的统筹布局与规划。其次，大力支持和引导雄安大学及其他入驻雄安新区的高等院校、科研机构加强对金融科技基础理论、商业模式、监管制度等的研究和创新，定期发布《雄安金融科技创新指数》、《雄安金融科技发展年度报告》等专项研究成果，为新一期发展规划、落地措施提供参考，同时加强雄安金融科技品牌在全国乃至世界的影响力。最后，联合名企、名校、强院，打造政府指导、市场运作、多方参与的政产学研一体化平台，开展金融科技创新与人才培养研究基地建设。

二是吸引人才，给予多种优惠政策。一方面，尽快出台更加贴近金融科技人才特点的人才引进政策，设定"学历+技术"金融科技人才引进评价基本标准，建立学历型人才、技术人才、创新人才、紧缺人才、青年创业人才等多元化的引进方案。另一方面，鼓励高校、科研院所和企业采取项目合作、技术咨询等方式柔性吸引金融科技人才了解雄安、入驻雄安；开展各类人才需求宣讲，启动雄安金融科技全球人才计划、实习生计划、志愿者计划，面向全球招募人才、实习生、志愿者，并给予相应的优质平台培训、工作经费与生活补助，给予金融科技人才在雄安充分发展与成长的空间。

三是培育创新，完善梯度孵化链条。在《国家数字经济创新发展试验区实施方案》的指引下，积极发挥数字经济创新发展试验区的政策优势，建设金融科技国家级创新示范平台、技术协同创新平台、孵化器、加速器等，全方位培育和聚集金融科技底层技术产业、金融科技应用产业、金融科技安全产业等，打造面向市场化的雄安金融科技创业孵化基地，为企业提供顾问咨询、资源对接、技术研发指导、金融服务、成果交易、知识产权申请等一系列专业化服务。

四是加快基建，创建宜居生活环境。一方面，结合雄安生态环境工程，优化金融科技办公环境，提前规划便利的交通设施、生活配套设施，包括餐厅、商务洽谈空间、便捷超市、酒店、社区医院、政府办事大厅等，做到"办事不出集聚区"。另一方面，完善金融科技人才引进住房、子女教育、医疗养老等配套措施，为特殊金融科技人才打开"绿色通道"，消除优质人才的后顾之忧。

五是重视考核，保证政策落地效果。一方面，建立雄安金融科技发展协调领导小组，负责金融科技发展的规划统筹、任务落实、政策制定、组织协调等工作，高效推进雄安金融科技产业的发展。另一方面，制定推进金融科技发展工作方案和实施细则，完善金融科技发展考核评价机制，加大工作考核力度，强化考核结果应用，定期分析研究全区金融科技发展情况，组织开展年度实施情况检查与绩效评估。

（四）建立雄安特色品牌

一是打造品牌，讲好金融科技故事。尽快在中国雄安官网上线"雄安金融科技"双语版块，直观展示雄安金融科技的宣传口号、品牌标志、要点新闻、重大进展、核心项目、研究成果等内容，讲好"雄安故事"，并做到"雄安故事，全球收听"。充分发挥大会、会展、比赛在促进交流、增强影响、筛选项目、助力旅游等方面的积极作用，着力主办和承接"雄安金融科技峰会"、"金融科技创客大赛"等一批具有世界重要影响的高端会议，并开设产品发布会、推广会等环节内容，促进全球科技企业、项目、人才的高质量交流，快速提高雄安金融科技品牌影响力。与人民日报社、新华社等中国媒体和金融时报等国际媒体合作，加强国内外媒体在雄安金融科技品牌建设上的宣传效应；通过国内外网络自媒体如微博、微信、Facebook、Twitter等全方位地展现更多金融科技的发展细节。

二是建设展馆，推动宣传普惠共进。由雄安新区政府牵头建立全球首个金融科技博物馆——雄安金融科技博物馆，引入各高校研究机构、阿里巴巴（蚂蚁集团）等为代表的机构或企业，作为理事单位参与指导建设，打造具有多方互动属性的金融科技发展平台。一方面，博物馆可打造成为金融科技文化国际交流平台，以全球一览区、历史发展区、智能体验区为主线，细数金融科技历史、展现金融科技现状、畅想金融科技未来，让全球民众在雄安感受最完整的金融科技成果。另一方面，博物馆可作为全国乃至全球的金融消费者知识教育基地、中小学生夏令营及社会实践基地，通过定期举办金融教育讲座、开设金融培训中心等向民众普及金融科技知识。

数字人民币对雄安新区建设和发展的影响

课题负责人 --

杨小虎　浙江大学互联网金融研究院副院长、教授

　　　　　浙江大学雄安发展中心金融科技实验室主任

课题组成员 --

刘谆谆　浙江大学管理学院博士研究生

程冠杰　浙江大学计算机科学与技术学院博士研究生

施璐吉　中国人民大学财政金融学院硕士研究生

张沁楠　中央财经大学信息学院博士研究生

黄　越　马里兰大学巴尔的摩郡分校信息系统学院博士研究生

梁浩天　匹兹堡大学 KATZ 商学院硕士研究生

叶舒元　浙江大学经济学院本科生

常　青　浙江大学互联网金融研究院院长助理

一、数字货币发展现状

伴随着数字经济时代的到来，货币形态再次面临革命性变化，数字货币的发展成为世界趋势。早在20世纪90年代，有学者指出网络空间中的经济往来需要不同于纸质票据的新型支付手段。21世纪以来，在金融科技浪潮的推动下，数字货币进一步发展演变。作为金融科技的代表性技术，区块链技术和比特币使得数字货币在世界范围的广泛流通成为可能。

2008年，密码学极客中本聪公开了比特币白皮书，将它定义为一种去中心化的点对点电子支付手段。比特币引发了世界范围内的广泛追捧，市值已超过3000亿美元。比特币诞生后市场上相继推出了各种机制不同的代币，如以太币、瑞波币、莱特币等。由于这些"币"使用了密码学算法，因而被统称为加密货币（Cryptocurrency）。

2019年6月，Facebook公布了Libra项目的白皮书，意图打造一种无国界、非主权、价值稳定的加密货币。Libra储备100%挂钩一篮子银行存款和短期国债，具有稳定性、低通货膨胀率、全球普遍接受和可互换优势。Libra的特性有利于改变金融资源极度不平等的现状，实现更为广泛和低成本的普惠金融，因而该消息一经公布就引发了各国中央银行和金融监管机构的强烈反响。

近几年来，各国中央银行法定数字货币的研发已形成竞争性研究趋势。英国于2016年率先提出由央行调控的RSCoin数字货币框架。2016年1月20日，中国人民银行召开研讨会，宣布已经启动央行发行的数字人民币的研究。2020年4月14日，中国农业银行对数字人民币钱包进行内部测试，内侧版本只针对白名单用户开放，开放地区为深圳、雄安、成都、苏州。2020年8月14日，数字人民币在京津冀、长三角、粤港澳大湾区及中西部具备条件的地区开展试点。

（一）数字货币相关概念

虽然数字货币概念出现很早，但其含义经历了一个嬗变发展的过程。从供给侧看，网络、移动通信、密码算法及各种新型技术的成熟为数字货币提供了环境条件与支撑；从需求侧看，数字化时代需要支持数字经济高效交易的硬通货。然而，信息技术在推动货币形态演变的同时，也造成了货币概念上的诸多歧义，容易引起误解，概念层的不统一易造成逻辑层与实践层的混乱。

1.数字货币

数字货币（digital currency）是以数字形式存在并基于网络记录价值归属和实现价值转移的货币。国际货币基金组织（IMF）称之为"价值的数字表达"。数字货币的概念范畴十分宽泛，几乎可以涵盖目前现有的各类电子货币、加密货币和法定数字货币。2018年，国际清算银行（BIS）下属支付及市场基础设施委员会（CPMI）提出了一个"货币之花"的概念模型（见图1），从四个方面对数字货币进行分类与定义：发行人（中央银行或非中央银行）、货币形态（数字或实物）、可获取性（广泛或受限）及实现技术（基于账户或基于代币）。

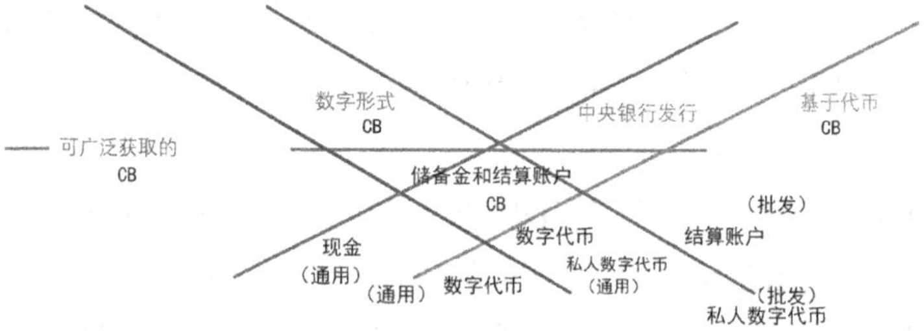

注：CB代表中央银行。

图1　BIS"货币之花"

资料来源：BISa。

2.电子货币

随着电子技术和信息技术的发展，商业交易中出现了不依赖于纸币或纸质票据的支付方式。这类基于法定货币计价、通过电子方式进行处理的支付方式被称为电子支付或电子货币，主要包括刷卡支付、预付卡、第三方支付等方式。电子货币是现有法定货币的电子化。电子货币本质上是现有法币的信息化过程，电子货币可以代表货币流通体系里的M2，包括银行卡、网银、电子现金等，以及近年发展起来的第三方支付，如支付宝、财付通、微信等，电子货币在一定程度上增加了货币的流动性。

3.加密货币

加密货币一般特指以密码学技术特征结构为基础的富含多种隐藏信息的加密字符串，也被称为非法定数字货币。传统意义上的加密货币是由私人机构基于虚拟账户发行的，现其常指基于区块链发行的私人加密货币。加密货币不由任何单独的中心化机构发行，理论上它不会受到政府部门干涉和管控的影响，可以看作去中心化的虚拟货币。目前币圈中常见的比特币、以太坊、莱特币和EOS等币种都是加密货币，多属于"货币之花"的私人数字代币（通用）区域，批发模式的加密货币较少见。

4.法定数字货币

法定数字货币（CBDC）是法定货币的数字化形式，是基于国家信用且一般由一国央行直接发行的数字货币，通常被称为央行数字货币、央行加密货币、央行电子现金等。BIS在关于CBDC的报告中，将CBDC定义为中央银行货币的数字形式。需要注意的是，CBDC不一定基于区块链发行，也可以基于传统中央银行集中式账户体系发行。

在BIS"货币之花"中，CBDC是"花蕊"（对应深灰阴影区域），是一种数字化的货币形态，其发行人是中央银行。其实现形式可以是基于账户的CBDC，也可以是基于价值（value）或基于代币（token）的CBDC。根据应用场景不同，CBDC又可分别服务于批发端和零售端。前者应用于银行间支付清算、金融交易结算等，后者流通于社会公众。综上，CBDC共有三种类型：CB结算账户（通用）、CB数字代币（通用）与CB数字代币（批发模式）。当前，中国人民银行将正在研发的CBDC界定为M0，因此应对应"货币之花"中的CB结算账户（通用）和CB数字代币（通用）两块区域。

现阶段的CBDC设计注重替代M0（包括纸钞和硬币），而不针对M1、M2。原因之一是M1、M2现在已经实现了基于商业银行账户体系的电子化、数字化，没有对数字货币进行数字化的必要。另外，支持M1和M2流转的银行间支付清算系统、商业银行行内系统以及非银行支付机构的各类网络支付手段等日益高效，能够满足我国经济发展的需要。所以，用CBDC再做一次M1、M2的替代，无助于提高支付效率，且会对现有的系统和资源造成巨大浪费。

（二）数字货币与支付技术

随着通信技术的跨越进步，数字经济迅速发展。电子商务的出现与发展，催生了对数字化支付手段的需求。CBDC发源于电子支付和加密货币，是数字化支付手段的最新阶段。

1.数字货币与移动支付

移动支付以其快捷便利的应用特点，迅速成为我国支付领域的重要组成部分。支付宝、微信支付等电子支付工具都与银行账户关联,是法币的一种数字化使用方式。我国的电子支付体系发展十分迅速,现今规模已经十分庞大。中国互联网络信息中心(CNNIC)发布的第47次《中国互联网络发展状况统计报告》显示,截至2020年12月,我国网络支付用户规模达到8.54亿,占网民总体的86.4%;手机网络支付用户规模达到8.53亿,较2020年3月增长8744万,占手机网民总体的86.5%。然而,移动支付所面临的复杂支付环境在客观上给移动支付的安全性带来了巨大挑战。

数字货币和移动支付技术的出现助推各国央行提出CBDC战略。移动支付技术的不断发展不仅促进了加密货币的不断演进,也为中央银行建立更大规模的清算结算系统以及发行CBDC提供了更为广阔的前景。

2.数字货币与区块链技术

加密货币使用区块链技术进行分布式记账。具体而言,区块链是指一个分布式的数据库,维护一条持续增长的数据记录列表构成的链,链上的一个独立数据集合被称为区块,每个区块上都包含了数据、时间戳、关联到上一个区块的信息以及相应的可执行代码。

区块链为加密货币提供了一种可信、可靠、透明的底层技术机制。借助区块链,加密货币能够在不借助中心机构的情形下建立起参与者对账本的信任,区块链的链式结构保证了账本中的数据极其难以被篡改。区块链的技术可信程度受到了公众的广泛认可,因而加密货币大为流行。同时,区块链还能隐匿参与者的身份,每个节点均为匿名,在保护参与者隐私的同时也带来了许多风险。

(三)数字货币运行现状

1.非法定数字货币

目前,关于数字货币应用,形成了法定数字货币和非法定数字货币两大类别。现有关于货币的定义以及世界各国央行关于数字货币的研究成果,将非法定数字货币定义为由个人或者机构依法发行,不具备完全的货币属性,但属于信用货币范畴,专指以比特币为代表的采取区块链等创新技术形成的虚拟资产。

(1)比特币

比特币在非法定数字货币中占据主导地位,据Coin Market Cap网站的信息,截至2020年8月24日,非法定数字货币已有6547种,其中比特币市值占比超过一半，成为非法定数字货币的最主要代表之一。比特币自2008年被中本聪提出以来，目前已经稳步发展了十多年。2009年正式诞生"创世区块"；2010年首次实现比特币支付，标志着比特币由名义货币向实物货币转变。截至2020年11月28日，比特币已发行1855.65万枚，总市值超过3000亿美元，在数字货币市场占有率达到62.1%。

（2）Libra

Libra的愿景是建立一个为数十亿人服务的金融基础设施。Libra1.0白皮书公开后，政府部门的第一反应是担忧Libra1.0对货币主权构成挑战。Libra1.0与特别提款权类似，可视为超主权货币，理论上具备支付工具、计价尺度、价值储藏等各项货币功能。Libra 2.0弱化了Libra的价值储藏功能，持有者同样不能得到回报，不仅包括普通用户，还包括初期投资者。由于功能弱化，Libra 2.0"蜕化"成了简单的支付工具，呼应白皮书开篇的"全球支付系统"定位。

2.法定数字货币

（1）中国法定数字货币

数字货币的出现被视为货币形态的又一次重大革命，有望成为数字经济时代的主流通货和重要金融基础设施。目前，中国人民银行（以下简称央行）正在推动发行法定数字货币（即央行数字货币，也称数字人民币），已完成原型系统的开发和功能测试，正在进行多个城市落地试点。DC/EP于2020年4月15日宣布正式实行"4+1"模式内测，即在苏州、雄安、成都、深圳及未来冬奥场景进行内部封闭测试。2020年4月，数字人民币率先在深圳、成都、苏州、雄安开启内部测试。8月，商务部《全面深化服务贸易创新发展试点总体方案》以四个试点城市为中心向外拓展成对应的四个区域，分别是粤港澳大湾区、中西部、长三角和京津冀，共28个省市（见表1）。

表1 央行数字货币推广试点市（区）

区域	城市（区）
京津冀	北京、天津、石家庄、河北雄安新区
长三角	上海、南京、杭州、合肥、苏州
粤港澳大湾区	深圳、广州
中西部	重庆（涪陵区等21个市辖区）、武汉、成都、贵阳、昆明、西安、乌鲁木齐、贵州贵安新区、陕西西咸新区
其他地区	海南、大连、厦门、青岛、长春、哈尔滨、济南、威海

（2）其他国家法定数字货币

其他国家也正积极探索央行法定数字货币。英格兰银行和伦敦大学正在合作推出英国中央银行加密货币——RSCoin，其设计目标是站在中央银行的视角，实现一种受中央银行控制的、可扩展的数字货币，为中央银行发行数字货币提供一套发行流通的参考框架和系列准则。2020年10月12日，欧洲中央银行启动针对数字欧元的公共咨询，旨在广泛听取公众对数字欧元项目的意见。2020年3月美国推出2.2万亿经济刺激法案时，其初稿推出了数字美元计划，虽然最终稿做了删除，但其数字美元战略意图昭然若揭，似已有较为成形的方案。

数字化使货币竞争正在发生格局性变化，CBDC成为竞争的新焦点，一场围绕主权数字货币的博弈正全面展开。这将从更深层次上推动货币体系变革，重构货币竞争格局，重塑金融生态。

二、数字人民币发展分析

2014年，中国人民银行在时任行长周小川的倡导下开始成立专门研究团队，对数字货币发行和业务运行框架、数字货币的关键技术、发行流通环境、面临的法律问题等进行了深入研究。2017年7月，央行数字货币研究所正式挂牌。2019年8月，福布斯报道称，首批获得央行数字货币的机构包括阿里巴巴、腾讯、中国工商银行、中国建设银行、中国银行、中国农业银行和中国银联7家机构。2020年4月22日，央行数字货币在农业银行、中国银行的客户端试运行。同期，苏州相城区利用央行数字货币将50%的交通补贴向苏州相城区机关、事业单位及直属单位的员工发放。2020年5月，央行行长易纲在两会期间接受《金融时报》等记者采访，首次明确央行数字货币DC/EP项目正在深圳、苏州等地进行内测试点，并明确"先行在深圳、苏州、雄安、成都等地及未来的冬奥会场景进行内部封闭试点测试"。2020年8月14日，商务部网站刊发有关通知，通知在京津冀、长三角、粤港澳大湾区及中西部具备条件的试点地区开展数字人民币试点，将北京、天津、上海等28个城市和地区纳入新增试点范围。

（一）数字人民币运行框架

央行数字货币采用"双层运营体系"，上层是央行对应商业银行,下层是商业银行对应公众。央行按照100%的准备金机制将央行数字货币兑换给商业银行，再由商业银行或商业机构将数字货币兑换给公众。在"双层运营体系"下，央行负责数字货币的发行与验证监测，商业银行从央行申请到数字货币后，直接面向社会，负责提供数字货币流通服务与应用生态体系构建服务。

央行数字货币的运行包含三层架构[①]：第1层参与主体包括中央银行和商业银行，涉及央行数字货币的发行、回笼及在商业银行之间的转移，原型系统一期完成从中央银行到商业银行的闭环，即通过发行和回笼，央行数字货币在中央银行的发行库和商业银行的银行库之间转移，整个社会的央行数字货币总量发生增加或减少的变化，并在机制上保证中央银行货币发行总量不变；第2层是商业银行到个人或企业用户的央行数字货币存取，央行数字货币在商业银行库和个人或企业的数字货币钱包之间转移；第3层是个人或企业用户之间的央行数字货币流通，央行数字货币在个人或企业的数字货币钱包之间转移（见图2）。

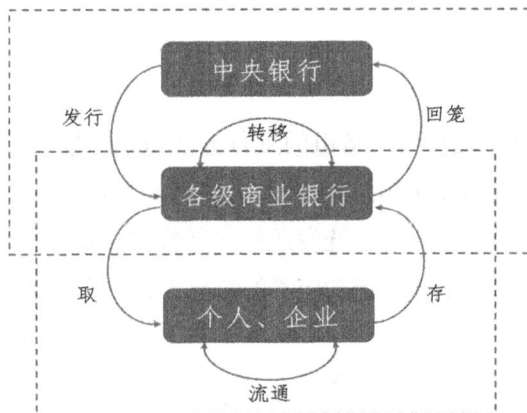

图2 央行数字货币运行体系

在运行管理方式上，无论是从保证央行在央行数字货币投放过程中的绝对中心地位，强化央行数字货币是中央银行对社会公众负债的角度，还是强化央行的宏观审慎和货币调控职能，或者保持原有的货币政策传导方式，均需坚持央行数字货币的"中心化管理模式"。这点与比特币等加密数字货币存在明显差异。

---

① 庞宇雄.深度区块链：用技术重构世界[M].北京：北京大学出版社，2020.

（二）数字人民币运行机制

根据数字货币研究所的专利信息，数字货币系统包括中央银行数字货币系统、商业银行数字货币系统以及认证系统（见图3）。其中，中央银行数字货币系统用于产生和发行数字货币以及对数字货币进行权属登记；商业银行数字货币系统用于针对数字货币执行银行功能；认证系统用于对中央银行数字货币系统和数字货币用户所使用的终端设备之间的交互提供认证，以及对中央银行数字货币系统和商业银行数字货币系统之间的交互提供认证。

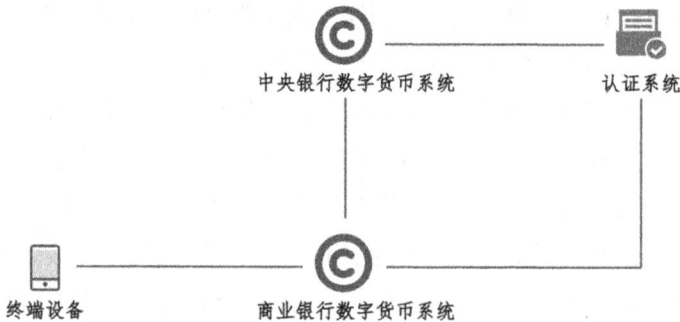

图3　央行数字货币系统架构

1.数字人民币的发行

根据专利信息，央行数字货币的发行方式包括：接收申请方发送的数字货币发行请求；对数字人民币的发行请求进行业务核查，在核查通过的情况下，向央行会计核算数据集中系统发送扣减存款准备金的请求；在接收到会计核算数据集中系统发送的扣款成功应答的情况下，生产数字货币；将数字货币发送至申请方（见图4）。

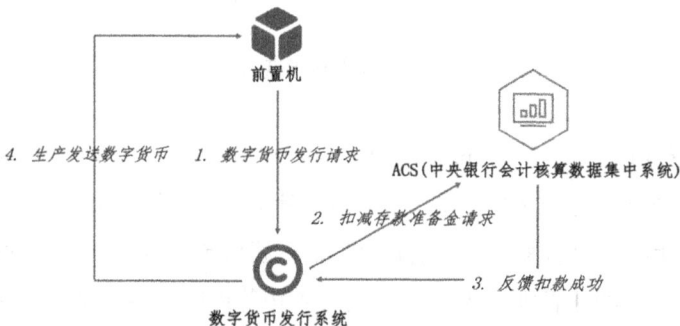

图4　央行数字货币发行机制

2.数字人民币的流通

据数字货币研究所的专利设计,央行数字货币的流通方法既能满足实际货币流通的要求,也能提高数字货币流通的处理效率。其方法具体为:付款端依据付款金额和预定义的匹配策略从付款端的数字货币保管箱中选择数字货币字串,然后组成支付来源数字货币字串集,再将该支付来源数字货币字串集发送给管理端(数字货币字串具有金额字段和所有者标识字段,付款端的数字货币保管箱中存放有一个或多个所有者标识为付款端的数字货币字串);管理端将支付来源数字货币字串集中的数字货币字串登记为作废状态,然后根据付款金额生成支付去向数字货币字串,同时将支付去向数字货币字串发送给收款端,支付去向数字货币字串的金额为付款金额,所有者标识为收款端(见图5)。

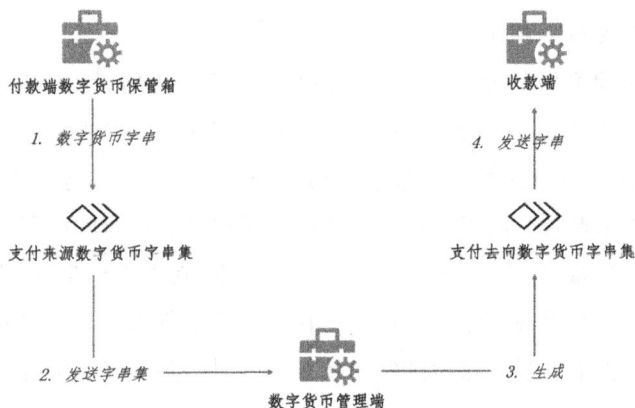

图5　央行数字货币流通体系

数字货币研究所也为央行数字货币设计了一种定向流通和使用的方法,通过设置用途规则,只有经过验证满足用途规则的数字货币转移才会发生。具体实施步骤包括:数字货币系统保存预定义的用途规则;在收到来自付款方的数字货币和付款指令后,激活对用途规则的监控,将数字货币变更为所有者标识为付款指令指定的用款方的带有用途规则或受用途规则控制的数字货币,将该数字货币发送至用款方;在收到用款方发来的包括付款用途和收款方信息的付款请求以及带有用途规则或受用途规则控制的数字货币后,确认付款用途满足用途规则,将数字货币变更为所有者标识为收款方信息指定的收款方的不带用途规则且不受用途规则控制的数字货币,将该数字货币发送至收款方(见图6)。

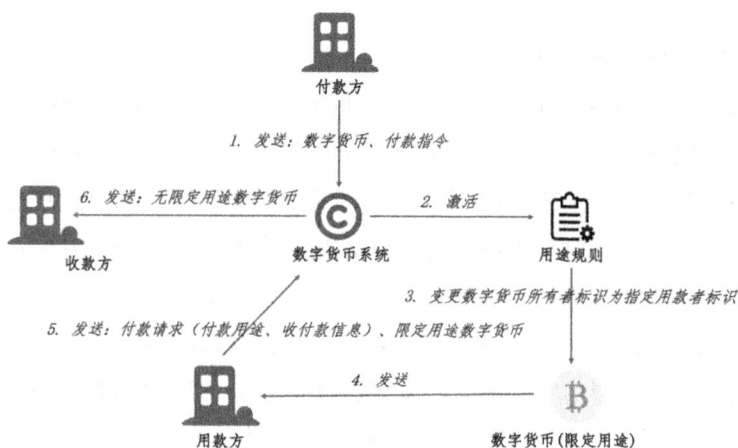

图6　央行数字货币定向流通和使用体系

3.数字人民币的管理

数字货币研究所的专利介绍了四种基于一定条件触发的管理方法和系统：基于经济状态条件、基于贷款利率条件、基于流向主体条件和基于时点条件。

基于经济状态条件触发的数字货币管理方法和系统能够根据回收时点的经济信息逆周期调整金融机构对数字货币发行单位的资金归还利率，从而减少金融机构风险特征及其贷款行为的顺周期性，避免"流动性陷阱"，实现经济的逆周期调控。其具体实施方式包括：在回收数字货币时，获取回收时点的经济信息；当经济信息满足预设的经济状态条件时，基于经济信息调整数字货币的归还利率；依据调整后的归还利率回收数字货币（见图7）。

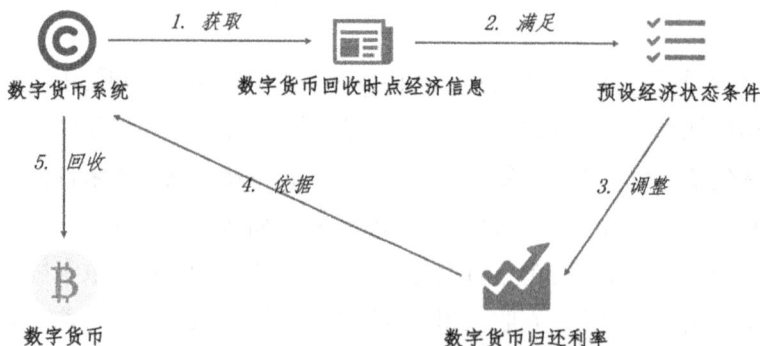

图7　基于经济状态条件触发的数字货币管理系统

基于贷款利率条件触发的数字货币管理方法和系统能够使基准利率实时有效传导至贷款利率。其具体实施方式包括：向金融机构发行数字货币，并将数字货币的状态信息设置为未生效状态；接收金融机构发送的数字货币生效请求，获取生效请求对应的贷款利率；当贷款利率符合预设的贷款利率条件时，将数字货币的状态信息设置为生效状态（见图8）。

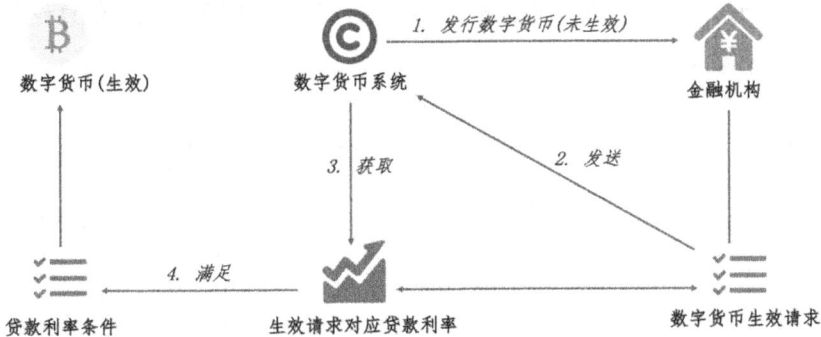

图8 基于贷款利率条件触发的数字货币管理系统

基于流向主体条件触发的数字货币管理方法和系统能够精准定性数字货币投放，实施结构性货币政策，减少货币空转，提高金融服务实体经济能力。其具体实施方式包括：向金融机构发行数字货币，并将数字货币的状态信息设置为未生效状态；接收金融机构发送的数字货币生效请求，获取生效请求对应的流向主体；当流向主体符合预设的流向主体条件时，将数字货币的状态信息设置为生效状态（见图9）。

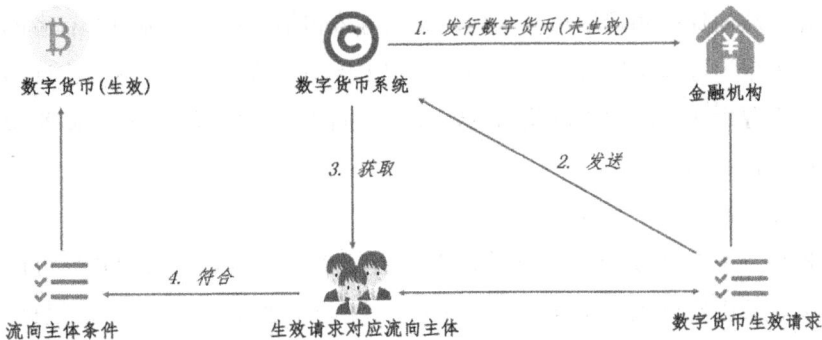

图9 基于流向主体条件触发的数字货币管理系统

基于时点条件触发的数字货币管理方法和系统能够有效解决现有货币政策操作的当下问题，使货币生效的时点不局限于货币发行的当下，而是延展到未来符合政策目标的某一时点，避免货币空转，减少货币政策传导时滞。其具体实施方式包括：向金融机构发行数字货币，并将数字货币的状态信息设置为未生效状态；接收金融机构发送的数字货币生效请求，获取生效请求对应的时点信息；当时点信息满足预设的时点条件时，将数字货币的状态信息设置为生效状态（见图10）。

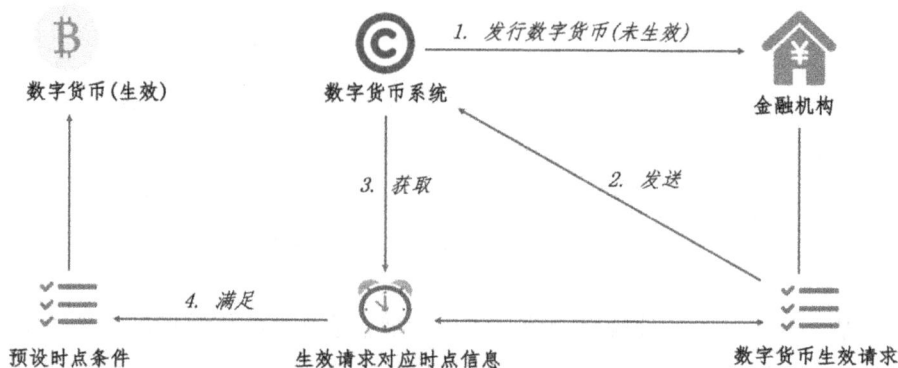

图10　基于时点条件触发的数字货币管理系统

根据数字货币研究所的专利设计，数字货币的管理还包括对数字货币的追踪，其数字货币追踪方法和系统能够解决资金付款方跨主体、层层追踪资金流向的问题，并且支持货币流向的定制追踪，在发起方管理范围内进行资金流向追踪，从而保护用户隐私。其具体实施方式包括：接收来源币所有者的追踪请求；根据追踪请求向交易过程中产生的去向币设置追踪，并保存去向币；在接收到来源币所有者的查询请求的情况下，向来源币所有者返回反映来源币后续交易过程的追踪链条。

4.数字人民币的回笼

根据数字货币研究所的设计，央行数字货币的回笼方法和系统可以优化升级法定货币发行流通体系，提高货币回笼的安全性、时效性，降低货币回笼中耗费的成本。

数字货币的回笼方法包括：接收申请方发送的数字货币回笼请求；对数字货币回笼请求进行业务核查，在核查通过的情况下，向会计核算数据集中系统发送增加存款准备金请求；在接收到会计核算数据集中系统发送的增加存款准备金成功应答的情况下，将数字货币回笼应答发送至申请方（见图11）。

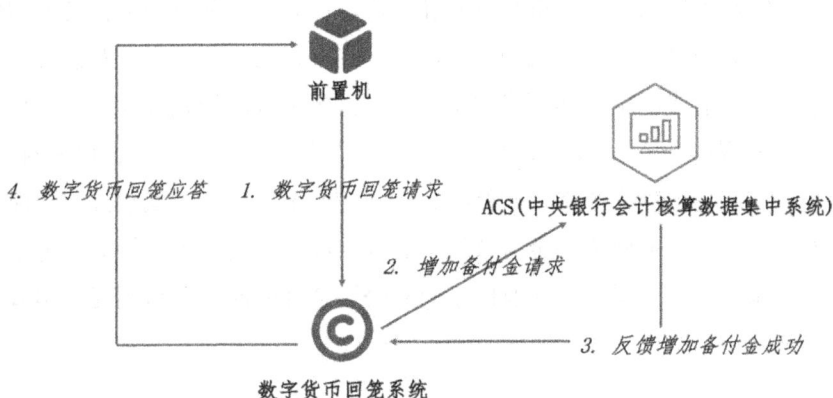

图11　央行数字货币的回笼机制

（三）数字人民币发行影响

1.对用户使用的影响

随着个人安全意识和隐私保护意识的提升，普通用户存在一定的匿名支付和匿名交易的需求，但是现有的支付工具，无论是移动支付还是银行卡支付，都无法摆脱银行账户体系，满足不了用户匿名性的需求。并且，在保障个人隐私保护需求的同时稳定社会安全秩序同样重要，因此在遇到违法犯罪问题时需要保留必要的核查手段。央行赋予了央行数字货币高效实时的监测机制，实现了在保护用户隐私的同时对社会安全秩序的有效维护。

然而，如何培养普通用户的使用习惯、满足用户的体验，对于央行数字货币是巨大挑战。央行数字货币涉及数字钱包的相关使用操作，提高了普通用户的使用门槛。在央行数字货币推出后，在与现行第三方支付方式并行的情形下，如果缺乏有效的宣传、合理的运营模式以及配套设施，普通用户将难以自发转变日常生活中的支付习惯。

2.对国家治理的影响

数字货币的法偿性、可追溯特征强化了国家的治理能力。[1]每个企业和个体都和国家行政部门有着千丝万缕的关系，比如纳税、缴纳社保、发放贷款及

---

[1]　高彩霞.DCEP发行的意义与影响[EB/OL].（2020-04-28）[2020-12-30].http://www.iii.tsinghua.edu.cn.

工资、精准扶贫等。一方面，在涉及相关国家行政职能管理的范围内，很可能会通过法定数字货币的形式进行发放和推广。比如，公务员和国企员工的合法收入，如果有偷税漏税或者大额异常消费，在央行的大数据中会有预警。与传统的事后监管造成的损失不可挽回不同，央行数字货币的先进性之一就是能够提前预警并提前介入并制止犯罪行为。另一方面，针对小微企业和贫困家庭，可以精准实施特定利率或者发放补贴，以防止资金空转、善款被挪用的现象产生。通过精准的财务政策和金融政策，恩威并施，鼓励行善，将对经济违法犯罪和贪污腐败形成威慑，从而有助于建立公平合理的商业交易制度和塑造可信的社会风气。

三、DC/EP雄安新区应用分析

DC/EP技术框架和运行机制趋于成熟，宏观发行影响也逐渐明晰。雄安作为首批试点城市进入大众视野，逐渐成为DC/EP在零售等行业开展试点的排头兵，其发展背景值得思考和总结，其未来发展和更多应用场景同样让人拭目以待。本部分通过分析雄安新区新基建和金融发展现状，对DC/EP在雄安的发行优势进行分析和总结，并对未来DC/EP在雄安的落地场景展开畅想，为后续建设性政策建议的提出打下基础。

（一）雄安新区试点背景

1.DC/EP推广稳中求进

DC/EP自2020年4月15日宣布正式实行"4+1"模式内测以来，各试点区域稳步推行，试点工作加速进展，下半年更是一改"封测为主"的策略，准备开始新一轮"涉及地区广泛、囊括场景复杂"的突破性试验。目前雄安公开信息仅披露零售应用的相关信息，即为推行DC/EP零售应用方案积极寻找各领域合作企业，以探索"雄安新零售"之路。

2.雄安新区试点的优势

雄安定位为二类大城市，地处北京、天津、保定腹地，经济产业以加工、贸易物流、旅游为主，肩负"疏解北京非首都功能，探索人口经济密集地区优化开发新模式"职能。其"试验田"属性能够吸引大量人才入驻、多种政策扶持，天然形成"保护罩"，为DC/EP试点提供理想环境。此外，新区的低成本将会吸引涵盖金融、互联网、科技等领域企业入驻，可以预见布局将围绕主要商业中心的各类零售商陆续落脚，为DC/EP在零售领域试点提供便利。

内外部风险并存下，政策扶持的雄安成为试验DC/EP的最佳选择之一。放眼世界，全球性数字货币遭遇多国政府打压；国内，疫情引起的经济下行预期下，央行工作重点或将向宏观对冲转移，预计DC/EP的重要程度下降。雄安新区作为试点城市，既能为DC/EP提供金融与科技资源，试点区域半封闭管理又能作为"试验沙箱"削弱推行DC/EP可能附带的不利因素，不影响国内总体经济的平稳运行。总的来看，雄安新区试点优势显著。

（二）雄安新区试点现状与优势

1.新基建提供技术保障

新型基础设施建设（以下简称新基建）自提出伊始经过多次迭代，逐步提升科技在定义中的深度和广度。雄安新基建以"一中心四平台"为核心，以"创新智能"为准线，多项目并行落地，走出属于雄安"未来之城"的新道路，也为雄安试点DC/EP方案打下了坚实的科技基础。互联网支付体系为DC/EP应用奠定较为扎实的基础，同步解决现有矛盾。移动支付与传统货币体系的矛盾集中于传统货币成本较高、流通较慢和移动支付造成的零售群体内部割裂等问题上。这些矛盾倒逼央行设计发行DC/EP以适应数字经济时代的发展需求，并弥合传统货币和电子支付之间的裂痕。一方面，作为M0的替代，DC/EP有国家主权信用背书，有效解决了互联网支付体系的"信用"难题。另一方面，背靠雄安新区强有力的"新基建"，DC/EP可以发挥电子支付传输快、成本低的优势，打造综合、高效的"新零售"体验基地。

区块链纳入新基建，为DC/EP提供技术支撑。自新区设立起，雄安已经实践了多个区块链应用，目前有益探索主要集中于工程项目资金管理、租房应用、财政资金管理等方面。2020年3月31日，雄安区块链实验室正式揭牌，标志着雄安新区区块链创新实践进入了组织化、规模化落地阶段。DC/EP的底层设计虽未决定是否包含区块链技术，但雄安新区区块链建设不断提速也确实为DC/EP采用去中心化即区块链模式增加了可能。

2.金融业发展潜力较大

雄安新区力图通过"政策调控带动、高科技产业支撑、新基建拓展加持"三位一体的发展模式打造符合、融合雄安当地特色的新型金融业态，反哺新区及周边地区。

（1）雄安金融业优势与成绩

各类金融机构纷纷入驻雄安，促进新区金融机构量增质升。新区设立后，各金融机构积极谋篇布局，全面提升雄安地区机构的种类、层次和数量。其中，工、农、中、建四大国有银行的雄安分行陆续挂牌，成为首批名称中直接加入"河北雄安"概念的银行业机构网点。非银金融机构也相继进驻。例如，中国人民养老保险有限责任公司完成了注册地从北京到雄安的转换，是首例总部型金融机构的"实质性搬迁"；国家开发投资公司基于符合雄安新区需求的业务框架，整合三大运营板块，积极推动新区各项建设。

雄安建设"金融岛"是护航入驻金融机构、吸引优质金融资源的另一积极尝试。预计"金融岛"将吸引央行等功能性机构和大批金融企业入驻，并将设立资本市场学院（雄安）、雄安银行、雄安股权交易所，开展股权众筹融资，建设雄安金融科技中心等机构。在吸引金融机构的同时确保各类支持性机构顺利落成和运行，共建可持续性的金融生态。

雄安新区存贷款增速的稳步提升也同样引人注目。至2018年末，新区各项贷款总量相较年初增加77亿元，其中47.4亿元投向雄安本地重点项目建设，29.6亿元投向雄安新区周边县市，体现雄安新区的中心辐射作用。至2019年3月末，雄安新区各项存款余额达922.1亿元，同比增长85.5%。此外，雄安新区社会融资增量也不断上升，至2018年累计为229.6亿元。其中，发行地政府专项债券为150亿元，占雄安新区社会融资规模增量的65.3%。雄安新区直接融资成本低，融资结构明显优于河北全省水平。

（2）雄安金融业潜力与机遇

雄安新区金融呈跳跃式增长，但整个河北地区金融服务实体经济的水平仍明显偏低，不利于开展对京津两地外迁企业的接收工作。此外，银行业固有的运营模式也会影响新区和河北省的发展，如何转换商业银行现有服务模式以协同科技企业的成长模式值得深思。未来，雄安金融发展的关键在于如何在金融服务、金融政策梯度等方面实现"先发展带动后发展"。

对于雄安乃至河北省存在的金融发展困局，DC/EP或许将成为激活整个地区的一剂良方。基于可追溯、国家背书、与M0无异等特性，DC/EP可以协助拓展许多新兴应用场景，帮助雄安新区提升金融实力的同时滋润河北地区金融业重获新生，同步解决商业银行与高科技企业之间"融资难"的问题。

3.新区政策扶持力度大

伴随中央"绿色金融"的政策推动，DC/EP试点应用将给雄安新区建设"一带一路"绿色金融核心带来"降本增效"新灵感。一方面，"非物理"形式的DC/EP可以显著减少货币制造、保管等环节的成本。另一方面，"点对点支付"能够为DC/EP提供可以忽略不计的流通成本。DC/EP没有折旧、不需要借由物理空间储存和调运，其在雄安的推行将会帮助提高地区商业银行的经营效率，同时也将极大促进"绿色金融"理念在新区的贯彻和落实。

雄安新区作为京津冀城市群的重要增长极，推行DC/EP将有助于加速抹平三地金融发展不协调，强化"金融信息共享"、"加强科技金融合作"等战略考量。DC/EP凭借其"一币、两库、三中心"的特点，既能唤醒以雄安为中心的整个河北地区的零售、金融等产业，又可以提前布局三城消费金融、政务金融的数据共享、处理、分析工作，为京津冀协同发展提供新思路、新工具，并极大提升区域内金融交流协商的效率。

（三）雄安新区DC/EP应用场景设想

自雄安公布开设DC/EP试点，社会各界便设想了众多应用场景，主要囊括了政府应用和商业应用两大类。此外，随着DC/EP在雄安落地的稳步前进，其未来更丰富多元的生态建设也越发可期。

1.政府应用

DC/EP推广之始，政府职能部门发挥了重要作用。在苏州，DC/EP率先在各级机关和企事业单位推广，协助改善现有行政系统弊端的同时提升工作效率。首先，政府公共服务部门以发放DC/EP代替部分银行工资，借由减少不同账户之间的资金划转来提升系统总体效率。其次，DC/EP可以帮助政府更好地开展金融监管工作。各级款项直接拨入指定的数字钱包，并在最终环节之前禁止取现，呈现出资金全流程可追溯的状态。再次，DC/EP可有效帮助管理支出报销凭证，在保证交易真实性的同时减少背书成本，提高行政办事效率。最后，借助DC/EP的可追溯特性，银行、投资机构经企业授权可以查询企业的真实经营、流水等信息，从而直接发放债权、股权融资，有利于解决当下中小企业融资难的问题。个人良好的缴纳记录，也将有利于个人信用的建设，从而获得更好的社会福利。

针对雄安大力开展基础设施建设、形成大量房屋拆迁等大额政府行政拨款压力的情况，DC/EP也可以提供较为优势的解决方案。其一，DC/EP的可编程性能够帮助央行实现对货币的精准追踪，有效避免传统逐级下发模式中政府专项补贴存在的落实不到位、擅自挪用等乱象。其二，DC/EP有效降低了因大额现金支付产生的高额现金管理和流通成本。通过去除中介特质，有效将成本降至最低，政府和收款方均有获益。其三，DC/EP也有效满足了"非接触"、"无现金"等行政拨款需求。尤其是在后疫情时代，针对雄安新区发展战略更关注绿色、安全等问题的趋势，DC/EP可以通过非传统纸币的形式，提供更安全、更有保障的选择。

2.商业应用

除了政府应用外，央行数字货币在商业场景中有三大应用方向：C端高频零售、B端企业级支付以及跨境支付。而从当前央行发布的消息以及市场相关信息来看，C端零售将会是最先以及最主要应用的方向。

C端零售支付或为DC/EP在雄安应用的第一个场景。2020年4月22日，雄安新区召开了DC/EP试点推介会。相比于较为成熟的电商环境，线下零售市场作为敲门砖具有更高的开放性和扩展性。DC/EP不仅能在技术上优化流程，而且可在清算过程中为收付双方减少成本，原有的支付成本或将降至十分之一。

除零售业外，"碰一碰+"也可以助力雄安各产业链上下游的合作，促进协调发展。基于目前"碰一碰+"安全、高效、应用场景丰富的特点，DC/EP的引入可以帮助实现跨越微信和支付宝等第三方支付渠道、开展支付终端之间互相交易的新场景。"可追溯"、"国家背书"等特性支持下，用户的付退款可以受到保护，更加"快速"、"便捷"的"碰一碰+"体验将使得"无接触购物"成为可能。DC/EP"碰一碰+"能够为任何环境下的协作和交易建立桥梁，促使新模式和新业态的产生。未来，"碰一碰+"还将在雄安新区的自动驾驶、医疗自动诊断、智能制造、智慧城市等众多领域大展身手。

3.未来设想

DC/EP与物联网擦出火花，实现万物互联。DC/EP通过在智能蜂窝模块中内置的物联网设备钱包，利用设备自动生成的唯一ID和交易签名，为设备身份认证和签名数据的存证及交易提供基础设施支撑。对于恶意"刷单"行为，设备异常行为将被识别而形成抵抗力。伴随多技术融合发展、物联网智能社会的到来，DC/EP跨平台、跨设备与传统产业进行整合，并创造出新的生态平台和系统。DC/EP作为最核心技术，在保护原始数据和个人隐私的条件下，为设备提供价值分配，实现设备互联互通的高效化和智能化，从而使得商业模式创新实践落地，促进社会整体效率提升。

上述有关零售支付、"碰一碰+"、公共事务款项等应用场景主要基于雄安试点现状进行发展。未来，新基建、金融等发展背景逐步完善，数据将成为生产要素，各类型资产成为数字资产，并融合包括物联网等新基建的多重技术和应用。雄安作为DC/EP"沙箱"将逐渐满足要素多元化的市场需求，发展成为以DC/EP为核心的新生态，即万物互联，乃至走出雄安，实现世界互联。

四、DC/EP赋予雄安新区的发展机遇及政策建议

（一）DC/EP赋予雄安新区的发展机遇

1.产业链新机遇

DC/EP的顺利发行及流通要求产业链上多个环节软件、硬件以及相关技术人员的支持，其推出必然会带动全产业链发展（见图12）。

具体而言，产业链的上游环节主要为数字货币系统，包括芯片和基础技术行业，重点领域为数字加密和网络安全领域。央行货币研究所申请的专利情况显示，数字货币的投放、流转、回笼等过程的专利均涉及密钥部分，安全加密和KYC认证相关公司将有望受益。

产业链中游环节主要包括银行IT行业、银行核心系统、数字货币系统和其他配套系统。要完成和维护全国数字货币这一系统的运作，需要专业的IT服务商来构建这一庞大且稳定的体系。具体领域包括：第一，数字货币钱包。系统对应的相关模块的新建需求将是一个非常大的市场。第二，核心系统。银行将承担着处理全网交易请求，以及与央行数字货币发行系统对接和与客户的数字

钱包对接的职责，系统承担的压力进一步增大。第三，认证系统。商业银行需要对用户指令进行初步验证，确认合法后才可以上报央行，从而降低央行系统负载，因此商业银行亟须升级认证系统。

产业链下游环节主要包括支付终端行业，智能POS机领域。支付软硬件开发和运维带来一个体量可观的市场，将利好提供支付终端产品服务的厂商（见图12）。

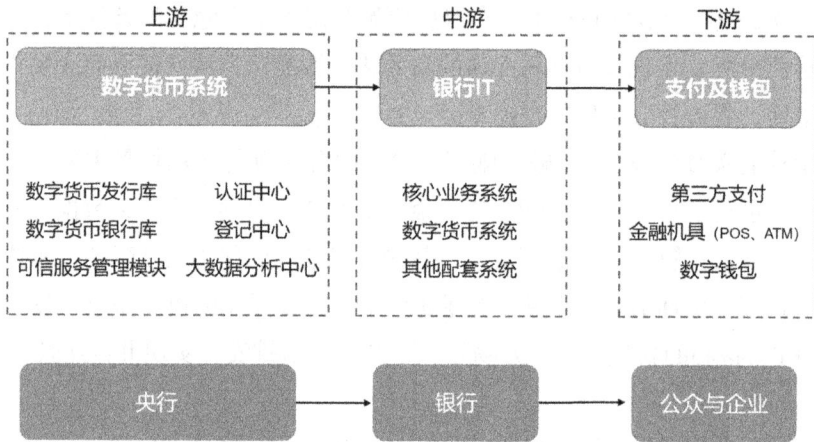

图12　DC/EP产业链

2.完善支付体验

（1）覆盖广泛群体

以河北省为例，根据公开资料，截至2019年末，河北省0~15周岁及65周岁以上的人口占总人口的33.57%，老人与儿童往往是没有银行账户、传统金融资源无法直接覆盖的群体，而央行数字货币同纸钞相似，除非数字钱包中充值或取现需要绑定对应的银行账户，用户与用户之间的相互转账不需要进行对应银行账户的绑定，也无须网络。这使得数字货币的应用不局限在拥有银行账户的群体，更多的人可以享受数字货币带来的便捷与福利。

（2）提升支付安全

目前的电子支付方式，如银行卡、第三方支付平台等，均采用的是账户紧耦合的方式，即资金转移需要通过实名银行账号进行。客户的支付行为留痕，其个人信息存在着被服务提供商加工、再营销甚至出售给其他合作伙伴的风险。而央行数字货币采用账户松耦合的形式，无须通过银行账户就能进行价值转移，从而实现可控匿名，保护消费者个人隐私信息。而依托国家信用和央行自身非营利定位，央行数字货币的数据安全承诺可信度更高、隐私保障更彻底。

（3）激发行业变革

DC/EP由于具有无限法偿性，将会改变现有第三方支付市场双寡头垄断格局，打破支付平台之间的壁垒，实现跨平台无障碍支付。

我国的非现金支付行业主要经历了四个大阶段：第一阶段，传统卡支付时代；第二阶段，支付宝破局时代；第三阶段，移动支付两强（支付宝/微信支付）时代；第四阶段，"断直连"时代。

从图13可以看出，"断直连"后，我国的网联平台交易额迅速增长，并超过了银联交易金额，说明我国当前第三方支付在整体非现金支付行业中占据主导地位。

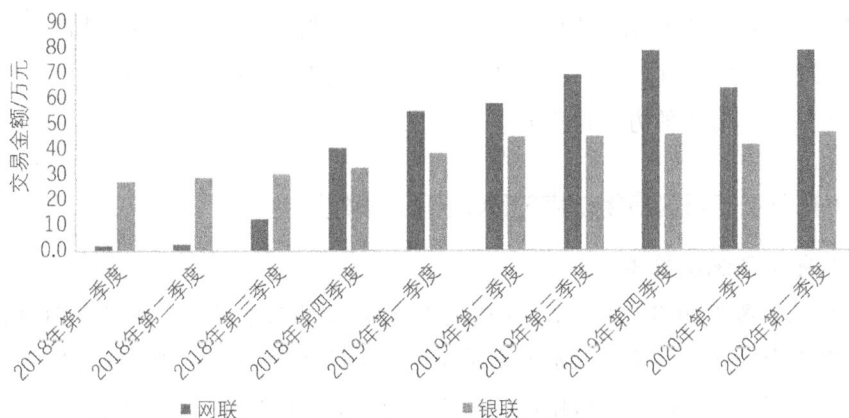

图13　网联和银联交易额
数据来源：wind。

而央行数字货币的推出，将打破以上格局。面对央行数字货币的应用，原有的支付行业巨头将被迫探索新的发展路径，整个支付行业服务质量与效率提升可期。

3.提高监管效率

嵌入在数字货币中的技术将提升地方金融监管部门的反洗钱能力，并提高监管效率。数字货币的底层技术具有可追溯、可跟踪的功能。央行数字货币推行后，地方金融监管部门可以在合法范围内获知交易数据，通过大数据分析实现数字货币来源可追溯。同时，数字钱包的交易会按照现行的现金管理规定设置一定的限制，并根据不同级别钱包设定交易限额和余额限额。例如，如果用户仅通过手机号码注册数字钱包，只能进行日常小额支付，但如果进一步上传身份证或银行卡等信息，将获得更高级别的钱包额度。

在雄安新区试点央行数字货币的过程中，地方金融监管部门可以结合自身区域特点及背景，及时考察并实践通过数字货币进行的相关监测行为或监管措施，如数字钱包限额设置带来的影响，并针对运行过程中面临的实际监管需要提出意见，进一步改善数字货币的应用设计，有效控制风险。

另外，DC/EP有利于政府部门对财政拨款资金流向等的监管，包括补助金、拆迁补偿款、行政补贴等在内的财政拨款，往往经过层层政府及部门间流转，从而面临款项难以及时到位、中间环节公职人员贪污腐败等风险，而如果采取数字货币的形式，将款项直接拨入相关机构及个人数字钱包，并规定在发放到最终环节之前禁止取现，各环节资金的划转情况将会完全可追溯，从而防范贪污腐败等行为。同时，由于不需要锁定银行账户以及在不同银行账户之间划转，发放数字货币的方式也提升了效率。

（二）基于雄安新区应用试点的DC/EP政策建议

1.更新系统及技术

成功的零售DC/EP在技术上提供了实物现金的数字补充。因此，DC/EP必须具备现金的所有特征，基本要素是对发行主体的信任，法定货币状态，以及保证的实时性、广泛性、可用性。但是DC/EP在其他方面也必须等同于现金。

（1）银行系统更新，终端设备升级

央行数字货币采取"双层运营"框架，银行的核心系统、认证系统和数字货币钱包将将面临大量的新建和改造需求，领先的银行IT企业需满足数字货币规则更新需求。目前，雄安新区已经吸引包括四大国有银行在内的金融机构超过40家，高端高新企业48家。这些企业将会直接或间接参与DC/EP系统的更新升级。

央行数字货币的"双离线支付"模式将革新支付行业。在存储媒介形式上，App、SIM卡等设备都可能成为最终形式；在接收端，POS机等设备存在升级或替代需求。

（2）攻克技术难题，确保支付安全

一方面，DC/EP必须对基础设施中断、网络攻击以及高频交易具有很强的抵御能力。一旦支付出现中断，现金不再普遍使用，支付交易可能会造成严重破坏，必须确保技术足以应对。另一方面，DC/EP需要保证支付的安全性和完整性。就像现金一样，它们需要防伪。和其他数字支付方式一样，它们需要保护用户的隐私，同时允许有效的执法。CBDC有机会改进跟踪并可能提高反洗钱合规性，但对于如何在更好的追踪和隐私保护之间取得平衡，社会的偏好可能有所不同。

2.圈定试点进行试运营

当前支付宝、微信支付已拥有广泛且稳定的使用群体，在央行数字货币推出后，在可预计的央行数字货币与第三方支付方式并行的情形下，如果缺乏有效的宣传、合理的运营模式以及配套设施，大众将难以自发转变支付习惯，使用央行数字货币。另外，任何技术都存在未知风险，很多问题只有通过推广使用才能逐步被发现，试点的好处在于可以及时发现问题并立即做出相应调整。

（1）自上而下逐级推广

数字货币理念必须深入人心。在DC/EP推广过程中，相关数字货币知识还需要进一步普及。除央行之外，各商业银行和第三方支付机构需要全力配合央行进行数字货币知识推广，各数字货币试点机构也应同步宣传。

各级政府助力DC/EP发行。DC/EP应用落地涉及央行、商业银行、商户和消费者四类群体，因各方参与程度不同，DC/EP前期推广应该是从央行自上而下去推动。政府相关职能部门不仅要大力辅助数字货币钱包App的推广使用，同时要充当中介发挥调节作用，在雄安新区试点，组织商户、银行、技术公司等支付产业链上参与者进行沟通洽谈，协助DC/EP零售支付环节所有参与者达成共识。以苏州为例，DC/EP首个应用场景在苏州相城区落地，该区各级机关和企事业单位工作人员的工资通过四大国有银行代发，2020年4月完成央行数字货币和数字钱包的安装工作；5月，其工资中一半的交通补贴将以数字货币的形式发放。

（2）创建DC/EP示范区

构建试点示范区，进行宣传。雄安新区新基建发展，涉及大量财政拨款，用于建设和拆迁补偿，包括拆迁款和农民工工资。DC/EP可全程追踪财政拨款去向。DC/EP相较于现金和移动支付还有诸多优势，可以选定其中某几种应用场景，制作视频动画，进行DC/EP普及宣传，推出雄安新区创新应用场景案例。

3.完善DC/EP生态建设

（1）明确DC/EP定位，实现合作共赢

首先，DC/EP将取代一部分现金，但不会完全替代，纸币仍将长期存在。由于DC/EP面临技术和用户两重考验，央行数字货币的推广普及将是一个循序渐进的过程。

其次，DC/EP与第三方支付之间将以合作为主。DC/EP具备天然优势，可打破现有第三方支付机构间支付壁垒，减少现有电子支付方式对网络的依赖。

我国的第三方支付产业作为金融科技的领域之一在世界领先，金融科技巨头的不断创新和实力拓展也离不开第三方支付行业近些年的蓬勃发展，一旦原有的第三方支付转变为央行数字货币，仅有央行及相关监管部门拥有查看数据的权限，数据和用户的流失将会为科技巨头带来无法预估的影响。

DC/EP与第三方支付机构之间合作才能共赢。央行DC/EP的投放和交易需要第三方支付机构参与完成。一是数字货币支付体系中第三方支付运营商的角色依然有存在的必要性。由于央行数字货币不需要账户，从而失去类似账户支付体系中的手续费收入，可以判断央行对数字货币支付的细分服务领域不会过多投入，合作能降低央行DC/EP发行成本。二是央行缺乏做C端业务的经验和能力，而第三方支付运营商不论在ToB端还是在C端钱包，其服务都能满足商户和用户的需求。三是DC/EP可以完全与"双层支付"系统保持一致，从而使公共和私营部门可以专注于各自的优势领域。中央银行可以专注于确保支付的信任、稳定性和完整性，私营部门最适合进行DC/EP面向消费者的活动。

最后，在技术端加深与科技公司关于金融科技研究的战略合作，提高智能服务水平。央行数字货币研究所与华为、商汤科技签订合作协议，主要围绕金融科技领域的人工智能创新研究和应用开发等方面的合作，以应用场景为导向，共同开展人工智能技术在金融场景中的应用开发，加速推进金融领域的人工智能创新研究。

（2）丰富应用场景，创新支付模式

DC/EP试点场景包括交通、教育、医疗、消费等，触达C端用户。从落地应用场景看，DC/EP可实现充值、提现、转账、扫码支付等。支付逻辑与第三方移动支付类似，DC/EP还可以实现无网络转账支付。要立足DC/EP优势，创新更多应用场景，提高支付效率，降低交易成本。

开展与互联网公司合作，继续探索和创新应用场景。如央行数字货币研究所与滴滴出行达成战略合作，共同探索在智慧出行等领域的场景创新和应用，促进数字人民币在多元化出行场景中的平台生态建设。滴滴作为运营方，利用常年面向用户积累的经验，在场景和应用端发力，并结合自身的技术禀赋，提升运营能力。央行数字货币加载智能合约功能，实现达到预设条件可自动执行交易，提升用户的使用体验。如在打车服务平台上加载智能合约，那么就能实现车费的自动计价和资金划转。

4.加强风险防范及监管

（1）引进专业人才，加强从业培育

一是加大人才政策吸引力度，注重DC/EP发行运营中技术人才引进。金融科技正在重塑银行业的竞争格局。自2015年开始，以兴业、平安、招商和建设等为代表的银行先后成立金融科技子公司，"金融+IT"复合型人才备受青睐。2019年，大型银行竞相争夺计算机、IT、通信等专业的金融科技人才。DC/EP涉及安全、交易和可信保障等技术，商业银行和第三方支付机构应继续加大对人工智能、大数据、机器学习等方向的人才招聘。

二是加强相关从业人员培育。为了尽快培养消费者使用数字货币钱包支付习惯，需要对零售支付终端服务从业人员进行集中专业培训，确保他们能在实践中帮助用户完成支付交易，提高用户使用体验。

（2）完善技术标准，监管同步实施

由于DC/EP的发行涉及银行IT系统的全面技术的革新，虽然央行数字货币研究所及各大互联网公司已经攻克了相关技术难题，但是技术上的安全隐患依然有可能存在。为了防止出现ICO乱象，DC/EP发行应该制定相应的行业标准，并进行适度监管。

DC/EP是金融科技的一种应用，不同于移动支付，DC/EP的匿名性主要是保护用户隐私，而这些数据恰好是金融科技的重要资源，如何才能保证客户数据和隐私不被泄露，避免引发客户信任危机，还需要进一步建立金融科技基本规则和标准体系。

在DC/EP运营框架中，商业银行与第三方支付的职责分工需要明确。商业银行和第三方支付公司各自的禀赋不同，如何在央行数字货币分发过程中实现资源最合理的分配，需要将各方的权利、义务进行合理的安排，并在需要时以书面化的形式写进相关协议中。由于行业格局的变化，为了防止私人部门企业过度竞争，应在试点及推广中制定相关的行业标准。

如果央行数字货币管理方能够在保证数据安全和数据隐私的前提下向合格的金融科技企业和金融机构开放对应数据分析接口，则将有助于打破不同支付平台间的数据孤岛问题，也有利于金融科技服务提供方和银行机构从全局把控业务风险。

此外，DC/EP涉及大数据、人工智能、云计算、区块链等多种科技的融合，无疑对现有监管体系形成巨大的挑战。DC/EP是传统金融业务与金融科技融合的代表，容易发生风险交叉感染，需要构建一个跨行业、多层次的监管体系，能及时识别风险，有效控制风险蔓延，保障支付行业的健康发展。各国对数字货币基本实行牌照监管，中国第三方支付机构一直采用牌照管理机制，DC/EP是沿用原有牌照制管理还是重新建立监管机制，是一个仍需研究的问题。

城市大脑建设对雄安新区建设数字城市的借鉴和启示

课题负责人 -

张蔚文　浙江大学公共管理学院副院长、教授

　　　　浙江大学中国新型城镇化研究院副院长

课题组成员 -

金　晗　浙江大学公共管理学院博士研究生

刘泽琨　浙江大学公共管理学院博士研究生

冷嘉欣　浙江大学公共管理学院硕士研究生

一、研究背景

2017年4月1日，为深入推进实施京津冀协同发展战略、积极稳妥有序疏解北京非首都功能，中共中央、国务院决定设立河北雄安新区。作为千年大计的河北雄安新区，是继深圳经济特区和上海浦东新区之后又一具有全国意义的新区。习近平总书记强调指出，"雄安新区千万不能搞成工业集聚区，更不是传统工业和房地产主导的集聚区，要在创新上下功夫，成为改革先行区"。2018年4月21日，新华社受权播发《河北雄安新区规划纲要》，明确提出"坚持数字城市与现实城市同步规划、同步建设，适度超前布局智能基础设施，推动全域智能化应用服务实时可控，建立健全大数据资产管理体系，打造具有深度学习能力、全球领先的数字城市"。至此，优化数字城市建设成为雄安新区提高治理现代化水平和城市竞争力的内在需求和必然选择。

2020年初的"新冠"肺炎疫情是新中国成立以来传播速度最快、感染范围最广、防控难度最大的一次重大突发公共卫生事件，亦是对我国众多数字城市建设成效的一次深度检验。尽管我国数字城市建设从2012年底以来呈现蓬勃发展的态势，然而普遍存在项目建设与城市居民的日常需求不够匹配、部门之间的信息共享机制比较缺乏、多元主体协同治理的局面尚未形成、数字城市建设沦为提高政绩的"摆设品"等问题。绝大多数数字城市建设成果没能在这次疫情防控和复工复产中做出迅速反应并发挥关键性作用，城市数字治理能力亟待提升。

近年来，城市大脑成为不少城市提高数字治理能力的重要抓手和综合应用工具。例如，北京市海淀区城市大脑正以高度集成的智慧管理体系为目标打造数字城市，并在治理渣土车违章、解决拥堵难题、完成人口房屋信息登记、实施水质实时监测和污染溯源、垃圾分类等场景中取得阶段性成果，探索提升基层治理能力的科技之路；上海市浦东区城市大脑积极拓展在生产制造、商务金融、文化教育、健康卫生等领域的深度应用，为上海政务服务"一网通办"、城市运行"一网统管"两张网建设做出积极贡献；杭州以打造"数字经济第一城"和"数字治理第一城"为发展目标，通过城市大脑平台充分发挥数字城市建设的优势，不仅为此次疫情和社会经济恢复提供了像"健康码"、"亲清在线"、"读地云"等明星产品，也在交通、卫健、旅游等领域做出了重要贡献。2020年3月31日，习近平总书记到访杭州城市大脑运营指挥中心，观看了"数字治堵"、"数字治城"、"数字治疫"等城市大脑的综合应用展示，并指出"运用大数据、云计算、区块链、人工智能等前沿技术推动城市管理手段、管理模式、管理理念创新，从数字化到智能化再到智慧化，让城市更聪明一些、更智慧一些，是推动城市治理体系和治理能力现代化的必由之路，前景广阔"。

尽管地方政府城市大脑的建设领域和水平不一，但是基本上以打造智慧系统和解决城市问题为核心、以优化政务流程和满足公众现实需求为根本，不断通过城市大脑赋能数字城市建设，为雄安新区打造数字城市、构建现代化社会治理格局提供了经验和方向。

二、数字城市建设的综合应用工具：城市大脑

（一）杭州城市大脑的建设历程

新一代的数字化浪潮，使数字赋能城市治理逐步成为新时代推动城市发展的内在需求和必然选择。作为政府公共数据平台的应用集成和城市治理的数字系统解决方案，城市大脑在赋能城市治理时显示出了独有的优势。城市大脑在国内的实践起步于2016年4月，杭州以交通领域为突破口，开启了利用大数据改善城市交通的探索。如今，杭州城市大脑已经实现了从经验积累到治理体系搭建再到治理体系形成三个阶段的发展[1]，对应到具体工作中就是数字治堵、数字治城和数字治疫三个阶段，取得了部分阶段性的成果。目前，杭州城市大脑的应用场景不断丰富，已形成11个系统、48个场景同步推进的良好局面。[2]

1.数字治堵：以城市交通为突破口

交通拥堵是全球大城市普遍面临的问题，严重影响城市经济活动和市民日常出行。随着人口与机动车保有量的持续增加，交通拥堵问题成为杭州市在城市发展过程中无法避开的问题。为此，杭州市委、市政府"建、管、限"等多措并举，综合治理交通拥堵。这些措施放慢了机动车增长的势头，但交通

---

① 中国工程院院士.杭州城市大脑总架构师王坚：数据让城市变得超级智能[EB/OL].(2020-10-12)[2021-01-01]. http://lw.xinhuanet.com/2020-10/12/c_139433669.htm.
② 唐骏垚.城市大脑扩容升级[EB/OL].（2019-10-20）[2021-01-01]. http://zjrb.zjol.com.cn/html/2019-10/20/content_3276411.htm?div=-1.

治堵这一城市病仍未得到根治。2016年前，杭州在交通治堵过程中出现了道路资源供给矛盾突出、综合治理协同性欠缺、智能交通使用不充分、数据资源难以融合应用等问题，从而导致已有治堵手段严重滞后于道路交通的快速发展趋势。鉴于此，2016年10月，"杭州城市数据大脑"（简称城市大脑）项目正式启动，开启了用大规模数据改善城市交通的探索。2017年10月，杭州城市大脑交通系统1.0版正式发布，旨在充分发挥公安交警部门的经验优势和阿里巴巴等企业的技术优势，推进城市治理体系和治理能力现代化。经过城市大脑的探索和努力，杭州交通延误指数从2014年最高的2.08降至2019年的1.64左右，交通拥堵排名从2014年的全国第2位降至2019年的第50位左右。[①]

2.数字治城：以便民惠民为出发点

随着城市化进程不断加快，传统的依靠大量人力物力投入治理城市的路径愈发难以为继，城市化转型发展面临诸多挑战。面对日益突出的城市病，城市大脑坚持问题导向，城市治理最需要解决什么，城市大脑就推出什么应用场景。2018年12月，城市大脑2.0综合版发布，涵盖停车、医疗、文旅、基层治理等9大便民领域，通过数据融通，产生协同效应。城市大脑2.0综合版的发布标志着城市大脑从单一的交通治堵系统扩展成为服务民生、支撑决策的综合平台，正式实现从单一的数字治堵向全面的数字治城转变。2019年9月，杭州城市大脑数字驾驶舱正式上线运行，数据互联互通后，数字驾驶舱能为城市治理者实时呈现第一现场。数字驾驶舱掌握一手资料和舆情，通过计算比对分析，为管理者决策提供方向和参考。截至2019年底，杭州城市大脑中枢系统已经接入了4500个应用编程接口（API）和3200个数据指标，日均API调用760万次以上，日均协同数据1.2亿条[②]，有力地支撑了数字驾驶舱和应用场景的建设。城市大脑建设牢牢抓住惠民、便民、利民服务的关键，从民生实事入手，不断拓展便民惠民场景应用，推出的11个重点领域、48个应用场景，让老百姓有实实在在的获得感，使杭州成为率先打造"无杆停车场"，实现"急救车不必闯红灯"、"入园入住无须排队"、就医"最多付一次"的城市。

---

① 高德地图.中国主要城市交通健康榜[EB/OL].[2021-01-01].https://trp.autonavi.com/diagnosis/index.do.

② 唐弢，商意盈.从"治堵"到"治城"：杭州城市大脑建成48个应用场景[EB/OL].（2019-12-31）[2021-01-01].http://www.xinhuanet.com/2019-12/31/c_1125409375.htm.

3.数字治疫：以复工复产为终点线

面对2020年开春的新冠肺炎疫情，作为实战应用，城市大脑根据疫情变化精密智控、精准施策，为统筹疫情防控和经济社会发展提供了有力支撑。在疫情暴发初期，依托城市大脑平台，第一时间建立卫健警务疫情防控系统，精准研判人口流动的态势，及时掌握社区封闭式管理动态，及时掌握医院发热门诊就诊人员情况，并通过数字驾驶舱精准下达指令。在复工复产初期，首创"企业复工数字平台"和"杭州健康码"：搭建数字平台，及时服务企业复工，推动全市24万家企业、300多万名员工注册；迅速谋划开发建设"杭州健康码"，实现了"健康证明数字化、人员管控精准化、全市出行便捷化、企业复工高效化"。截至2020年4月1日，"杭州健康码"申领量突破1700万人，累计使用量7亿多次，日最高使用量超过2685万次。在城市运行加快恢复阶段，探索建设"亲清在线"数字平台，实现企业诉求在线直达、事项在线许可、政策在线兑付、服务在线落地、绩效在线评价。平台自2020年3月2日上线以来，现至4月1日，已累计为14.8万家中小微企业、59万名员工兑付补贴7.6亿元，将减税降费政策惠及中小微企业，深入贯彻习近平总书记关于构建亲清新型政商关系指示。在经济社会秩序全力恢复时段，创新开展云招商、云招聘、云签约等云服务。2020年3月2日，总投资559亿元的55个项目，线上集中签约。同时，探索创立了杭州"读地云"，向全球发布45平方千米产业用地，并开展了"杭向未来云聘会"，吸引10万多名人才在线面试。

（二）各地城市大脑建设案例分析

1.上海：一网通办、一网统管

近年来上海市政府转变政府职能、推进城市治理现代化水平提升的标志性举措是"政务服务一网通办"和"城市运行一网统管"城市治理改革。"一网通办"带动政务服务改进，推动营商环境优化；"一网统管"促进城市管理精细化，保障城市安全有序运行。上海市在充分总结"互联网+政务服务"工作经验的基础上，于2018年全国两会期间率先提出实施"一网通办"改革，并于当年3月30日印发《全面推进"一网通办"加快建设智慧政府工作方案》，全面启动了"一网通办"改革工作。"一网通办"旨在通过运用大数据、物联网等现代技术手段，整合政府部门职责权限、规范办事标准流程、打破部门利益藩篱，从而不断提升公共服务均等化、普惠化、便捷化水平。上海市秉持系统治理、综合治理理念，推进全域全量数据汇聚与运用，整合城市治理各领域的信息数据、生产系统，以构建万物互联、互联互通的完整系统。"一网统管"致力于在保持各部门原有业务系统、工作格局基本架构的同时，通过技术与管理上的深度融合，打破信息壁垒。目前，该系统整合接入公共安全、绿化市容、住房和城乡建设、交通、应急、生态环境、卫生健康等领域22家单位的33个专题应用，探索研发地图服务、气象服务、交通保障、应急处置等六大插件，为跨部门、跨系统的联勤联动增效赋能，初步实现"一网管全城"。

在制度保障方面，上海市已通过包括《上海市公共数据和一网通办管理办法》、《上海市电子证照管理暂行办法》、《上海市电子印章管理暂行办法》、《上海市"一网通办"电子档案管理暂行办法》等在内的多项法律法规和政策文件，为"一网通办"改革的顺利实施提供了有力的保障。2020年4月16日，上海市委常委会审议通过了《上海市城市运行"一网统管"建设三年行动计划2020—2022年》，明确未来三年"一网统管"建设将依托市、区两级大数据资源平台，推动"一网统管"业务数据、视频数据、物联数据及地图数据的集中统一管理，实现"治理要素一张图、互联互通一张网、数据汇聚一个湖、城市大脑一朵云、城运系统一平台、移动应用一门户"。目前，上海市"一网通办"总门户基本建成，"随申办"移动端不断优化，业务流程持续再造，数据开放共享正在深化推进，"1+3+X"制度体系不断深化，各项工作成效逐步显现。

在具体操作过程中，上海市按照"三级平台、五级应用"的基本架构，坚持分层、分类、分级处置，坚持重心下移、资源下沉，推动各类事件处置、风险应对更主动、更及时、更高效。市、区、街镇三级城市运行管理中心统筹管理本辖区内的城市运行事项，市级平台要为全市"一网统管"建设提供统一规范和标准，完善市级重大事项现场指挥处置功能；区级平台要发挥枢纽、支撑功能，强化本区域个性化应用的开发和叠加能力，为区级和街镇、网格实战应用提供有力保障；街镇平台要对城市治理具体问题及时妥善处置，对重难点问题开展联勤联动。市、区、街镇、网格、社区（楼宇）五级运用城市运行系统履行各自管理职能，每一级为下一级赋能，上一级帮助下一级解决共性难题，对疑难杂症进行会诊会商，共同保障城市安全有序运行。与此同时，线上线下智能联动，以线上的数据流、管理流，倒逼线下业务流程全面优化和管理创新，推动城市治理智慧化，让城市更聪明。

2.北京：城市大脑综合系统

《北京市"十三五"时期信息化发展规划》明确提出"到2020年北京要成为互联网创新中心、大数据综合试验区和智慧城市建设示范区"的整体要求。围绕这一要求，2017年发布的《北京城市总体规划（2016年—2035年）》提出，在北京市范围内形成"一核一主一副、两轴多点一区"的城市空间结构，同时要求率先以城市副中心通州作为智慧城市建设的试点。通州区城市大脑项目于2018年开始建设，随着各部门相关数据的不断汇聚，大数据平台不再局限于城市管理部门内部的工作系统，而是涉及通州区城市管理的各个方面。

除通州区外，作为支撑首都中心定位的现代化、国际化、创新型宜居、宜业的城区，海淀区在智慧城市建设方面也开展了许多有益的探索。为了提升治理水平，海淀区整合区域内各政务系统信息资源，开发城市大脑综合系统，即一张感知神经网、一个智能云平台、两个中心（大数据中心、AI计算处理中心）、N个新应用，综合运用大数据、云计算、人工智能等技术，将多个部门的数据信息实时共享，对区内公共安全、城市环境、交通出行、环保生态等问题进行智能分析。

在机制创新上，海淀区成立了由交通、城管等24个部门有关人员组成的城市大脑专班办公室，经过摸底排查，制定城市大脑在各个细分领域的实施方案，建立"机制+科技"的融合治理体系。目前通州的城市大脑已经可以连线交通、环境、环卫、停车、单车、管线、照明、能源、热线等14个业务系统，接入4485台监控设备（包括视频流量检测器、高点监控、路侧停车监控、公租自行车监控、人行过街视频检测器、违法监控等）、520台系统信号机、287辆环卫车辆、6770个路灯、377台路灯箱变、730处公共自行车站点、62处公共停车场、42块停车诱导屏等物联设备。

同时，在海淀区的城市大脑新场景建设中，有很多不同的企业参与。中科大脑、千方科技、芯视界、京东方能源、百度网讯、东华软件、新石器、北京速力科技、声智科技、云知声、科欧德环境等11家企业，在城市管理、智慧交通、无人驾驶、智慧医院、水质监测、垃圾分类等应用场景建设中，提供技术解决方案并产生了实际的效果。例如，芯视界利用大数据、人工智能、新型物联网传感器等新一代信息技术，将传统的水务和城市智能化建设逐步落地，提升水务工作的智能化、精细化管理水平。2020年6月10日，北京市发布了《北京市加快新场景建设培育数字经济新生态行动方案》，明确了"十百千"发展目标，即建设"10+"综合展现北京城市魅力和重要创新成果的特色示范性场景，复制和推广"100+"城市管理与服务典型新应用，壮大"1000+"具有爆发潜力的高成长性企业。

3.成都：智慧治理中心

智慧治理中心就相当于是成都的城市大脑。在智慧治理中心有最新应用起来的国民经济和社会发展数据库，包括宏观经济运行的主要经济指标，全市宏观经济运行状况实时监测、深度分析，为开展综合研判和形成经济运行分析报告提供支撑。

紧紧围绕顶层设计、运行机制、安全保障等内容，强化"城市大脑"功能。智慧治理中心数据库纵向可回溯，实现近5年以来全市和各区（市）县间的数据检索、图表展示及分析应用等服务；横向可对标，可实现自选城市间、区（市）县间的数据检索、图表展示及分析应用等服务。

坚持业务需求导向，强化稳步有序推进，加快构建更多智慧应用场景。成都市智慧治理中心拥有网络理政、城市交通、环境保护、城市安全、应急指挥等多项重要功能，通过对交通、建设、卫生、教育、旅游、城管、安监等城市治理数据的全面汇聚、叠加分析和深度利用，完成对城市异常的智能预警、关键问题的智慧决策、重大事件的协同处置，使之成为成都市的服务中心、治理中心和应急中心，为市委、市政府综合决策和应急指挥提供强大的信息内容保障、信息通信保障和信息安全保障，发挥"城市大脑"和"政务中枢"的重要作用，实现成都市城市治理体系的现代化。

聚焦"物联"、依托"数联"、围绕"智联"，强化智慧治理，提升城市精细化管理水平。成都将把分散的、独立的政务信息系统整合为互联互通、信息共享的"大系统"，迁移上云，提升城市大脑全域感知能力，满足城市大脑开展现场处置指挥调度等需要。成都市网络理政中心信息系统已经全面覆盖城市经济运行、市场监管、社会管理、公共服务、环境保护和社会诉求六大领域，并不断完善。尤其是2019年以来，成都市通过强化政务云基础支撑，组织开展数据大会战，全面接入部门业务系统，广泛汇聚数据资源，推进智慧化应用场景建设，不断优化展示界面，不断提升中枢指挥调度能力，基本形成了功能完善的城市智慧大脑，初步构建起智能城市指挥运行体系。

在积极为新经济企业提供数据"原材料"的同时，注重培育本土智慧化应用企业，以数据开放助力新经济发展，为推动全市经济社会高质量发展提供重要支撑。在治理中心针对经济运行的重点领域，单设了工业经济、服务业经济、在蓉世界500强和重点项目四个专题板块，并可与相关管理系统链接。

上文对杭州、上海徐汇区、北京海淀区、成都四地城市大脑建设的共同特点进行了系统梳理和归纳，表1主要从成立专班领导小组、聚焦民生细节打造场景、积极推动政企合作三方面进行四地的比较分析。

表 1　城市大脑建设的特点

	杭州	上海徐汇区	北京海淀区	成都
成立专班领导小组	设立城市大脑领导小组及工作专班机制，城市大脑建设工作领导小组由市委书记任组长，各地各部门主要领导为成员，下设办公室，由数据资源管理局负责日常办公	成立徐汇区推进"一网通办"、"一网统管"工作领导小组，区长任组长，区委副书记任常务副组长，副区长等任副组长。领导小组办公室设在区城运中心，举全区之力统筹推进四大城市运行领域建设	成立由交通、城管等24个部门有关人员组成的"城市大脑"专班办公室	成立成都市智慧城市建设领导小组，由市长任组长，领导小组办公室设在市大数据和电子政务办，负责领导小组日常工作
聚焦民生细节打造场景	杭州城市大脑从惠民利民的小事切入，打造多个丰富多彩的应用场景	聚焦群众呼声最集中、城市治理矛盾最突出的问题，补短板、强弱项、促提升，以点带面，推进城市治理能力现代化	从基层治理往外延展，"城市大脑"的功能也在向更加亲民、更具服务性的领域探索	以市民和企业需求为导向，会同教育、医疗、旅游、社保、文体等部门，加快梳理智慧应用场景建设项目
积极推动政企合作	破除单一的政府投资模式，组建云栖城市大脑科技（杭州）有限公司，成立资金规模20亿元的"杭州城市大脑产业基金"，引入市场化的运作机制，探索形成了政府提供场景、企业协同创新、资源优化配置的智慧城市新模式	加大政社合作力度，与国内外行业领军企业开展深度合作，形成龙头企业带头、产业链上下游参与的"成果共享、责任共担"的合作生态圈，鼓励区域内高校院所共同参与，构建政府、企业和社会更加紧密的合作机制	11家企业，在城市管理、智慧交通、无人驾驶、智慧医院、水质监测、垃圾分类等应用场景建设中，提供了技术解决方案并产生实际的效果，深入参与了全市场景建设工作	注重培育本土智慧化应用企业，以数据开放助力新经济发展

（三）城市大脑建设中存在的普遍问题

系统各自为政，重复建设严重。在各地城市大脑的实践过程中，政府数字化系统的"孤岛化"现象严重。由于没有形成统一的数字治理规划，各部门受限于"短期思维"，只是简单将工作平移到网上，因此不会考虑到系统间的数据架构、流程优化、系统开发标准化等问题，导致信息孤岛不断出现。而部门系统也往往受形式主义和政绩工程的影响而难以持续更新优化，"新瓶装旧酒"现象时有发生，导致资源浪费和重复建设。如何立足顶层设计，构建良好的数字政府和数字化治理环境，提升数字城市的建设效率和效益，是雄安新区的一大现实挑战。

数据有去无回，开放共享不足。一方面，各地基层部门的数据借由城市大脑向上归集，但是数据的回流率相对低下，绝大部分沉淀于省市垂直业务系统，导致基层数据"有去无回"。另一方面，作为一种"分散的集权主义"的代表，条块分割的行政体制导致相关部门往往基于自身部门利益各自为政，而非站在整体的视角来规划和推进同层级政务数据的开放共享。

对数字化的复合型人力资源吸引不足。与传统的城市治理工具相比，城市大脑建设需要更多的复合型人才参与。复合型人才意味着一线的数据治理、应用开发人员不仅要具备数字领域相关的专业技能，还要有智慧城市建设的开阔视野。"十三五"时期，尽管各地成立了数据资源管理局，但部分地区受事业编制和公共预算的影响，很难在市场上招收到较高技术能力的技术型人才。现阶段雄安新区集聚高端要素、承接技术转移的能力还相对有限，如何弱化京津地区的虹吸效应、提升中心城市的辐射带动能力、吸引高质量的复合型人才，是又一大现实挑战。

促进政企合作的同时对企业的依赖度上升。企业在城市大脑技术供给中扮演越来越重要的角色的背后，是"规制俘获"的危机，导致公共利益和社会福利受损。传统的"规制俘获"多出现于房地产、环保等产业领域，随着数据成为愈来愈重要的城市发展要素和资源，政府被信息技术企业俘获的风险也在加大。例如，政府被迫接受某些企业的"技术打包"服务、为培育企业的地域黏性而提供过高的优惠政策等。雄安新区在推进数字城市的过程中，营造良好的科技企业创新环境、建立健康的政企关系，将是另一大现实挑战。

数字鸿沟仍长期存在，弱势群体"被数字化"。很多城市在推进数字化的进程中容易忽视部分低收入人群、老年人、残障人等在数字设备使用方面处于弱势地位的群体，他们因"云政务"、"移动支付"等缺少线下服务渠道和传统服务方式的救济托底，极易陷入"被数字化"的困境。雄安新区的数字城市建设需要注重基本公共服务供给的均等化和包容性提升全民的福利水平，既要吸引高新技术人才，也要进一步弥合数字鸿沟。

（四）城市大脑如何赋能数字城市建设

数字时代的城市治理不完全是技术上的数字化变革，而是一个数字时代社会的整体性变迁，核心是治理。城市大脑以资源整合和信息共享为支撑，推动城市治理从线下为主转向线上线下融合，从单一部门监管向更加注重部门协同治理转变，为政府精准决策和高效治理提供了强大的技术支撑，有效提升了城市治理能力和水平。分析杭州等国内数字城市建设先发城市的经验，不难发现，城市大脑赋能数字城市建设的关键在于"整体智治、协同多元"。

2020年3月5日，浙江省省长袁家军在省政府第五次全体会议上强调打造"整体智治、唯实惟先"的现代政府，更好统筹推进疫情防控和经济社会发展。在整体性维度上，作为ICT技术集成的信息化综合解决方案和新型基础设施，城市大脑有效实现了以协调、整合和责任为代表的现代化治理机制。首先，城市大脑运用信息技术形成新的连接治理模式，构建了一个互联互通的政府。其次，城市大脑推动了整合型政府组织结构的设计，有利于打破传统官僚制职能部门化所导致的碎片化现象。通过设立城市大脑建设工作领导小组及工作专班机制，实现从业务的分散走向集中、从空间的分割走向整体，最终实现从治理的破碎走向整合。城市大脑部分解决了传统城市管理碎片化、空心化的问题，以协调、整合、责任为治理机制，依托中枢系统算力工具、算法模型，实现政府、企业、社会等数据资源跨业务、跨系统、跨部门、跨领域、跨层级的整体性应用。

智治即智慧治理，是指多元主体广泛运用ICT数字信息技术提高治理的效率和质量，避免非理性决策；"智治性"强调要把智能化建设作为社会治理现代化的重要抓手，实施大数据战略，提升数字治理水平，进而不断促进社会治理现代化。在"智治"维度下，城市大脑建设使多元管理者可以通过技术创新和市场联动整合城市中大量的数据资源，在算力算法的支持下解决部分城市病，为市民提供兼具效率和公平的公共服务。城市正处于转型升级的关键时期，各类社会矛盾和城市病频发；城市大脑运用以大数据、云计算、人工智能为代表的数字技术进行城市的数字化治理，是提升治理现代化水平的重要技术平台。

协同治理理念是公共行政领域治理现代化的一个重要维度。传统语境下的社会治理以政府为单一主体，政府内部及政府与公众、企业间易形成单向沟通模式。在城市大脑的赋能下，首先改变的是地方政府条块分割的治理模式和"碎片化"的治理效果，使政府部门治理结构更加扁平化；同时，城市大脑为多元主体参与社会治理提供了技术支撑和表达平台，各主体得以更便捷地参与公共事务管理与决策，产生协同效应，共同推动治理方式的变革。城市大脑是一项十分复杂的系统工程，关键在于为政府和有效市场协同发力。在推进过程中，杭州市委、市政府在规划引领、统筹协调、政策扶持、应用示范等方面充分发挥了主导作用，同时破除单一的政府投资模式，组建云栖城市大脑科技（杭州）有限公司，成立资金规模20亿元的"杭州城市大脑产业基金"，引入市场化运作机制，探索形成了政府提供场景、企业协同创新、资源优化配置的智慧城市新模式，努力构建"共建共治共享"的社会治理新体系。城市大脑通过多场景应用，充分发挥多元主体协同治理的积极性，体现了政府、市场、数据、技术之间的组合效应，催生"共建、共治、共享"的网络化新格局。

三、雄安新区建设数字城市的机遇和挑战

在第四次信息革命与城市新一轮建设的历史交汇期，在城市功能服务不断完善与人民对美好生活的向往的双重叠加下，作为"千年大计"的雄安新区将为新时代中国数字城市的发展建设提供重要参考。明晰雄安新区建设数字城市的机遇、挑战，将为后续发展厘清逻辑。

（一）机遇

1.体制优势
雄安新区体制政策优势明显，发展潜力巨大。中央将雄安新区作为"千

年大计、国家大事"，充分体现了对雄安新区建设的高度重视。在这样的背景之下，必然会投入更多的物质资源和政策资源提供保障。《河北雄安新区规划纲要》也进一步诠释了雄安新区"世界眼光、国际标准、中国特色、高点定位"的建设理念，更加彰显了中国建设雄安新区的决心和信心。

2.后发优势

雄安新区现有开发程度较低，拥有后发优势。数据显示，三县总人口约为109.78万人，总面积达1576平方千米，经济总量仅为200多亿元，人均GDP最高的雄县仅相当于全国平均水平的一半。可以说，雄安新区的现状用一张白纸来形容最为贴切。也正因如此，雄安新区才拥有着宽裕的发展空间，可以避免较高的调整性成本，具备数字城市建设高起点规划、高标准建设的基本条件。另外，在这张"白纸"上作画，受到各方面利益牵绊较少，改革创新的空间较大，有利于实现高质量发展。

3.科技资源优势

雄安新区拥有京津冀区域丰富的科技资源优势。首先，京津冀区域汇集了众多的研发机构，研发优势显著。北京拥有中央和地方各类科研院所400余个，其中中央级科研院所占全国比重74.5%。就京津冀区域而言，科研机构达到513家，占整个东部地区总数的35.8%，比长三角地区多128家。该地区还拥有上百家不同行业、不同领域的国家重点实验室等。其次，京津冀地区人才资源密集，优势明显。根据第六次人口普查数据，在京津冀地区就业人口当中，大专以上学历人口所占比重为14.6%，比全国水平高出4.5个百分点。创新领军人才优势更加明显，全国两院院士有近一半长期在北京工作生活。丰富集中的科研创新资源，为雄安新区的数字城市建设提供了良好的技术支持和保障。

（二）挑战

1.城市化基础薄弱

雄安新区的城市化基础相对薄弱。目前，三县高层建筑凤毛麟角，道路年久失修，主导产业多为服装、制鞋、塑料等传统产业，布局较为散乱。因此，数字城市的许多基础设施建设都不得不"从零开始"，这不仅需要巨大的成本投入，更需要相较于其他有一定基础的城市更长时间的系统调试周期。此外，目前雄安新区还缺乏数字城市建设相应的人才、制度和产业基础。北京作为京津冀区域和全国的科技创新中心，是研发成果的主要来源地。但现阶段雄安新区集聚高端要素、承接技术转移的能力还相对有限。未来随着承接北京非首都功能疏解工作的不断推进，雄安新区将在很大程度上弥补现有基础相对薄弱的不足。

2.数字城市建设运维经验不足

雄安新区在数字城市建设运维方面经验不足。数字城市建设需要长效运维体系作支撑。一座数字城市的核心价值在于持续运营，许多城市项目建设结束后，建设方仅仅把它当成一个项目，没有给予充分有效的运营，因而项目价值未得到充分深入的挖掘。由于雄安新区的数字城市建设在一定程度上是"从零开始"，因此将在未来一段时期内面临着一些数字城市建设运维的全新问题，而没有既往的经验可以借鉴。由于相对超前的布局和规划，雄安新区未来面对的问题可能也是全新的挑战，因而难以找到国内外其他城市的经验。从一定意义上来说，雄安新区的数字城市建设和运维可能也将处于"摸着石头过河"的阶段。

3.多元主体协同的体制机制亟待创新

雄安新区在数字城市建设过程中的多元主体协同的体制机制亟待创新。数字城市的建设过程中，必然会涉及政府、企业、公众等多元主体。但是不同主体的出发点往往是不一致的，而以往仅仅依靠政府行政命令的管理手段已经很难满足新的发展需求。作为政策驱动、短时要素高度集中的新区，要实现数字城市的可持续发展，需要避免陷入唯政策论、内生化培育的陷阱，厘清行政逻辑和市场逻辑之间的关系，创新多元主体协同的体制机制。

四、雄安新区建设数字城市的政策建议

城市大脑以资源整合和信息共享为支撑，推动城市治理从线下转向线上线下融合，从单一部门监管向更加注重部门协同治理转变，为政府精准决策和高效治理提供了强大的技术支撑,有效提升了城市治理能力和水平。杭州、上海、北京等地城市大脑在先行先试中解决了部分实际问题，但同时也面临一些共性的挑战，在此基础上提出雄安新区建设数字城市的政策建议，以期通过城市大脑更好地赋能社会治理现代化。

（一）原则

1.坚持以民为本

城市大脑始终坚持以人民为中心，以民生需求为导向推出应用场景，有效解决了城市治理的"痛点"、"堵点"、"难点"、"盲点"和群众反映强烈的"热点"、"难点"，以"小切口"推动"大变化"，提升了城市治理能力和公共服务水平，增强了人民群众的获得感、幸福感和安全感，真正成为可观可感、可用管用、利民惠民的民心工程。数字城市的标准要与人民群众的需求相一致，雄安新区建设数字城市不能只注重科技进步上的智慧化，也不能走北京、上海那样超大城市的发展路子，而应该以时间为标尺、以群众需求为衡量标准，让群众在便利中增强幸福感。

2.坚持政策创新

城市大脑使政府经历了从"权力"治理向"数据"治理的转型，从由"经验"决策向"智慧"决策的转型，从由"静态"管理向"动态"治理的转型，而根本上是对自我的不断改革，以破除固有的部门壁垒和垄断利益。大数据通过信息和数据共享对行政流程加以优化，提高了行政服务的效率，例如"便捷泊车"改革就是基于打通信息孤岛的政务实践，有效破除特权阶级利益、优化公共服务流程，体现了信息共享的内涵。同时，政府刀刃向内的自我革命和共享信息化建设有助于增强公民对政府的信任感，提升政府的公信力，为构建新型智慧城市建立信心、夯实基础。

雄安新区要落实好国家各类政策支持，以企业往来、人员往来、技术往来、资金往来等要素流动为契机，承接好各类要素的转移，做好生产、教育、科研一体化发展，为建设数字城市提供智力和人才保证。

3.坚持技术保障

大数据支撑是城市大脑的立身之本，算力算法是城市大脑的关键要素。城市数字化治理必须以政府公共数据平台为基础，大力推动多元数据双向对接与开放，并经过科学的算法模型和强大的算力处理，才能有效实现数据融合创新，形成对城市运行状态的整体感知、全局分析和智能处置。作为城市治理系统的人工智能中枢和开放运营平台，城市大脑通过大脑中枢、部门系统、区县平台"三位一体"架构体系，实现跨区域、跨层级、跨领域的数据归集和互联互通，在算力上支持全市多源异构数据即时连接、调度、处理，在算法服务上支持主流深度学习框架和算法组件以及一体化算法管理，智能生成城市运行系统的核心指标和关键数据，有效实现不同领域、不同层级数字驾驶舱的实时在线和全局协同。

数字城市建设最重要的保障就是安全和可控的技术条件，数字城市是一项体系庞大、内容复杂、建设期长的系统工程，雄安新区要抢抓5G网络和大数据、人工智能、"互联网+"迅猛发展的有利时期，抓住国家投资建设基础设施领域的机遇期，提升全域的科学技术水平，为推动数字城市建设提供安全可靠的技术支撑。同时，要充分利用京津冀的地缘优势，把握北京非首都功能外移机会，加大京津地区互联网、大数据、人工智能、新能源新材料等高新技术企业的引进力度。积极引进和培养复合型人才，通过实施相关政策或措施拓展人才的培养渠道，大力探索适应信息化发展的新途径。

4.注重政企协作

数字城市建设是一项综合性较强的工程，关键在于有为政府和有效市场协同发力。在杭州城市大脑推进过程中，杭州市委、市政府在规划引领、统筹协调、政策扶持、应用示范等方面充分发挥了主导作用，同时破除单一的政府投资模式，组建云栖城市大脑科技（杭州）有限公司，成立资金规模20亿元的"杭州城市大脑产业基金"，引入市场化运作机制，探索形成了政府提供场景、企业协同创新、资源优化配置的智慧城市新模式，努力构建"共建共治共享"的社会治理新体系。在城市管理、智慧交通、无人驾驶、智慧医院、水质监测、垃圾分类等应用场景建设中，北京市有多家企业提供了技术解决方案并产生实际的效果，深入参与了全市场景建设工作。成都市在积极为新经济企业提供数据"原材料"的同时，注重培育本土智慧化应用企业，以数据开放助力新经济发展，为推动全市经济社会高质量发展提供重要支撑。

雄安新区要在政府部门的引导下，通过引入市场竞争机制，调动企业参与的积极性和主动性，协调政府与企业之间的关系，依靠政府支持与市场化运作相结合的方式推动数字城市的顺利建设。同时，结合京津冀地区丰富的科技资源优势，充分发挥市场、市民、数据、技术、空间之间的组合效应，推动数字城市建设。

（二）宏观层面

1.编制全域数字治理一体化发展规划

雄安新区数字城市的建设，需要注重从顶层设计的高度统筹城市大脑的整体性建设，促进城市大脑建设的标准化、法制化和一体化，形成一体化的公共数据平台和城市治理工具，提升雄安新区在京津冀地区的整体竞争力和辐射影响力。其中，整体性的战略规划需要强调两个原则：其一，注重雄安新区在城市群、都市圈中的功能定位和发展规律。城市大脑作为一项基础设施不可能一蹴而就，城市大脑的建设需要符合雄安新区的功能定位和发展规律，在系统平台和场景方面有侧重地逐步铺开。其二，注重成本共担和利益共享机制的建立。城市大脑既然是一项基础设施，就需要必要的财政资金作为运行保障，城市大脑的整体性建设需要雄安新区内部打造互利共赢、协调发展的良好态势，进而才能打造中国乃至世界具有影响力的数字城市综合示范区。

2.推进标准化城市大脑平台建设

雄安新区包括雄县、容城县、安新县三县及周边部分区域。在数字城市建设的过程中，要着重推进雄安新区内部的标准化城市大脑平台建设。第一，应推动数据治理标准的统一；第二，打造"雄安新区政务服务网"，借助现代化信息技术提升群众获得感，让"数据多跑路"；第三，建设安全可靠的雄安新区信息枢纽示范区，实现数据的安全可控；第四，搭建雄安新区区域产业升级服务平台，打造世界级数字经济产业集群；第五，以平台化的运作模式及"一块屏"的直观显示方式打造一系列惠及民生和企业落地的场景，促进数字协同和城市联动，从而达到数字雄安深度融合、协同发展的战略目标。

3.优化重点中心城市尺度的联合决策机制

推进雄县、容城县、安新县在内的重点中心城市的数字化进程是雄安新区数字化发展的关键，完善重点中心城市的联合决策机制对于建设数字雄安具有显著的影响。雄安新区的数字治理除了数据标准的建立，还应该注重联合决策机制的优化。优化联合决策机制，应该在制度层面进一步整合重点中心城市的专业机构和综合协调机构。比如，现行政策法规授予了省级政府发布疫情信息的权力，也明确规定了县级以上地方政府制定、执行疫情应对方案的权力。在这一权责体系下，重点中心城市的治理难点不在于决策权力，而在于决策机制，即有机会发现公共卫生突发事件的专业机构缺乏决策权，而有决策权的地方政府缺乏专业的判断能力，这就很容易导致雄安新区范围内对疫情的决策因地方领导意见不一做出不同步的判断。在信息流通充分开放的情况下，建立不依赖于地方主政官员个人判断的联合决策机制，是当前提升雄安新区数字治理能力的重要基础。

4.打造周边区域中小尺度的多场景应用和数字驾驶舱

为推动数字雄安的一体化发展，周边区域应牢牢把握并统一城市大脑的建设标准和数据安全规范。考虑到各区域的发展现状和实际需求，雄安新区并非要大一统地推进城市大脑应用场景落地。具体来说，部分周边区域应始终坚持以城市病问题为导向，推出相对应的应用场景和数字驾驶舱。这里举出三例可供参考的杭州经验："便捷泊车"，以打造城市级停车服务平台为目标，实现"先离场后付费"；"街区治理"，通过街区的热力图及时掌握街区人流、车流动态；"欢快旅游"，"10秒找空房、20秒入园、30秒酒店入住"，让游客多游1小时。

（三）微观层面

1.以部门为单位梳理整合条线业务系统

为避免较高的调整性成本，雄安新区应从数字基础设施着手建设数字城市。首先，应打破现有结构的限制，通过重新整合条线业务系统，对需要跨部门办理的业务按照流程进行整合处理，打破信息孤岛现象。其次，建立一套科学、规范的标准体系，将各业务环节有机地结合到一起，保证信息共享、互联互通顺利实现。最后，改进绩效考核，将跨部门、跨行业、跨系统、跨平台协同工作纳入绩效考核内进行强制性管理。

2.提升全生命周期的数据治理能力

首先，为增强数据的回流率，自上而下统一建设数据共用、接口通用的模块式业务系统，并依托各层级系统搭建数据回落链路。雄安新区层面构建科学、规范的标准体系，县级层面统筹全县数据资源归集共享和开放利用的统一规划。其次，提升全生命周期的数据治理能力，强调数据质量"谁提供谁负责"原则，加强数据共享质量监管和过程监管，形成统一归集、精准管理、高效实用的高质量数据管控体系。

3.提升数字化人力资源水平

首先，在政策驱动下，坚持开放聚才、梯度承接、多元分类、精准施策，构建一支和数字城市建设供需匹配、结构合理的数字化人才队伍。其次，由雄安新区数据资源主管部门牵头，定期对各区县数据局、参与城市大脑的各职能部门进行相关的专业技能培训，鼓励各区县、各部门培养自己的"项目经理"团队。

4.营造清明的政企关系

雄安新区的数字城市建设应厘清行政逻辑与市场逻辑的关系，起步阶段可能以政府引领为主，但后面要逐步培育数字企业的市场化动力，依托市场机制实现数字城市的更新迭代。其中的关键是规避企业俘获，尤其要避免大企业成为"数据寡头"，营造清明的政企关系。

5.关注弱势群体，防范数字鸿沟

城市大脑建设的初衷是通过数据赋能雄安新区的数字城市建设，赋能城市治理现代化，而关键是赋能城市中的人这一主体。在推进城市大脑赋能城市数字化治理工作中，应当重点关注低收入人群、残疾人、老年人等群体利益，确保决策和公共服务资源配置透明可释、公平合理，并完善线下服务和救济渠道，保障公民选择服务方式包括传统服务方式的权利，确保数字化不落下任何一个群体，防范数字鸿沟。

五、总结

随着人类社会逐渐步入智能社会时代，虚拟信息世界与物理世界的交互运行将给城市治理带来前所未有的复杂性。杭州城市大脑的产生与发展，恰逢雄安新区数字城市的建设契机，也是助推雄安新区治理现代化的重要工具。

数字城市建设是技术创新、行政改革、公众觉悟和民众参与等一系列问题相互交织、共同演进的复杂系统，不是"一次性设计"，也不是"交钥匙工程"，建设过程中有许多不确定性的问题。在未来一段时期，雄安新区全域内的产业、人口、资金、政策资源将不断聚集，城市将面临新一轮的发展与变革，雄安新区要履行好自己的战略目标与使命担当，借鉴国内外城市发展的有益经验，以"整体智治、协同多元"理念大力建设数字城市。

　　当前雄安新区数字城市建设面临着自身发展基础薄弱、数字城市建设运维经验不足等挑战，但同时，雄安新区也具备明显的体制政策优势、京津冀地区丰富的科技资源优势和后发优势。雄安新区的数字城市建设要以民生需求为导向，坚持政策与技术并重，促进政府、市场和社会的多元主体协同，注重满足全民日益多样的需求，打造具有深度学习能力、全球领先的数字典范城市。

雄安新区外部植入型产业发展路径研究
——筑波、昆山经验对雄安新区的借鉴

课题负责人

王 琛　浙江大学雄安发展中心副主任

　　　浙江大学地球科学学院教授

课题组成员

翁鸿妹　浙江大学地球科学学院硕士研究生

石敏俊　浙江大学雄安发展中心主任

　　　浙江大学城市发展与管理系主任、教授

戴世续　浙江大学城乡规划设计研究院规划二分院院长

一、雄安新区产业发展现状和主要问题

（一）雄安新区的产业定位

1.雄安产业战略定位

雄安新区自设立之初就有明确的战略定位。2017年4月1日，中共中央、国务院决定设立雄安国家级新区，将雄安新区作为深入推进京津冀协同发展的一项重大决策部署，以集中疏解北京非首都功能，创造"雄安质量"和成为推动高质量发展的全国样板，建设现代化经济体系的新引擎。《河北雄安新区总体规划（2018—2035年）》于2018年12月正式获批，此次规划系统阐述了雄安新区的发展定位，即把雄安新区建设成为北京非首都功能集中承载地、京津冀城市群重要一极、高质量高水平社会主义现代化城市。

在这一战略部署下，雄安新区规划建设要求发展高端高新产业，积极吸纳和集聚创新要素资源，培育新动能。具体来说，雄安新区将重点承接高校、科研院所、医疗机构、金融机构、高技术产业、高端服务业等北京非首都功能存量，打造一流硬件设施和创新开放政策环境，营造有利的承接环境。在产业发展方面，重点发展新一代通信网络、物联网、大数据、云计算、人工智能、工业互联网、网络安全等信息技术产业，建设数字城市。除此以外，《河北雄安新区总体规划（2018—2035年）》中明确的产业发展重点还包括现代生命科学和生物技术产业、新材料产业、高端现代服务业、绿色生态农业等，旨在打造全球创新高地，搭建国际一流的创新科技平台，雄安新区产业发展重点见表1。

表1 雄安新区产业发展重点

产业发展重点	主要内容
新一代信息技术产业	聚焦下一代通信网络、物联网、三网融合、新型平板显示、高性能集成电路和高端软件等范畴
现代生命科学和生物技术产业	以生命科学理论和现代生物技术为基础发展起来的、专门从事生物技术产品开发、生产、流通和服务的产业群，包括生物医药、生物农业、生物化工、生物能源、生物制造、生物环保和生物服务等
新材料产业	包括新材料及其相关产品和技术装备。具体涵盖：新材料本身形成的产业；新材料技术及其装备制造业；传统材料技术提升的产业等
高端现代服务业	智力化、资本化、专业化、效率化的现代服务业，包括科技、教育、休闲旅游业、医疗保健、文化娱乐、咨询信息、创意设计、节庆、展会等

续表

产业发展重点	主要内容
绿色生态农业	运用现代科学技术成果、现代管理手段以及传统农业的有效经验集约化经营农业发展，能获得较高的经济效益、生态效益和社会效益的现代化农业

数据来源：根据《河北雄安新区总体规划（2018—2035年）》和相关产业发展定义整理。

2.高端高新产业分析

《河北雄安新区总体规划（2018—2035年）》提出的六大重点发展产业符合雄安新区高质量、高水平现代化城市的定位，迎合新一轮科技革命和产业变革的要求。高端高新产业的发展能够加速科技成熟和商业化，带动高端人才聚集，使城市经济发展更具活力。然而，高起点、高布局的产业规划意味着雄安新区的人才、技术、资金等一系列产业配套需要有较大的提升。

以新一代信息技术为例，2020年6月30日，中央深改委第十四次会议审议通过《关于深化新一代信息技术与制造业融合发展的指导意见》，强调加快推进新一代信息技术和制造业融合发展，要顺应新一轮科技革命和产业变革趋势，以供给侧结构性改革为主线，以智能制造为主攻方向，加快工业互联网创新发展，加快制造业生产方式和企业形态根本性变革，夯实融合发展的基础支撑，健全法律法规，提升制造业数字化、网络化、智能化发展水平。不少业内人士认为：新一代信息技术涵盖技术多、应用范围广，与传统行业结合的空间大，在经济发展和产业结构调整中的带动作用将远远超出本行业的范畴。其中，下一代通信网络是建立在IP[①]技术基础上的新型公共电信网络；物联网、三网融合等也并非单一产业，而是包含多个产业及核心技术在内的产业集群，涉及的行业包括传感器、芯片业、设备制造业及软件应用等。

随着第四次工业革命的到来，生命科学行业也在上演一场技术变革。脑科学、细胞治疗、基因工程、分子育种、组织工程等前沿技术的发展，生物医药和高性能医疗器械产业的培育，以及重大疾病新药创制正在不断成就现代生命科学发展新高地。中国科学院院士、中国科学院上海生命科学研究院研究员赵国屏认为，生命科学研究、生物技术创新、生物科技成果转化体系是支撑现代社会发展不可或缺的知识技术创新链、思想文化发展链和社会经济价值链。构建与"会聚"研究能力相适应、与转化型研究相匹配的科研生态系统，已经

---

① Internet Protocol，网际互联协议，TCP/IP体系中的网络层协议。

成为我国推动生物科技创新和高效转化的当务之急。

与传统材料相比，新材料产业具有技术高度密集，研究与开发投入高，产品的附加值高，生产与市场的国际性强，以及应用范围广、发展前景好等特点，其研发水平及产业化规模已成为衡量一个国家经济和社会发展水平、科技和国防实力的重要标志。我国新材料产业总体发展水平仍与发达国家有较大差距，产业发展面临一些亟待解决的问题，主要表现在：新材料自主开发能力薄弱，大型材料企业创新动力不强，关键新材料保障能力不足；产学研用相互脱节，产业链条短，新材料推广应用困难，产业发展模式不完善；新材料产业缺乏统筹规划和政策引导，研发投入少且分散，基础管理工作比较薄弱等。

在高端现代服务业方面，近年来发达国家和地区的现代高端服务业态呈现出以下显著趋势：与传统工业尤其是制造业加速融合（现代高端服务业具有较高的产业融合性，通过与制造业的互动发展带动传统工业乃至整个经济结构转型）；集中于区位优势显著的中心城市，如基础设施、信息资讯等资源条件及规模经济效应较好的地区；知识经济和信息技术的渗透融合，服务业向信息化、网络化、智能化、集群化方向发展。这些产业发展趋势恰恰说明了高端现代服务产业发展的有利环境，体现其对信息技术、先进制造业的依赖。

同样地，绿色生态农业也要求运用现代科学技术成果和现代管理手段，把发展粮食与多种经济作物生产，发展大田种植与林、牧、副、渔业，发展大农业与第二、三产业结合起来，通过人工设计生态工程，协调发展与环境之间、资源利用与保护之间的矛盾，形成生态上与经济上的良性循环。全国政协农业和农村委员会副主任陈晓华指出，绿色生态农业发展首先就是要树立绿色发展理念，推进工业供给侧结构性改革；其次要完善生态环境保护的政策体系，为农业发展创造良好的生态和政策环境。

因此，雄安新区拟发展的高端高新产业具有产业链长、技术投资规模大、行业联系紧密等特点，技术突破是关键，制造业支持是基础。总的来说，高端高新产业发展支撑可以概括为以下四个方面。

第一，技术知识水平高，高端人才供给。高端高新产业是知识技术密集型产业，高新技术的投入与更新是产业升级的主要动力，而高端高新产品研发离不开高素质的现代化人才。因此，许多高新产业园区选址毗邻高等院校、科研机构附近，例如，美国硅谷有8所大学、9所社区大学和33所技工学校；日本筑波科学城有46所高等学府和各类研究所。技术的竞争归根到底是人才的竞争，发展高端高新产业首先需要考虑如何吸引一批高端人才入驻。

第二，多产业融合、协同发展，具有较长的生产链和产业集群倾向。高端高新产业不仅要依靠技术资源，而且要依靠产业所需要的设备和材料的上游产业，以及各种辅助技术的支持。高端高新产业还需要有良好的工业基础，硬件产品始终是支撑新业态发展的载体，而大规模生产这个硬件产品所需的技术、设备和人力资源则需要由原有的大工业基础来提供。

第三，优越的城市生活和生态环境。高端人才对于生活和工作环境有所要求，优美的城市环境和完善的城市基础设施是吸引高端人才和产业集聚的重要区位因素。城市需要具备一定的公共资源承载能力，以及良好的教育、医疗、交通、住房、养老等配套政策。

第四，政府的积极参与和扶持，构建产学研合作体系。西方发达国家在重点产业领域关键核心技术创新取得全球持续优势的共同规律，就是采取"政府+企业"或者"政府引导+企业主导"的产学研全面合作的发展模式。一方面，国家采取政府财政资金支持方式，以扶持专业化科研机构、培育企业的基础研究能力。例如，美国在基础研究的财政资金支持方面，除了联邦政府财政资金支持之外，州政府也提供大量的资金支持。另一方面，西方发达国家尤其重视各级政府财政资金支持的科研成果在私营企业部门的实际应用转化。因此，产学研合作体系的构建，除了需要科研机构的关键技术以外，还需要相应高技术企业来从事进一步的应用开发和中间实验环节的研发，以及其他的外部企业生产和提供关键零配件。在这一过程中，政府构建创新型生产制造体系和供应链体系的重要推动力。

（二）雄安新区发展高端高新产业的基础

本部分主要阐述雄安新区的产业发展现状、技术研发水平、人才供给状况、配套基础设施等，指出新区现状与其战略定位之间的差距。

1.经济发展水平低，产业基础薄弱

如表2、图1所示，从雄安经济总量上来看，2018年雄安三县地区生产总值为181.53亿元，规模以上企业总数为245家，在河北省所占的比例分别仅为0.56%和1.79%。雄安新区的人均GDP水平也比较低，2018年雄安三县的人均

GDP分别为18255.5元、11526.2元、19508.1元，远低于河北的23445.7元和全国平均水平28228.0元。从城镇化水平上来看，雄安三县农业人口占有相当高的比例。2018年雄县城镇化率为39.94%，安新县为27.67%，容城县为46.99%，而全国平均城镇化率则达到了59.58%。可见，雄安农业县的特征非常明显，经济发展水平较低。

表2　2018年雄安三县部分社会经济指标与河北、全国的比较

	规模以上企业数/家	人均GDP/元	城镇化率/%
雄县	127	18255.5	39.94
安新县	66	11526.2	27.67
容城县	52	19508.1	46.99
河北省	13697	23445.7	56.43
全国平均水平	—	28228.0	59.58

数据来源：《中国县域统计年鉴2019（县市卷）》和《河北经济年鉴2019》。

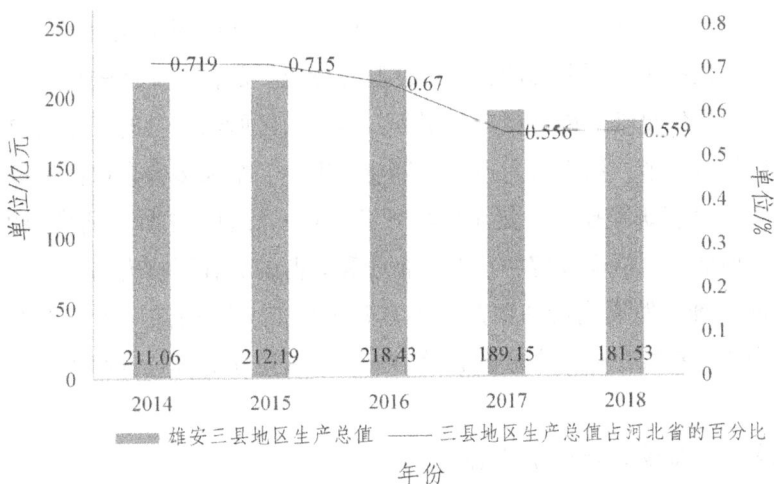

图1　雄安三县地区生产总值及其占河北省地区生产总值的百分比
数据来源：河北经济年鉴（2015—2019年）和保定经济年鉴（2015—2019年）

从产业结构看，2018年雄县的三次产业结构之比为14.3∶48.42∶37.28，第二产业仍是经济的主要组成部分。雄安各个县区的工业构成均以劳动密集型产业为主，集中于轻工业部门，如雄县的纸塑包装业、容城县的服装业和安新县的制鞋业等，且企业规模普遍偏小，没有形成品牌效应和规模效应（见表3）。

表3 2018年雄安新区传统产业分布和就业规模

地区	行业	企业数/家	规模以上企业数/家	从业人员数量/万人
雄县	纸塑包装业	6000	41	8.0
	压延制革业	670	15	0.7
	电线电缆业	350	20	0.3
	乳胶制品业	130	20	0.4
容城县	服装业	985	35	7.0
	毛绒玩具	1500	—	0.8
安新县	制鞋业	1519	11	9.0
	有色金属回收再生业	298	33	1.2
	羽绒制品业	132	10	—
	拉链业	565	—	0.7

数据来源：国家统计局和河北统计局数据。

与雄安新区的产业定位相比，目前这些产业的发展总体上较为落后，技术含量低、产业集聚不足，经济总量与密度偏低，与目标产业差距大。并且，已有的产业集中于轻工业部门，生产性服务行业不足，产业链较短，无法为高端高新产业提供足够的硬件支持与服务。雄安新区所辖三县的产业结构尚处在较低的价值链环节，研发投入不足，创新产出少。绝大多数企业仅从事生产制造，基本上没有研发投入，更无技术研发中心，长期以来处于研发能力薄弱、产品附加值低的"低端锁定"状态，企业和集群的品牌影响力弱。

因此，雄安发展高端高新产业不具备内生能力和条件，还需要相当数量的高新产业、高端服务业产业的有效引入，探索建立更具包容性的开放共享机制与平台。

2.城市基础设施配套不完善

首先，从交通条件看，雄安位于京津冀的地理中心，距离北京、天津均为105千米，距离石家庄155千米，但目前尚未有高铁通达，主要靠高速公路连接区内其他城市。未来雄安将是京津冀区域基础设施规划和投资重点，多条高铁的开通将提升城际通勤效率，引入产业和人口需求，并促进北京非首都功能的疏解。其中，京雄高铁已开工建设，2020年开通后雄安将纳入北京半小时交通圈；津雄、京港台、石雄、京昆等规划高铁线路将连接雄安，开通后天津、廊坊、保定、石家庄、衡水到雄安的通勤时间都将在45分钟以内。区内公交、地铁轨道系统也还在起步规划阶段，基础建设需要大量资金投入。总体上来看，在交通便捷程度上，雄安新区相对于京津冀其他地区仍不具备较大的吸引力。

其次，城市生态空间受限，产业用地不足。河北水资源一向较为匮乏，雄安所辖的白洋淀湖区生态非常脆弱，对产业和城市发展形成刚性约束。2018年，容城县、雄县、安新县耕地面积占辖区面积的比例分别为64.65%、46.48%和44.51%，看似有较多的耕地可以转化为可开发的商业、工业用地，但就实际情况看，雄安的土地空间并不像数字所体现的那样充裕。雄安新区规划建设的起步区、中期发展区只有100平方千米和200平方千米，启动区面积20~30平方千米，产业用地十分有限，很难形成独立完备的产业体系。

另外，雄安新区生活配套不完善，教育、医疗、文化、购物、餐饮等方面的配套设施与北京差距巨大，无法承载北京向外疏解的高端高新产业及人员流入。

3.高端人才、技术供给不足，创新氛围不浓

无论对一个国家还是一个城市来说，最关键的已经不再是自然资源等初级生产要素，而是集聚科学家、工程师、企业家、金融家等高技能劳动力所带来的创新能力。区域创新系统理论认为，创新是改变经济均衡的唯一要素，区域内相互分工与关联的生产企业、研究机构和高等教育机构等构成的区域性组织体系形成创新系统并产生创新。行业领军型科学家、企业家以及高素质工程技术人才、经济管理人才等作为区域创新主体，在创新系统中发挥着重要的推动作用。而雄县、容城县、安新县三县的工业化水平低，既没有稳固的产业基础做支撑，全省县城高等教育和科研资源也比较稀缺。根据河北省科学技术厅发布的2019年全省县城科技创新能力监测评价结果，雄安三县区创新水平较低，与全省创新能力排名第一的石家庄市鹿泉区有较大差距（见表4）。另外，2019年雄安新区地方财政科技支出910万元，万人有效发明专利拥有量1.56件，均未达到全省平均水平。在研发主体方面，雄安新区省级以上研发平台仅有4个，技术研发水平尚处于全省较低水平。

表4 2019年雄安新区科技创新指标评估

	地方财政科技支出/万元	高新技术企业/家	省级以上研发平台/个	万人有效发明专利拥有量/件
雄县	198	52	0	0.55
安新县	266	10	0	0.28
容城县	446	6	4	0.73
三县总计	910	68	4	1.56
石家庄鹿泉区	8658	116	48	6.2
省内平均水平	2145.49	24	—	2.44

数据来源：河北省科学技术厅网站。

因此，从科技创新氛围和区域创新能力方面来看，雄安新区的科技投入、创新产出均处于较低水平，与高端高新产业发展目标差距较大。新区产业发展初期势必需要依靠北京、天津的人才和企业，吸引全国创新资源在此集聚。但现实的情况是，一方面，京津人才到雄安就业和工作的时间成本高；另一方面，高端人才不仅需要能够发挥自身才能且收入较高的工作岗位，而且对工作生活的环境也有较高的要求。

由此看来，雄安新区产业发展最关键的一步仍是提高经济发展水平。产业的升级发展需要各项要素相互配合，如何协调与统筹规划，如何吸引外来投资，怎样构建有利于新区发展的产业生态体系，是雄安新区实现产业目标需要解决的重要问题，也是本研究关注的重点。

（三）雄安新区产业发展研究思路

根据演化经济地理学理论，一个区域内产业的发展、集聚，可分为内生型增长和外生型增长两种类型。内生型增长是指产业遵循"价值链范式"进行的升级，在原有产业的基础上依靠各个经济组成部分的自身力量，在竞争与合作的过程中推动产业的集聚与经济系统的衍生，进而形成具有行业外部竞争优势的产业体系。外生型增长是指一个地区通过资源的外部输入或者移植来实现其区域内的产业衍生与发展。产业发展的外生驱动方式一般有两种：一是外部规模经济性,产业在地域上的扩大和集聚所产生的成本节约吸引了新的投资主体或相关产业的衍生与发展,在区域内形成良性的市场引导;二是由政府制定相应产业的发展规划,选择具备一定区位优势的空间进行主动的招商引资,以政府行为来促进产业发展。

目前,雄安的产业基础仍处于较低的水平,产业集聚不足,产品附加值低,总体上与新产业关联度较低。囿于本地的要素供给和发展空间,雄安在目前难以通过内生型增长实现高端高新产业的发展。因此,雄安新区的产业发展必须跳出雄安,借助外源资本力量和产业链植入,在"大雄安"区域范围构建外生型产业生态系统。而在外生动力方面,雄安新区产业配套、城市基础设施和生活环境仍有较大的改善空间,高端人才资源匮乏,没有良好的投资环境和足够的市场动力来吸引外来企业。设立雄安新区是中国特色城市实践的一次伟大尝试,雄安高端产业发展唯一的外生动力就是政府,雄安新区只有通过政策引导、宏观规划为产业发展提供良好的政策环境,才能有效地吸引外部资本和技术,从而带动新兴产业的繁衍。因此,现阶段内生增长动力不足的雄安新区应采用外部植入型产业发展路径。

雄安新区建设作为国家战略,由中央主导,在政府层面已经做了不少工作。国家对2018—2035年推进雄安新区城乡融合发展提出了指导性意见,指出要集中建设起步区,集约发展外围组团,稳步推进新型城镇化,有序引导人口、产业合理分布。这为雄安新区传统产业的调整升级提供了切实可行的发展思路。在关于雄安发展规划的诸多研究中,不少学者也主张政府规划先行,发挥先导作用。一方面,雄安新区的规划建设是国家政策,也是京津冀区域发展的重要一环,地方政府也高度重视新区各项工作。另一方面,雄安自身资源匮乏、工业基础薄弱,区域内产业发展未成体系,这就更需要政府发挥地方领导作用。

然而,政府行为在地方产业发展中的影响也并非总是正向的,持续健康的产业发展需要合理的组织架构、权力分配以及符合产业经济发展规律的方针政策。本研究通过分析其他地区外部植入型产业发展经验和教训,尤其是地方政府行为在其中的利弊分析,总结其对雄安新区的借鉴意义,并在此基础上探索雄安新区外部植入型产业发展的路径与机制,构建科学的区域政府公共治理体系,以期为雄安新区的产业发展献计献策。

二、地方政府行为与产业发展

（一）新兴产业培育路径

产业路径发展研究一般认为，在一个产业发展水平普遍较低的地区，从其他地方引进新的产业或技术，是形成区域产业发展新路径的基础，能够创造各主体、区域网络之间的异质性，从而刺激竞争对手或新成员之间的快速学习。战略性新兴产业的发展，归根结底是新兴技术的商业化。地方政府往往会对技术研发采取补贴或保护的政策，帮助企业获得技术性外部经济。由于创新结果的不确定性和技术的可复制性，研发生产者往往面临较高的风险。

新兴技术从创意的产生到广泛的市场应用，进而形成新兴产业，是极为复杂的动态演进历程，其中还伴随着地方各个不同主体的互动。这一过程汇集了政府、企业、大学、研究机构以及公共发展机构，最终形成更深入、更广泛的地方领导力，引导地区经济、产业进一步演化与发展。

政府可以通过协调，调动各个参与主体的积极性，解决外部性问题，创造新兴产业适宜的制度土壤和生态环境。美国学者Kingdon和Stano提出"政策窗口"的概念，强调政策主体要在技术环境演变的关键时期开启政策窗口，产业政策关联环节将按照一定的规则开始启动，从而触发新兴产业演进。总的来说，政府行为发挥作用的渠道可以分为以下三种。

1.吸引外来资本投资

政府通过发布招商引资政策，鼓励新的进入者，从而对现有的效率低下的生产者施加压力。在自由贸易市场中，资源能够更好地对奖励措施的变化做出反应，并流向提供最高经济回报的行业。而通常劳动密集型产业的产品附加值低，经济效益远不如产品科技含量更高的新兴产业，从而刺激地区产业的转型升级。

2.引进新兴技术

政府通过与高校、科研机构合作，借助一定的资金和人才支持开展绿色新兴技术研发活动，从而引进生产设备或联合企业开展生产活动。在积累技术基础的同时，对创业活动、知识扩散、资源配置等方面加以引导，逐渐构建新的市场，刺激新兴产业发展。

3.打造公共示范项目

示范项目的策略多出现于发展中国家的工业化实践中，它以一种干预市场的方式，弥补了早期研发阶段的不确定性，加速了创新进程。因此，越来越多的公共示范项目被用于促进新产业的出现，在我国，设立公共示范项目已成为促进战略性新兴产业的关键政策工具之一。

在示范项目中，政府可以发布一系列创新政策，增加技术创新的回报，吸引潜在的用户，同时通过市场和技术采用者获得反馈和其他信息，从而在研发生产与市场之间架起一座桥梁。示范项目的重要作用在于传播新技术以提高市场认识，从而带动市场需求，刺激企业自主研发、参与技术创新。

这些政策手段作为政府干预市场的方式并不能保证新兴产业的成功繁衍，其有效性的条件在于该地区拥有充分的技术、市场、制度准备，这就需要政府作为地方领导力量构建适合新兴产业发展的生态体系。

（二）相关实例分析

探索更具活力和影响力的雄安新区产业发展模式，构建有效的地方治理体系，雄安有必要借鉴相似产业背景地区的发展实践。本课题根据新兴产业培育路径，分别选取日本筑波科学城和中国昆山作为技术驱动和外资引进的典型案例，结合实践经验探讨政府行为对产业结构升级与产业持续发展的影响，从而为雄安发展高端高新产业提供借鉴。

1.案例选择背景

第一个案例是日本筑波科学城。首先，在城市定位方面，筑波科学城是日本政府为缓解东京城市功能高度集聚所产生的拥挤问题及推动日本"科技立国"战略实施而建设的产业新城，这与城市定位为"集中疏解北京非首都功能，创造'雄安质量'和成为推动高质量发展的全国样板，建设现代化经济体系的新引擎"的雄安新区具有高度相似性。其次，在城市结构方面，雄安新区的建立借鉴了东京首都都市圈发展经验。单中心结构的北京目前受到了城市结构容量的严重制约，从而使中心既定的社会与生态基础设施出现超负荷运行，导致城市功能下降。打造雄安新区是北京为建设多中心城市，缓解北京大城市病，促进区域协调发展的重要措施。东京都市圈是典型的多圈层、多中心城市结构，筑波科学城是东京都市圈建设中具有代表性的新城之一，与雄安都是由国家自上而下推动形成的，其建设发展经验对雄安新区具有重要的借鉴意义。再次，在发展动力方面，筑波科学城的形成与发展，完全是由政府主导的，已经建设发展了50余年的筑波有着完善的管理措施和丰富的发展经验，政府相关措施已得到实践检验，这可为雄安借鉴相关发展措施提供科学依据。最后，在产业定位方面，日本政府的目标是将筑波打造成高水平的科研教育基地，以满足国家发展对高等教育、科学技术和学术研究的现实需求，构建以科学城为核心的区域创新生态系统，实现"技术立国"。发展高端高新产业同样是雄安新区总体规划的主要产业定位，高等教育机构也是北京计划向雄安疏散的重点对象之一。因此，与雄安产业定位高度相似的筑波的经验和教训对雄安新区高端高新产业发展具有很大的启示意义。

政府主导下的筑波科学城近年来取得了快速发展，尤其在技术创新方面硕果累累，目前筑波科学城已成为日本最大的科学中心和知识中心。但不可忽视的是，由于日本政府对技术产业化的重视不足，筑波科学城存在产业严重脱节、科技成果转化缓慢、政府调控与市场脱节等问题。为了更好地引进产业链，提升外部植入产业的嵌入能力，促进雄安新区高科技产业发展形成良性循环，本研究还选取了国内外部植入型产业发展代表——昆山，作为另一借鉴对象。

与筑波不同，昆山的产业是在外来投资者的刺激中发长起来的，是通过嵌入全球价值链实现外生型推动的经济快速增长的典型案例。昆山曾是一个没有工业基础的传统农业县，20世纪80年代初在苏州市六县中经济总量和人均年收入排名倒数第一，产业结构与雄安基本相似。过去的二三十年，昆山通过大量引进外商投资，建立了规模巨大的出口导向型产业体系。2018年，昆山以3830亿元的地区生产总值成为"中国百强县"的冠军。高度嵌入全球价值链分工是"昆山模式"最显著的特征，外资依存度一直处于高位。同时，昆山打造了完备的电子信息产业链，产业分工高度专业化，产业空间集聚程度越来越高。在这一跨越式的发展过程中，昆山如何借助外来资本成功实现路径转变，本课题重点关注地方政府在不同时期与各方参与者在吸引工业发展所需资源中的协同作用。

2.筑波：中央技术资源转移

（1）筑波科学城的技术引进路径

一是中央资源转移。筑波科学城采取"中央政府投资、中央政府管理"

的模式。仅在1963年后的30多年时间里，筑波科学城累计获得的政府投资就高达2.5兆日元，全国国立科研机构大约40%的科研人员和每年40%的科研经费预算都集中在这里；并且，筑波是一个典型的政策城市，采用政府管理体制，由首相办公室下面设立科研高教城市筹备部，该部由国土厅厅长担任主席，并设置筑波研究机构联络议会；对于新兴技术引入，中央政府主要进行技术设备、创新机构、高端人才三方面的资源转移。1974年，日本政府开始将所属9个部厅的43个研究机构共计6万余人迁到筑波科学城，引进许多全日本独一无二的现代化仪器设备，如大型激光雷达、太空模拟室、超导分光仪等。这些技术资源的迁移完全依靠政府指令，行政命令在筑波建设和发展过程中发挥着主导作用。

二是知识集群带动产业集群。2002年，日本政府开始实施"知识集群计划"，在筑波着力建设生物技术和环境技术发展基地，形成研究机构和高校集群。与此同时，日本经济产业部同步发力，推进大规模的技术创新，支持创新企业和具有潜在国际竞争力的中小企业快速成长。2011年以后，筑波作为日本国际战略综合特区，依托科学技术的集聚，进一步打造国际性研发基地，重点关注生命科学创新、纳米技术研发等，促进更多新产业、新业态的衍生。

三是技术鼓励政策和立法保障。日本政府针对科学城赖以生存的基础研究和培训提供所需的各项设施，制定了一系列人才、土地、金融、税收等方面的优惠政策吸引企业入驻园区，有力地促进了筑波科学城的发展。日本政府还专门针对高新技术产业区先后制定了《筑波研究学园城市建设法》、《研究交流促进法》等法律法规，允许私人企业使用国有科研设施，促进了国家院所与私人企业之间的人才交流和专利共享。因此，筑波科学城的相关法律法规完善，立法层级高，有利于实现园区的集中管理，也为高新技术产业培育营造了良好的制度环境。

四是创新服务体系构建。筑波科学城从1979年开始到1980年为止，就诞生了10个非官方的起中介机构作用的信息交流协会，如环境研究协会、应用地学研究协会、地球科学研究防会、构造工学研究协会等。在科学城的示范推广作用下，筑波吸引了一批民营机构和企业，到1991年非官方的信息研究协会已达到近100个，有力地促进了筑波科学城的技术创新活动。近年来，筑波科学城全力构建以科学城为核心的区域创新生态系统，围绕重点领域构建多个产业创新网络。在原有的创新服务体系基础上，筑波政府与民间机构共同发力，促成了一批科技服务企业、区域性创新创业服务平台等大型产学研协同平台和创新服务机构的诞生，形成了龙头服务企业带动科技中小型服务企业的集约式科技服务发展模式。

五是完备的园区配套设施。筑波科学城规划从1963年到1969年历时6年在变更了5版后才最终确定，在这期间筑波自始至终把配套设施建设放在重要位置，如管线共同沟、能源中心、真空垃圾收集系统等先进的基础设施。筑波科学城在政府的精心规划下，在生活性公共设施类型、规模及空间布局等方面达到了较高的水平，大大提高了城市吸引力。筑波科学城公共设施类型最大限度地考虑了多样性和高品质性，如医疗设施，除综合性医院外，还包括专科医院、社区诊室和私人诊所；文化体育设施有博物馆、图书馆、体育馆、运动场地等；其他具有园区特色的活动设施还有职工中心、社区中心等。从整体上看，筑波公共设施分布密度大（43.24处/平方千米）、人均用地指标高，各类公共设施密度普遍高于一般园区水平，其中文化设施、公园绿地差异尤为突出，文化设施和公园绿地密度为0.74处/平方千米和1.00处/平方千米。为保护城市环境，筑波科学城采用松散有机的组团式布局，大量小面积的绿地公园穿插在研发教育、商业服务、生活居住等功能之中，除筑波北部公园外，其余公园面积均在10平方千米以下，建设中保留平地林的自然环境和田园式的研究及居住环境。

（2）筑波模式的经验与教训

筑波技术引进经验有四个方面。第一，搭建科技创新平台。筑波科学城在中央政策的推动下，迅速聚集了高校、科研机构等创新资源，形成了良好的学科规模效应。国际化人才队伍建设是构建科技创新平台的关键，筑波拥有2万多名科研人员，以教育科技立市，在人才培养目标上具有前瞻性。此外，科学城内教育和研发机构与日本国内外研究机构保持密切的交流关系，每年承办多场国际学术会议以及非正式的研究交流、技术交流活动。第二，完善立法保障机制和各项优惠政策。筑波科学城的法律法规相当健全，包括专门针对科学园的园区立法以及技术市场方面的规定，有利于创造良好的市场环境。通过立法等手段，科学城还采取了多种优惠政策和措施，如房地产租赁、税收、信贷等多方优惠，有力保障和促进了科学城的发展。因此，雄安新区的建设应有立法层面的相关保障，在省级层面制定创新条例，适当规定中央政府、地方政府以及社会团体在高新技术研发和产业化过程中的权利和义务。第三，构建区域创新服务体系。筑波科学城的创新服务体系包括四个最基本的行为主体：大学和研究机构、企业、政府以及具有创新黏结功能的中介机构。这四个不同的创新行为主体相互分工与协作，与不同的创新资源发生组合与配置，为科技创新提供技术交流、信息共享、金融咨询等优质服务，共同推进创新活动的开展。第四，完善人才配套设施。高起点、高标准的规划建设是筑波科学城的重要经验，为吸纳更多高素质人才和科技企业，筑波针对性地打造了生活引导措施和配套硬件，努力建设宜居城市。因此，城市的基础设施和服务设施建设必须体现现代化、以人为本等理念，要在信息化、智能化等方面具有适度超前的城市化水平，更好地吸引国际化人才来工作和生活。

筑波科学城存在问题包括三个方面。第一，政府管制下的高新技术开发机制缓慢。筑波科学城是由政府主导建立的，其科研机构绝大多数是政府的下属部门，带有浓厚的政府管制色彩，技术开发首先要立项、审批，经过层层官僚机构批复同意才能进行。从具有开发意向到最后出成果，一般需要10年时间。而技术创新是具有时效性的，极长的技术开发时间导致研发成果难以及时应用，并错过市场机遇。同时，这种"官学研"模式主要强调政府同科研机构、高校资源的联系，科学城的创新创业活动也多源于国家支持下的基础性研究成果，成果拥有主体多为科研机构和大学，而这些主体的成果转化意识和市场化意识欠缺，往往忽视了市场需求，这直接导致筑波科学城科研成果转化的效率低下与智力资源的浪费。以筑波大学为例，筑波大学对自身体系内的风险企业提供办公空间、融资、经营人才引荐、业务咨询等扶持，把主力放到创业教育培训上，但是缺乏对创业孵化、创业扶持方面的长远战略规划。巨大的研究成本和较低较慢的回报也将进一步限制科学城的发展。尽管近年筑波已经开始构建产学研体系，但政府在这一体系构建中仍存在上述问题。第二，筑波以国家级研究机构为主体，享有政府的财政拨款，这种得天独厚的优势使得筑波科学城的体制产生了很大惰性，缺乏创新激励机制和造血功能。第三，在政府的强力推动下，具有极大附加价值的科技产业引入科学城，但并没有积极建立与原产业的协调发展机制。这最终导致筑波原有居民与迁移到筑波的工作人员由于身份和职业的不同而相互隔离，在一定程度上加剧了本地居民同外来人口的社会矛盾。

3.昆山：外部产业链资源引进

（1）昆山的引资策略

一是参与价值链分工。20世纪80年代初的工业化起步阶段，昆山缺乏必要的工业资源，地方领导充分利用毗邻上海的区位优势，同外部投资者积极沟通、开拓渠道，依靠外部力量发展本地产业。这一阶段，昆山主要承接价值链下游的劳动密集型产业。1998年以前，昆山的制造业主要是纺织服装业、化工原料和化工产品。除了吸引来自上海的投资者以外，昆山政府还积极邀请外资企业入驻，以建立工业园区的形式吸引了第一批投资企业。尽管昆山最初的工业园区项目缺少国家重要层面的投资和支持，但地方政府高度重视企业诉求，积极施行土地租赁政策解决资金匮乏问题。为提高地区竞争力、加快生产要素集聚，昆山与中央政府进行正式和非正式互动，如邀请中央领导参观昆山、出席国家开发区中心组织的会议等，及时寻求国家事后支持。1992年，昆山工业区被授予国家级地位，成功将县级工业园区升级为国家级经济技术开发区，大大提升了外来投资吸引力。另外，工业园区的建立使许多农民失去了他们的土地，因此昆山对当地农民给予了充分的关注和福利保障。例如，当地政府向农民提供社会保险、医疗保险等；向农民提供免费职业教育，鼓励农民自主创业。当地居民在工业化过程中获得巨大的利益，有效避免了农民和当地政府的冲突。

二是IT产业链植入。20世纪90年代以后，昆山依托上海中心城市综合服务功能优势，承接台湾IT产业的整机制造以及国际制造业，且大多为核心企业，以吸引科技型龙头产业为优先，其后带动周边零部件及配套行业加速集聚，逐步形成了本地产业集群。

为了吸引台资企业，昆山市政府非常重视政府服务，为台湾合作伙伴提供了高效有利的投资环境，形成亲商、富商、安商的服务理念，赢得了台商的充分信任。在行政作为上，政府全面推行"黑加白"、"五加二"工作制，即白天连黑夜、放弃双休日，急事急办，特事特办，悉心关怀台资企业发展。

为提高外向型企业竞争力，昆山积极向上级政府说明建设出口加工区的必要性，先后前往北京84次。2000年，昆山获准作为唯一的县级市与其他15个地区一起建立出口加工区，实现24小时通关服务，增强企业出口竞争力。2005

年，该区进出口总额达到183.9亿美元，其中出口105.2亿美元，二者分别是昆山全市总额的55.3%和58.6%。出口加工区成为昆山招商引资的重要载体。

三是制造业转型升级。2006年，昆山提出转型升级口号；2008年开始对台资企业施行每年5000万元转型升级扶持资金；2015年开始，每年拿出22亿元产业转型升级专项引导资金用于支持制造业转型升级发展。2004年，昆山经济开发区花了2亿元收购26家低水平的劳动密集型制造企业，主动请这些企业离开，并积极邀请研发型企业进来。根据1998—2010年的工业结构数据，昆山劳力密集型产业占工业总产值的比例持续稳定地下降，技术密集型产业占工业总产值的比例相应地持续上升，实现了产业结构从劳力密集型产业为主到技术密集型产业为主的工业转型（见表5）。

表5　1998—2010年昆山产业结构变化

各产业的占比	1998 年	2000 年	2005 年	2010 年
劳动密集型产业的占比/%	59.7	52.7	27.4	16.6
资本密集型产业的占比/%	26.4	30.5	20.6	19.9
技术密集型产业的占比/%	13.9	16.8	52.0	63.5

数据来源：昆山统计年鉴（1999年、2001年、2006年、2011年）。

这一阶段，昆山开始重视创新驱动和相关公共服务平台建设，促进与高校院所的产学研合作。2006年，清华科技园昆山先进制造创新中心正式宣告成立。2007年，清华科技园牵头与昆山政府共同筹集资金4000万元，联合机械工程系发起成立了苏州昆仑先进装备制造技术有限公司。2009年，昆山市依托该项目建设昆山装备制造产业基地，逐步打造产业链条。在校企合作的基础上，昆山以清华科技园昆山先进制造创新中心为主要平台，通过与清华大学、北京大学、中科院等高校院所合作，承接科技成果转化项目，已涌现出一批如天瑞仪器、华恒工程中心、维世迅机器视觉、德可半导体、瑞博生物、昆仑制造等优秀的高新技术企业；建设了以工业技术研究院为核心的一批共享设施和公共服务平台，充分融合政府、大学、资本、技术等多方资源。截至2011年，昆山拥有各类产学研联合体400多家，引进和培育各类科研机构近500家。

（2）昆山模式的经验

昆山模式的经验包括四个方面。

第一，有力的招商引资政策和营商环境建设。昆山市由农业贫困县向产业创新中心的转型演变过程中，政府高度重视企业需求，积极为产业发展争取资金、政策支持，前往各地进行招商宣传，用热情与服务赢得了投资者的信任。另外，政府同地方经济活动参与者建立合作发展关系，兼顾土地所有者、外来投资者、科研机构、上级政府等多方利益，给予必要的福利和政策，诸如简化办事程序、设立外资企业服务中心、调整土地出让政策等，为企业投资和经营提供了良好的营商环境。

第二，招引龙头企业，做强产业链。昆山秉承先规划后招商的理念，有计划地引进目标企业并打造相应的工业园区。在IT产业链引进中，昆山招商重点明确，瞄准世界500强、跨国公司、国内大型企业等，主攻龙头型企业，着力引进一批关联度大、经济效益好的优势项目来带动周边零部件及配套行业加速集聚；发展新兴产业的同时，昆山注重产业上下游的配套生产性、服务型产业建设。为了引进完整的IT产业链条，昆山招商负责部门对照产业目录依次查找昆山缺位项目，及时捕捉行业发展所需的资金、技术、信息等各项条件，并积极为其争取资源。昆山的科学规划大大加快了生产要素集聚，并逐步形成完整的区域产业链条。

第三，产业布局高度集聚。昆山市政府结合产业基础、产业发展方向，统筹规划建设出口加工区、高新区、光电产业园、花桥商务城等，明晰产业定位，打造以主导产业为核心的，辅以关联产业的多层次产业集群。针对性地引导已经落户的企业、招商新企业，快速提升特色产业的聚集度，为实现产业链专业化分工协作、提高生产效率、发展循环经济创造前提条件。

第四，公共平台搭建，集聚产业培育和发展所需要的各种要素。昆山在产业发展各个环节搭建了不同的细化平台，如产业园区、出口加工区等招商引资平台，清华科技园昆山先进制造创新中心等科技创新平台，科技转化服务、企业融资等公共服务平台，吸引了大批产业链相关的国内外企业在此集聚。通过公共平台，昆山有效建立了各个主体的合作关系，为企业营造了良好的发展空间。

（3）昆山模式存在的问题

昆山模式存在的问题体现在两个方面。

第一，昆山合作联盟的发展模式为地区发展争取到丰富的资金技术资源，在短期内迅速提升了经济发展效益，然而自2012年起，昆山工业增加值率已低于周边城市，总体呈现不断下降的态势，其产业基本还处在组装加工环节，质效不高。政企合作联盟所带来的红利正在逐步减小，暴露产业经济严重依赖外资、创新动力不足的问题。在2012年巅峰时期，昆山实际利用外资18.1亿美元。其中有2.1亿美元投向了电子通信和机械行业。巅峰之后却是急转直下。外商投资下行，外资大潮突然退去，重度依赖外资的昆山面临亏损，意味着昆山制造业产业后劲不足。昆山规模以上的外资企业和港澳台资企业数量从2011年的387家降到2016年193家。从表6中可以看出，昆山经济总量严重依赖外资，2010—2016年的外资总产值占工业总产值的比重均达到80%以上。

表6　昆山市2010—2016年工业产值

	2010年	2011年	2012年	2013年	2014年	2015年	2016年
工业总产值/万元	7001.29	8001.57	8520.51	8872.10	8707.49	9000.28	9093.53
外资总产值/万元	6236.17	7096.65	7355.68	7582.23	7344.90	7517.54	7402.56
外资总产值占工业总产值的比重/%	89.08	88.69	86.33	85.46	84.35	83.53	81.40

数据来源：昆山市经济社会发展数据中心（昆山市宏观数据库）。

第二，尽管昆山同一些高校、科研院所已经达成了一定规模的合作，但其产学研体系的构建和完善进程相比其他区域较为缓慢，进一步导致了昆山在区域市场中的竞争力不足，难以吸引创新资源和高端人才。从昆山与苏州工业园区的2017年截面数据比较看，在研发费用支出占地区生产总值比重上，苏州工业园区为3.4%，昆山仅为2.9%；高新技术产业占比中，苏州工业园区为68.4%，昆山仅为49.1%；省级以上研发机构数量方面，苏州工业园区123家，昆山市116家；从万人有效发明专利拥有量来看，苏州工业园区62.1件，昆山仅有21.5件。可见，昆山的创新能力与研发基础已不具备明显优势，甚至正在被不断赶超。另外，昆山的人才支撑能力薄弱。中高端人才往往首选上海、苏州，或者以昆山为跳板，人才队伍不稳定。从人口总量看，2016年末昆山全市总人口为254.8万人，其中，户籍人口为77万，流动人口为175.3万，外来人员为2.5万人。从人口结构看，流动人口占比高，人员学历层次低，大部分流动人口都是低端劳动力——昆山市拥有大量劳动密集型代工制造企业是主要原因。另外，在昆山电子信息产业中居主导地位的企业大多为台资企业，本土企业竞争力相对不足，嵌入全球价值链的广度和深度都不足。因此，昆山模式下的产业快速发展虽然表现出强大的竞争力，但这种竞争力是建立在外资企业强大竞争力基础上的，缺乏地域根植性的外资企业带来的竞争力是不可持续的。

三、雄安新区产业发展路径建议

对于雄安新区而言，高端高新产业不仅是区域新兴产业，并且与本土传统企业关联极低，无法通过本地产业升级自主培育和发展。根据演化经济地理学理论分析，雄安高端高新产业培育首先需要打破区域壁垒，通过技术或产业的移植创造路径并逐步积累产业基础。

目前，雄安新区在技术引进上还处于起步规划阶段。自雄安新区成立以来，清华大学、北京大学等著名高校曾表态将参与雄安创新体系构建工作。然而，新区的创新资源输入进程依然十分缓慢，高校前期合作主要是一些培训中心、创业联盟等交流项目，研究性不足，难以形成创新成果。2020年5月，中国科学院在新区筹建了雄安创新研究院，计划引进关键技术并在雄安落地转化，大大推动了雄安创新平台搭建进程。但总体上，雄安技术孵化载体较少，没有技术转化验证等服务支撑平台，市场动力不足，亟须完善政策链、创新链、产业链、资本链深度融合的产学研体系。

在高端高新产业招引工作上，目前已有中国三大电信运营商、阿里巴巴、腾讯、百度、眼神科技、360集团以及中国工商银行、中石化资本等金融机构入驻，在智能出行、云基础设施等多个领域展开了不同程度的合作。但目前雄安高新技术企业布局还比较分散，涉及领域较多，在产业链完整性上有所欠缺，政府应围绕重点产业链招商，从顶层设计的视角提供公共服务与支撑平台，为产业均衡发展打下基础。

昆山和筑波的产业发展历程一方面为雄安新区产业路径创造提供了不少成功经验，诸如技术集群、政企合作等，另一方面也说明了外部植入型产业发展最主要的问题是对外来资源的过度依赖：昆山通过大量政策红利吸引台资，缺少监管和引导；筑波则是过度依赖中央、东京资源，市场敏感度不足，产业化进程缓慢。因此，雄安在引导和培育新兴产业的同时，还要激发内生动力，防止经济惰性发展。本课题在筑波和昆山的发展经验与教训的基础上，根据雄安规划发展重点和数字信息产业建设阶段成果，主张雄安应本着集群式引进和循序渐进式发展原则，以新一代信息技术产业为重点引进对象和示范性发展产业，重点布局五大战略新兴产业，并据此提出雄安新区产业发展路径的具体建议。

（一）新兴技术引进与创新平台搭建

1.打造区域创新系统，营造创新氛围

雄安新区要建成具有世界影响力、国内领先的科技新城、保持市场活力，还需要充分利用北京疏解的优质教育文化资源，吸引国内外大学、科研机构和创新型企业入驻，打造区域创新系统，为高质量高端产业发展营造良好的孵化环境。

首先，要寻求外部深度合作和创新支持，积极争取高校、科研院所资源，与国内外著名高校和科研机构进行合作办学，鼓励企业或各类研究院所在新区设立分支机构开展基础研究、前沿技术研究、社会公益研究等领域开展重大原始创新。

其次，围绕五大战略发展领域重点引进高精尖科技人才，积极对接国家重大研究项目，在电子信息、生命科技、高新材料等领域争取布局一批国家实验室、重大科技基础设施和国家重点实验室、工程研究中心，以筑巢引凤方式聚才引才。

最后，重点吸引国内外知名创新型产业，尤其是世界500强企业、独角兽企业、高新技术企业等，吸收先进的创新管理经验，鼓励企业参与建设技术创新中心、科技合作基地等，提高雄安新区技术创新和技术服务能力。

2.构建创新成果转化体系，推进产学研平台发展

科技成果转化是打通科技创新链、促进科技与经济紧密结合的关键环节。科技成果转化系统，是以市场为导向、产学研深度融合的技术创新体系，包括政策环境、高校科研院所、园区孵化器、资本、产业市场等。

首先，要构建政府同企业、高校、研究机构、社会组织等各类创新主体

互动交流的合作平台，探索建立更具包容性的开放共享机制。雄安新区可以通过产业示范基地建设的方式，以大数据产业园、电路测试产业园等平台建设为重点构建创新园区，聚焦新一代信息技术产业，建设一批高端研发平台和园区创新成果孵化体系。

其次，加快建成雄安新区技术市场，搭台专业化技术交易市场，完善信息发布、知识产权、技术评价、科技金融等技术转化服务体系。此外，政府要在产业项目审批和监管方面给予必要的支持，制度性安排科技成果转化收益分配，做好产业园布局规划和市场引导工作，避免出现科研成果与市场需求脱节造成的资源浪费。

（二）产业链条植入与营商环境优化

1.发挥政府主动性，循序渐进式实现精准引资

由于雄安传统劳动密集型产业很难实现技术创新，无法通过本土企业的力量实现高端高新产业转型，因而需要从外部引入新的技术和组织形式作为创新引擎，吸引其他知识扩散组织或企业的形成。雄安新区在国家战略指导下已经明确了产业发展目标，在产业链移植和培育方面应更加有目的性和计划性。

首先，结合《河北雄安新区规划纲要》，雄安新区可以将新一代信息技术产业作为高端高新产业布局的起点优先发展，积极吸引新一代信息技术企业入驻。政府在招商引资中并不只是服务生的角色，而应当承担起引导者的角色。要充分发挥政府主动性，成立专门的招商引资小组，以新一代信息技术产业为引资的重点领域，有针对性引进在京相关企业并给予财政奖补；利用毗邻京津冀地区优势，同科技发展水平较高的北京、天津等地区的企业或机构合作引进带动力强的综合性项目或重大基地型产业项目。

其次，产业链的移植不能仅依靠首都资源转移，还需要地方投资政策的吸引，鼓励国内外产业链上下游的企业入驻，实现集群式引进，形成区域内生发展的内核。在引入复杂性较高的技术时，较高的技术关联性会促进区域的技术进步和产业衍生。以新一代信息技术产业为例，通信网络、物联网等信息技术在相关企业中的扩散将会刺激这一技术需求，从而追求信息技术的进一步革新以获取市场竞争优势。因此，在招商引资对象上，要优先引进拥有关键技术和研发能力的企业，构建区域产业技术联系，为产业集群发展打好基础。

2.统筹推进产业链链长制,构建全链条体系

从昆山的外资利用现状可以看出,以外资拉动的经济增长模式呈现出一定的脆弱性。在复杂的国内外经贸形势下,习近平总书记提出了要"加快形成以国内大循环为主体、国内国际双循环相互促进的新发展格局"的战略举措。在新发展格局背景下,产业链"链长制"成为各地保障产业链协同发展的重要体制创新举措,政府管理思路从零散点状向系统链状转变,更加重视产业生态,并以此打造优势产业集群。

为适应新发展格局,保障产业链、供应链的安全和稳定,雄安新区在高端高新产业引进的过程中宜推行产业链"链长制"。通过地方政府主要官员或省市政府领导担任"链长",以"建链"、"补链"为目标统筹负责和监督新区产业战略制定,有效配置市场资源和产业资本,提高产业移植效率。明确链长职责,一要科学谋划,牵头制定产业链图谱,安排招商引资工作计划,统筹负责产业链企业发展、招商引资、项目建设、人才引进、技术创新等重大事项;二要建立多方协调联动机制,为企业搭建合作交流平台,产业链链长、指挥长与企业主要负责人对接,建立日常调度通报机制;三要提供政策引导,协调解决有关问题,进一步强化产业链上下游协同发展。通过"链长制"的实施全面掌握产业链发展现状,注重优质企业培育和要素保障,在产业链引进初期建立起供需配套机制,精准打通供应链堵点、断点,从而进一步延伸和强化产业链。

3.塑造良好的营商环境,支撑创新发展

良好的营商环境是产业有效转移的基本保障。首先,要进一步优化雄安新区招商引资政策。一是保障激励企业的制度供给,设立专项扶持资金,营造鼓励投资、创业的社会氛围;二是加大简政放权力度,简化审批流程,降低制度性交易成本,为招商企业和项目提供优质服务;三是健全相关市场标准、信用等制度体系,提升监管效能,建立公平统一的市场监管制度。

其次,新区需要加强产业政策立法和知识产权立法保障,制定战略新兴企业可持续发展的产业基本法,出台配套实施细则,建立知识产权维权制度等,为高端高新技术企业的培育和发展提供法律保护。在人才引进和培育方面,要完善人才激励和保障制度,以人才计划、教学实践、继续教育等方式推动产业紧缺人才的培养。针对战略性新兴产业的领军人才和骨干技术技能人

才，可以设立新区战略性新兴产业人才专项资金，给予专项财政补贴。

最后，从昆山和筑波的产业发展经验上来看，企业新建与产品孵化需要外部提供必要的发展条件，例如融资、知识产权保护、项目申报、人才引进、财务与管理等方面的公共服务。为此，新区政府要加强引导和支持，高标准建设科技服务平台，大力支持风险资本的进驻，为创新研发合作项目和研发主体的关联搭建桥梁，建立科技创新投入的长效机制，为企业提升科技创新能力提供公共服务支撑。公共服务平台建设的关键在于集聚科技成果转化、新兴产业培育和发展所需要的各种要素，建立它们之间的分工合作体系。在高新高端产业发展的不同环节，需要搭建相应的细化平台，如研发平台、科技转化平台、项目平台、融资平台和公共服务平台。此外，还要鼓励民间机构、社会组织的发展，通过各个主体力量的联合，发挥各自优势，有效地利用资源，从而为雄安新区的产业创新发展提供有力的要素支持。

（三）社会融合发展与城市引力塑造

1.提高人口素质，增强就业和创业能力

在外部产业链植入的进程中，本地居民与新兴产业、外来人口之间始终存在着矛盾。本地人口主要从事农业或劳动密集型产业，无法与新兴产业发展需要相适应。因此，需要持续深化教育改革，完善素质教育，增强本地人口的就业和创业能力。

首先，要加大基础教育投入，加强中职学历职业教育、创业培训，特别是加强电商、信息化等适应新兴产业形式的培训，提升劳动技能。积极促成劳动力转移就业、自主创业，着力解决本地劳动力在就业、创业中遇到的实际困难，提升劳务输出的质量和水平。

其次，逐步构建创新创业激励机制。积极落实创业担保贷款财政贴息政策，切实减轻企业和创业者的负担，优化创业环境。此外，还可以通过设立创业基金等方式，鼓励企业和个人创新创业，融入区域产业经济发展。

2.建设宜居环境，吸引和留住人才

稳定人才队伍、提升流动人口素质，是雄安新区产业创新体系建设必须解决的关键问题，新区政府要通过建设绿色的宜居之城留住人才。

在区域生态环境方面，雄安新区要加强区域环境协同治理。一方面，实

行负面清单制度，依法关停、严禁新建高污染与高耗能企业和项目；另一方面，加强水环境治理，进一步推进白洋淀生态修复工作，建设环新区绿化带绿色生态廊道、城市绿化带等。

在城市基础设施方面，要不断完善各项公共设施，推进文教卫基础设施全面升级，充分考虑多样性和高品质性，提高新区生活的舒适性。例如，建设基层综合性文化服务中心、博物馆、图书馆、体育馆、绿地公园等文体设施；持续加大卫生投入，支持医疗卫生项目建设，完善综合性医院、专科医院、社区诊所等医疗设施；成立教育基金，鼓励中小学、幼儿园改造和新建项目，推进高校合作办学，保障城市优质教育资源供给；等等。

| 参考文献 |

[1]Beer A., Clower T. Mobilizing leadership in cities and regions[J]. Regional Studies, Regional Science, 2014, 1（1）: 5-20.

[2]Boschma R., Martin R. Constructing an evolutionary economic geography[J]. Journal of Economic Geography,2007,7(5):537-548

[3]Braczyk H. J., Cooke P. N. Heidenreich M., eds. Regional innovation systems: the role of governances in a globalized world[M].New York:Psychology Press. 1998.

[4]Collinge C., Gibney J. Place-making and the limitations of spatial leadership: reflections on the Oresund[J]. Policy Studies, 2010, 31（4）: 475-489.

[5]Gibney J., Copeland S., Murie A. Toward a `new' strategic leadership of place for the knowledge-based economy[J]. Leadership, 2009, 5（1）: 5-23.

[6]Horlings I., Padt F. Leadership for sustainable regional development in rural areas: bridging personal and institutional aspects[J]. Sustainable Development, 2013, 21（6）: 413-424.

[7]Kingdon J. W., Stano E. Agendas, alternatives, and public policies[M]. Boston: Little, Brown, 1984.

[8]Kroehn M., Maude A., Beer A. Leadership of place in the rural periphery:

lessons from Australia's agricultural margins[J]. Policy Studies, 2010, 31（4）：491-504.

[9]Lefevre S. R. Using demonstration projects to advance innovation in energy[J]. Public Administration Review, 1984，44（6）：483-490.

[10]Morrison T. H. Multiscalar governance and regional environmental management in Australia[J]. Space and Polity, 2007, 11（3）：227-241.

[11]Stimson R., Stough R. Salazar M. Leadership and Institutions in Regional Endogenous Development[M].Cheltenham:New Horizon in Regional Science, 2009.

[12]Wu F. Planning centrality, market instruments: governing Chinese urban transformation under state entrepreneurialism[J]. Urban Studies, 2018, 55（7）：1383-1399.

[13]高媛，刘盈. 新一代信息技术助"中国制造"转型[N].中国城乡金融报，2020-07-23.

[14]李淳. 土地农转非中各行为主体的利益关系研究[D]. 上海：上海师范大学，2011.

[15]李惠武，郁宏辉. 发达国家和地区发展现代高端服务业的经验启示[J]. 广东经济，2016（1）: 32-37.

[16]李晓华，陈若芳. "大雄安"区域产业生态的构建研究[J]. 北京工业大学学报（社会科学版），2020（1）: 54-62.

[17]李晓西，王佳宁. 绿色产业：怎样发展,如何界定政府角色[J]. 改革，2018（2）: 5-19.

[18]彭明明，刘学华. 东莞与昆山台资集群发展模式比较研究：现状、问题及其对策[J]. 珠江经济，2007（10）: 33-39.

[19]孙大梅. 昆山市制造业产业转型发展战略研究[D]. 昆明：昆明理工大学，2018.

[20]孙久文. 雄安新区的意义、价值与规划思路[J]. 经济学动态，2017（7）: 6-8.

[21]孙艳艳，张红，张敏. 日本筑波科学城创新生态系统构建模式研究[J]. 现代日本经济，2020（3）: 65-80.

[22]覃毅. 雄安新区传统产业的功能定位与转型升级[J]. 改革，2019（1）: 77-86.

[23]张杰. 中国关键核心技术创新的机制体制障碍与改革突破方向[J]. 南通大学学报（社会科学版），2020（4）: 108-116.

[24]陈晓迅，张丽霞，夏海勇. 人口、经济增长对环境影响的库兹涅茨曲线分析: 以昆山市为例[J]. 南京人口管理干部学院学报，2010（3）: 37-41.

[25]郭胜伟，刘巍. 日本筑波科学城的立法经验对我国高新区发展的启示[J]. 中国高新区，2007（2）: 94-97.

[26]胡德巧. 政府主导还是市场主导: 硅谷与筑波成败启示录[J]. 中国统计，2001（6）: 16-18.

[27]马永斌，刘帆，王孙禺. 科学园区大学主导与政府主导模式的利弊分析: 基于剑桥科学园与筑波科学城的对比[J]. 科技管理研究，2010（6）: 32-34.

[28]梅萌，刘万枫，马扬飚. 创建产学研合作的"三维"机制: 以清华科技园在昆山的探索和实践为例[J]. 中国高校科技与产业化，2009（5）: 76-77.

[29]石訾昕. 筑波科研学园城对雄安新区建设的启示研究[J]. 城市观察，2019（3）: 157-164.

[30]张传国. 昆山对台招商引资的成功经验及其启示[J]. 河池学院学报，2006，26（6）: 117-121.

[31]张树成. 昆山市发展台资企业研究[J]. 上海农村经济，2014（3）: 42-44.

[32]张树成. 改革开放又一成功探索: 来自昆山出口加工区的报告[J]. 上海农村经济，2007（1）: 36-37, 42.

[33]张志华，沈跃新，肖宇. 转型升级背景下长三角地区县（市）域经济产学研合作模式与路径选择: 以江苏省昆山市为例[J]. 南京邮电大学学报（社会科学版），2011（3）: 20-26.

[34]赵勇健，吕斌，张衔春，等. 高技术园区生活性公共设施内容、空间布局特征及借鉴: 以日本筑波科学城为例[J]. 现代城市研究，2015（7）: 39-44.

[35]朱介鸣. 城乡统筹发展:城市整体规划与乡村自治发展[J]. 城市规划学刊，2013（1）: 10-17.